国之重器出版工程

网络强国建设

区块链与智慧物流

Blockchain and Intelligent Logistics

王喜富　著

電子工業出版社
Publishing House of Electronics Industry
北京 · BEIJING

内 容 简 介

本书以区块链技术与智慧物流的融合应用为核心，通过剖析智慧物流的发展演进及区块链影响物流系统与组织模式、重构智慧物流业务体系、创新智慧物流服务模式，探究区块链技术驱动下的物流变革；通过对区块链技术的基础理论及其与数字化技术融合、区块链技术的应用思想及总体架构研究，提出区块链技术应用带动的物流产业模式创新；通过对国内外案例及智慧物流区块链技术平台产业生态体系、业务体系功能设计、总体架构体系设计的剖析，研究智慧物流中的区块链信息服务平台实施部署；从智慧物流业务链、供应链、产业链视角出发，研究微观、中观、宏观层次下的智慧物流区块链技术应用实施方案并展望了区块链与智慧物流融合应用的发展前景。

本书结构合理、层次清晰、图文并茂、实用性强，将基础理论、关键技术与实际应用及平台建设紧密结合，有助于推动区块链技术的普及与智慧物流产业的发展。本书既可作为高等学校物流管理与工程、交通运输、信息技术、区块链等专业的教材，也适合物流行业技术人员及管理者使用。

图书在版编目（CIP）数据

区块链与智慧物流 / 王喜富著. —北京：电子工业出版社，2020.9

ISBN 978-7-121-39287-0

Ⅰ. ①区… Ⅱ. ①王… Ⅲ. ①电子商务－支付方式②互联网络－应用－物流管理③智能技术－应用－物流管理 Ⅳ. ①F713.361.3②F252.1-39

中国版本图书馆 CIP 数据核字（2020）第 132796 号

责任编辑：徐蕾薇　　特约编辑：田学清
印　　刷：北京七彩京通数码快印有限公司
装　　订：北京七彩京通数码快印有限公司
出版发行：电子工业出版社
　　　　　北京市海淀区万寿路 173 信箱　　邮编：100036
开　　本：720×1000　1/16　印张：15.5　字数：278 千字
版　　次：2020 年 9 月第 1 版
印　　次：2024 年 1 月第 4 次印刷
定　　价：89.00 元

凡所购买电子工业出版社图书有缺损问题，请向购买书店调换。若书店售缺，请与本社发行部联系，联系及邮购电话：（010）88254888，88258888。

质量投诉请发邮件至 zlts@phei.com.cn，盗版侵权举报请发邮件至 dbqq@phei.com.cn。

本书咨询联系方式：xuqw@phei.com.cn。

《国之重器出版工程》
编辑委员会

专家委员会委员（按姓氏笔画排列）：

于　全	中国工程院院士
王　越	中国科学院院士、中国工程院院士
王小谟	中国工程院院士
王少萍	“长江学者奖励计划”特聘教授
王建民	清华大学软件学院院长
王哲荣	中国工程院院士
尤肖虎	“长江学者奖励计划”特聘教授
邓玉林	国际宇航科学院院士
邓宗全	中国工程院院士
甘晓华	中国工程院院士
叶培建	人民科学家、中国科学院院士
朱英富	中国工程院院士
朵英贤	中国工程院院士
邬贺铨	中国工程院院士
刘大响	中国工程院院士
刘辛军	“长江学者奖励计划”特聘教授
刘怡昕	中国工程院院士
刘韵洁	中国工程院院士
孙逢春	中国工程院院士
苏东林	中国工程院院士
苏彦庆	“长江学者奖励计划”特聘教授
苏哲子	中国工程院院士
李寿平	国际宇航科学院院士

序

2019年10月，中共中央政治局就区块链技术发展现状和趋势进行了第十八次集体学习，习近平总书记指出，区块链技术的集成应用在新的技术革新和产业变革中起着重要作用。我们要把区块链作为核心技术自主创新的重要突破口，明确主攻方向，加大投入力度，着力攻克一批关键核心技术，加快推动区块链技术和产业创新发展。供应链管理是区块链的重点应用领域，要加强区块链与实体经济的融合发展。物流是智慧物流供应链的主要组成部分，智慧物流与智慧供应链是一个整体，区块链是主要技术支撑。

什么是区块链？简单来说，区块链是一个分布式的共享账本和数据库，具有去中心化、不可篡改、全程留痕、可以追溯、集体维护、公开透明等特点。区块链涉及数学、密码学、互联网和计算机编程等很多技术问题。区块链与人工智能、量子信息、移动通信、物联网一样，是新一代信息技术的突破口。

如何认识区块链在物流与供应链管理中的应用，我认为要抓住三个要点。第一，要有战略眼光，对区块链在物流与供应链管理中的应用有一个系统的、完整的认识，不但要看当前，还要看长远。第二，把重点放在区块链与物流及供应链的融合创新上，去挖掘其巨大的潜在价值。第三，要对区块链在物流与供应链管理中的应用技术集群式攻关，抢占制高点，取得在国际上的话语权。

由王喜富教授编写，电子工业出版社出版的《区块链与智慧物流》共16章，全书以区块链与智慧物流的融合应用为核心，理论联系实际，探索区块链驱动下的物流变革，以及智慧物流的发展趋势。本书既有广度，又有深度，实用性强，将基础理论、关键技术与实际应用紧密结合，有助于区块链知识的普及，以及区块链技术在物流产业及供应链管理中的应用。

由于国内对区块链技术的研究，特别是对区块链技术在物流与供应链管理中的应用的研究时间不长，有许多问题需要进一步探索，望读者提出宝贵意见。

丁俊发
2020年5月1日

（丁俊发：中国知名流通经济学家，资深物流与供应链专家，享受国务院特殊津贴，商务部现代供应链专家委员会成员，中国流通G30成员，研究员。）

前 言

在人类科技史上有一类能够被广泛应用于多个领域并产生持久影响，从而彻底改变人类经济社会、生产生活方式的技术，这类技术被称为通用技术。区块链技术是一种在信息技术组合基础上构建的平等、自主、可控的公共数据模型及信息技术范式，以链式数据结构、点对点网络和分布式存储技术为基础，以共识机制、哈希算法和非对称加密技术为支撑，通过构建多元化中心、分布式共享、全程可监管的信息处理系统或平台，最终通过新基础设施实现高效能业务连接、通过新发展空间实现高品质产业生态、通过新管理机制实现高自主业务运作，从而形成新型信息世界的生态体系。区块链技术正有望成为21世纪的新一代通用技术，它可以缩短人与人之间的信任距离，成为价值互联网发展的基石，为技术创新及产业发展提供前所未有的机遇。2019年10月，中共中央总书记习近平在主持区块链技术发展现状和趋势第十八次集体学习时强调，区块链技术的集成应用在技术革新和产业变革中起着重要作用。我们要把区块链作为核心技术自主创新的重要突破口，明确主攻方向，加大投入力度，着力攻克一批关键核心技术，加快推动区块链技术和产业创新发展。

区块链技术在经历了“可编程货币”的1.0阶段、“可编程资产”的2.0阶段后，正逐步向3.0阶段——“可编程社会”迈进。目前，区块链技术的应用已经不仅仅局限于金融领域，而是致力于为各行业提供价值互联的解决方案。区块链技术的发展与应用，将通过全流程管控、全价值连接、全解析模型、全场景共识、全空域布局五个维度，对数字化技术的基础功能和应用领域进行颠覆性改造，从基础层面提升数字化技术应用效能，推动经济社会可持续发展。

智慧物流是以“互联网+”为核心，以物联网、云计算、大数据分析、人工智能及区块链等技术为支撑，以物流产业自动化基础设施、智能化业务运营、信息系统辅助决策和关键配套资源为基础，通过物流各环节、各企业的信息系统无缝集成，实现物流全过程链可自动感知识别、可跟踪溯源、可实时应对、可智能优化决策的物流业务形态。智慧物流的发展已经跨越了以自动化设备的应用为核心的阶段，逐步向具有自我意识的物流运作阶段过渡，物流系统的“识别、判断、推理、决策”能力正在大大增强。智慧物流通过连接升级、数据升级、模式升级、体验升级、智能升级和绿色升级全面助推供应链及物流产业升级，逐渐发展成为一种自主动态前瞻、可控无人作业、部署最优求解、全局互通共享的物流生产和流通方式，为物流业的发展带来了新的机遇。

当区块链与智慧物流“相遇”时，无数曾困扰智慧物流发展的难题将被一一破解。如果将区块链应用于多式联运，能否实现单证互认的“一单制”模式？如果将区块链应用于供应链金融，能否为中小型物流企业盘活资金提供新思路？如果将区块链应用于农产品物流，能否实现全链条可监管？区块链给智慧物流插上了翅膀，这双“翅膀”为智慧物流的发展提供了新的动力，同时也为降低社会物流成本、提升社会物流效率提供了新引擎。

本书共七部分。第一部分从智慧物流的发展演进入手，通过对智慧物流业务、技术、组织、运作等模式的分析，探究区块链驱动下的物流变革；第二部分通过研究区块链的基础理论与应用，结合区块链与数字技术融合的新模式，分析区块链的应用思想与总体架构，实现对区块链与数字化融合的认知；第三部分分析国内外区块链技术的研究进展，剖析国内外智慧物流中的区块链应用案例；第四部分介绍了构建智慧物流区块链应用平台产业生态体系、总体架构及实施部署方案；第五部分从业务链、供应链、产业链三个维度构建智慧物流中的区块链应用实施方案；第六部分对智慧物流区块链应用模式进行了创新性分析研究；第七部分从瓶颈及应用两方面，对智慧物流中的区块链应用进行了展望。

在本书撰写过程中，作者参考了大量的国内外科技文献，在此谨向相关文献的作者表示衷心的感谢！同时，作者多次到相关智慧物流企业、区块链企业进行调研，综合了众多领域专家及行业技术人员的意见，在此向相关企业领导和专家表示衷心的感谢！参加本书撰写的还有张文瀛、马骏驰、蒋利军、林长通、郭俊佳、高艺文、郭橙橙、刘京、马榕、叶芷吟、于永顺、张帆帆、赵瑜等。

由于作者水平及时间有限，加之智慧物流与区块链行业发展迅速，相关技术、应用理念不断更新，书中难免有不足之处，敬请读者批评指正。

作者

2020 年 4 月于北京

目 录

第一部分 探究区块链驱动下的物流变革

第 1 章 剖析智慧物流的发展演进 2

1.1 智慧物流的内涵认知 2

1.1.1 智慧物流的概念 3

1.1.2 智慧物流的主要特点与基本功能 4

1.1.3 智慧物流的价值体现 5

1.2 智慧物流中的技术体系 6

1.2.1 智慧物流中的系统要素 7

1.2.2 智慧物流中的关键技术 8

1.3 智慧物流演进分析 10

1.3.1 智慧物流的演进过程 10

1.3.2 物流演进驱动分析 12

1.3.3 智慧物流的发展瓶颈 13

1.3.4 智慧物流的发展趋势 15

本章小结 17

第 2 章 区块链影响物流系统与组织模式 18

2.1 区块链对物流系统结构的影响 18

2.1.1 现代物流系统结构分析 18

2.1.2 区块链对物流系统结构演进的影响 22

2.2 区块链对物流组织模式的影响 25

2.2.1 现代物流组织模式分析 25

2.2.2 区块链对物流组织模式演化的影响 28

本章小结 30

第 3 章 区块链重构智慧物流业务体系与服务模式 31

3.1 区块链环境下智慧物流业务体系 31

3.1.1 智慧物流业务体系重构分析 31

3.1.2 区块链环境下智慧物流业务体系构建 33

3.2 区块链创新智慧物流服务模式 35

3.2.1 智慧物流区块链平台的功能及服务 36

3.2.2 智慧物流区块链应用中的核心服务......37
3.2.3 智慧物流区块链平台服务方式......39
本章小结......39

第二部分 区块链与数字化技术融合

第4章 区块链的基础理论与应用......42
4.1 区块链......42
4.1.1 区块链的内涵与概念......42
4.1.2 区块链的特点......43
4.2 区块链的发展过程与分类......44
4.2.1 区块链的发展过程......44
4.2.2 区块链的分类......48
4.3 区块链中的核心技术......49
4.3.1 数据层技术......50
4.3.2 网络层技术......51
4.3.3 共识层技术......52
4.3.4 合约层技术......52
4.3.5 跨链技术......53
4.4 区块链的应用思想与技术架构......54
4.4.1 区块链的应用思想......54
4.4.2 区块链的技术架构......56
4.5 区块链的应用价值与应用领域......58
4.5.1 区块链的应用价值......58
4.5.2 区块链的应用领域......59
本章小结......61
第5章 区块链与数字化技术融合应用......62
5.1 区块链与物联网......62
5.1.1 物联网的发展与问题分析......62
5.1.2 区块链与物联网融合......63
5.2 区块链与云计算......65
5.2.1 云计算的发展与问题分析......65
5.2.2 区块链与云计算融合......66
5.3 区块链与大数据分析......67
5.3.1 大数据分析技术的发展与特点分析......67
5.3.2 区块链与大数据分析技术的融合......68

5.4 区块链与人工智能......70
5.4.1 人工智能的发展与优势分析......70
5.4.2 区块链与人工智能融合......70
5.5 区块链与数字化技术融合应用生态体系......72
本章小结......74

第三部分 剖析国内外智慧物流区块链应用案例

第 6 章 国际区块链研究进展与应用分析......76
6.1 全球区块链发展现状......76
6.1.1 全球区块链发展态势......76
6.1.2 主要国家研究现状......78
6.2 区块链在物流领域的应用分析......81
6.2.1 物流基础业务层次的应用......82
6.2.2 物流供应链层次的应用......83
6.2.3 物流产业应用......84
6.3 IBM 区块链技术研发与典型案例......85
6.3.1 IBM 区块链生态......85
6.3.2 IBM 区块链典型案例——食品物流平台应用......87
6.3.3 IBM 区块链典型案例——海运物流平台应用......89
本章小结......91

第 7 章 国内区块链研究进展和应用分析......92
7.1 国内区块链发展现状......92
7.2 区块链在国内物流领域中的应用分析......94
7.2.1 物流基础业务应用......95
7.2.2 供应链领域中的应用......96
7.3 我国典型企业应用案例......97
7.3.1 阿里巴巴区块链技术研发及应用案例......97
7.3.2 京东区块链技术研发及应用案例......100
7.3.3 顺丰区块链技术研发及应用案例......104
7.4 国内外区块链研究对比分析......106
本章小结......107

第四部分 智慧物流区块链平台构建

第 8 章 智慧物流区块链生态体系构建......110
8.1 智慧物流区块链应用总体框架......110

8.1.1 智慧物流区块链应用指导思想........110
8.1.2 智慧物流区块链应用思路........112
8.2 智慧物流区块链生态体系框架........114
本章小结........116
第 9 章 智慧物流区块链平台总体架构和实施部署........117
9.1 平台设计原则........117
9.2 平台总体架构........118
9.2.1 基础层........119
9.2.2 核心层........120
9.2.3 服务层........120
9.2.4 接口层........120
9.2.5 应用层........121
9.2.6 用户层........121
9.3 智慧物流区块链平台部署框架........121
9.4 智慧物流区块链平台技术实施........122
9.4.1 用户视图........122
9.4.2 功能视图........124
9.4.3 平台实现视图........125
9.4.4 部署视图........125
本章小结........126
第五部分 构建智慧物流区块链应用方案
第 10 章 智慧物流业务链与区块链融合实施方案........128
10.1 智慧物流业务链体系........128
10.1.1 智慧物流业务链认知........128
10.1.2 智慧物流业务链体系........130
10.2 智慧物流业务链平台应用思路........136
10.2.1 核心问题........137
10.2.2 应用效果........137
10.3 区块链环境下智慧物流业务链平台实施方案........137
10.3.1 基于区块链的智慧物流业务链平台技术架构........137
10.3.2 平台应用实施........139
本章小结........146
第 11 章 智慧物流供应链与区块链融合实施方案........147
11.1 智慧物流供应链体系........147

11.1.1 智慧物流供应链认知......147
11.1.2 智慧物流供应链业务体系......150
11.2 智慧物流供应链平台应用思路......153
11.2.1 核心问题......154
11.2.2 应用效果......155
11.3 区块链环境下智慧物流供应链平台实施方案......155
11.3.1 基于区块链的智慧物流供应链平台技术架构......155
11.3.2 平台应用实施......156
本章小结......163
第 12 章 智慧物流产业链与区块链融合实施方案......164
12.1 智慧物流产业链体系......164
12.1.1 智慧物流产业链认知......164
12.1.2 智慧物流产业链业务体系......166
12.2 智慧物流产业链平台应用思路......171
12.2.1 核心问题......172
12.2.2 应用效果......172
12.3 区块链环境下智慧物流产业链平台实施方案......173
12.3.1 基于区块链的智慧物流产业链平台技术架构......173
12.3.2 平台应用实施......174
本章小结......179

第六部分 创新智慧物流区块链应用模式

第 13 章 区块链行业应用模式......182
13.1 区块链主要应用模式......183
13.1.1 公有链应用模式......183
13.1.2 私有链应用模式......184
13.1.3 联盟链应用模式......185
13.2 区块链融合应用模式......186
本章小结......188
第 14 章 智慧物流区块链平台应用模式......189
14.1 智慧物流区块链应用驱动模型......189
14.1.1 驱动因素......190
14.1.2 应用场景......191
14.1.3 应用效果......192
14.2 智慧物流区块链平台组织模式......193

14.2.1 政府主导型组织模式 193
14.2.2 联盟主导型组织模式 194
14.2.3 区块链平台组织模式应用 196
14.3 智慧物流区块链平台服务模式 197
14.3.1 技术驱动型服务模式 197
14.3.2 业务驱动型服务模式 202
14.4 智慧物流区块链平台商业模式 205
14.4.1 平台商业模式总体设计 205
14.4.2 平台商业模式实施 208
14.4.3 平台商业模式效果 211
本章小结 212

第七部分 展望智慧物流区块链应用趋势

第 15 章 智慧物流区块链应用瓶颈有待突破 214
15.1 区块链技术应用成熟度分析 214
15.2 智慧物流区块链应用瓶颈 215
15.2.1 关键技术瓶颈：单一分散的发展与多元集成的融合 216
15.2.2 应用范围瓶颈：片面局部的探索与系统全面的推广 217
15.2.3 实施方法瓶颈：尚未统一的标准与规范成熟的模式 217
15.2.4 产业生态瓶颈：分散孤立的组织与价值互联的网络 217
本章小结 218

第 16 章 智慧物流区块链应用前景未来可期 219
16.1 区块链技术发展趋势 220
16.1.1 纵向突破，核心技术能力提升 220
16.1.2 横向拓展，数字技术深度融合 221
16.1.3 跨链交互，服务功能多元整合 221
16.1.4 跨云部署，应用落地流程优化 221
16.2 智慧物流区块链应用趋势 222
16.2.1 高效能连接与新基础设施 222
16.2.2 高品质生态与新发展空间 223
16.2.3 高自主运作与新管理机制 223
16.2.4 高可信交易与新商业模式 223
本章小结 224

参考文献 225

第一部分

探究区块链驱动下的物流变革

区块链等新兴技术在物流领域中的融合应用，将驱动智慧物流的变革。智慧物流的发展演进，在物联网、大数据分析、云计算、人工智能、区块链、5G 等新兴技术的推动下，已经到了新的阶段。本部分着重阐述智慧物流的发展演进，分析区块链对物流系统和组织模式的影响，研究区块链对智慧物流业务体系和服务模式的重构。

第 1 章

剖析智慧物流的发展演进

智慧物流是现代物流发展的新型物流业态，在技术与市场因素的驱动下，智慧物流还将不断演化，进入新的发展阶段。智慧物流在自动感知、网络通信、数据计算、自主决策、透明协同、高效执行等关键技术体系的支撑下，呈现出互联互通、数据驱动，深度协同、高效执行及自主决策、学习提升等主要特征，释放出智慧物流的数据价值、连接价值和协同价值。智慧物流在发展过程中仍存在不少瓶颈，但是发展态势良好，未来其将通过技术与模式的创新，提升智慧物流服务水平；通过多链内外联动，促进物流线上和线下的双网高效融合；通过多主体协同，推动智慧物流生态圈共生协调。

1.1 智慧物流的内涵认知

智慧物流核心依托“互联网+”，以物联网、云计算、大数据分析、人工智能、5G、区块链等新兴技术为支撑，实现了自动感知识别、可跟踪溯源、可实时应对、可智能优化决策。

智慧物流内涵认知包含概念内涵、主要特点、基本功能及价值体现四个方面，如图 1-1 所示。

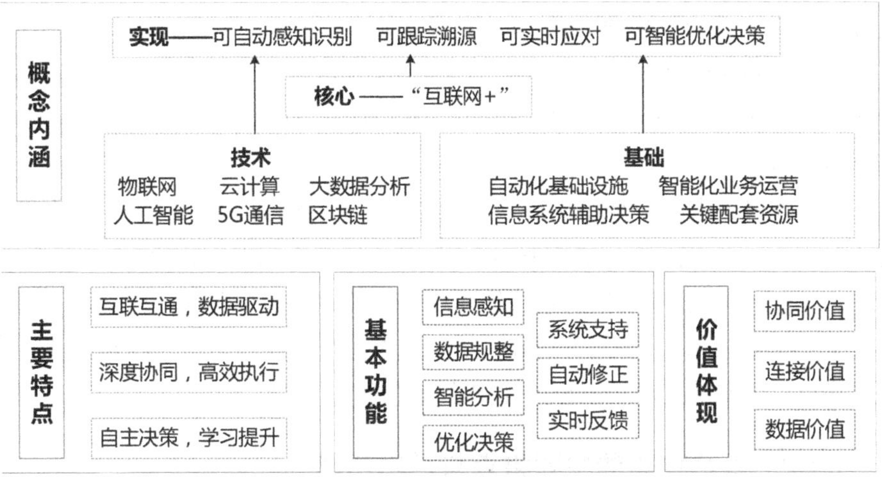

图 1-1　智慧物流内涵认知

1.1.1　智慧物流的概念

新兴技术在物流领域中不断被应用，新技术催生新模式，新模式带来新服务，逐渐形成智慧物流新业态。智慧物流作为新兴业态，尚未形成统一的定义，很多学者通过对智慧物流功能特点的描述进而概括智慧物流的内涵。

王继祥认为，智慧物流是指基于物联网应用技术实现互联网向物理世界延伸，互联网与物流实体网络融合创新，实现物流系统的状态感知、实时分析、精准执行，进一步达到自主决策和学习提升的目标，拥有一定智慧能力的现代物流体系。

李芏巍认为，智慧物流是将互联网与新一代信息技术应用于物流业中，实现物流的自动化、可视化、可控化、智能化、信息化、网络化，从而提高资源利用率的服务模式和提高生产力水平的创新形态。

王之泰认为，智慧物流是将互联网与新一代信息技术及现代管理模式应用于物流业，实现物流的自动化、可视化、可控化、智能化、信息化、网络化的创新形态。他认为“智慧”的获得并不完全是技术方面的问题，应增加管理的内涵，要防止把技术问题绝对化，体制的作用和人的作用是不可缺少的。

中华人民共和国国家发展和改革委会员综合运输研究所所长汪鸣认为，智慧物流是指在物流领域中广泛应用信息化技术、物联网技术、智能技术及与之相匹配的管理和服务技术的基础上，使物流业具有智能特征并和服务对象之间具有紧密智能联系的发展状态。

中国物联网校企联盟认为，智慧物流利用集成智能化技术，使物流系统能模仿人的智能，具有思维、感知、学习、推理判断并自行解决物流过程中某些问题的能力。

本书作者认为，智慧物流是以“互联网+”为核心，以物联网、云计算、大数据分析、人工智能、5G及区块链等技术为支撑，以物流产业自动化基础设施、智能化业务运营、信息系统辅助决策和关键配套资源为基础，通过物流各环节、各企业的信息系统无缝集成，实现物流全过程链可自动感知识别、可跟踪溯源、可实时应对、可智能优化决策的物流业务形态。

1.1.2 智慧物流的主要特点与基本功能

1. 智慧物流的主要特点

（1）互联互通，数据驱动。所有物流要素实现互联互通，一切业务数字化，实现物流系统全过程透明可溯；一切数据业务化，以数据驱动决策与执行，为物流生态系统赋能。

（2）深度协同，高效执行。物流领域跨集团、跨企业、跨组织的深度协同，促进物流产业生态体系共生共荣；基于物流系统全局优化的智能算法，调度整个物流系统中各参与方分工协作，促进物流业务高效执行。

（3）自主决策，学习提升。通过机器学习、智能算法的融合应用，促进物流实现自主决策，推动物流系统程控化和自动化发展；通过大数据分析、云计算与人工智能技术构建物流的“大脑”，在感知中决策，在执行中学习，在学习中优化，在物流实际运作中不断升级，学习提升。

2. 智慧物流的基本功能

（1）信息感知功能。运用各种先进技术获取运输、仓储、包装、装卸搬运、流通加工、配送、信息服务等各个环节中的大量信息，实现了物流数据实时自动采集，使各主体能准确、实时地掌握货物、车辆和仓库等的信息。

（2）数据规整功能。采集到的物流信息通过网络传输到数据中心，用于数据归档，建立强大的数据库，使各类数据按要求规整，促进数据由无序向有序转变，实现数据的联系性、开放性及动态性，并通过对数据和流程的标准化处理，推进跨网络、跨系统的整合与兼容。

（3）智能分析功能。运用智能的模拟器模型等手段分析物流问题，根据问题提出假设，并在实践过程中不断验证问题并发现新问题，做到理论和实践相结合。在运行中系统会自行调用原有经验数据，随时发现物流作业活动中的漏洞或薄弱环节，对物流问题进行智能分析。

（4）优化决策功能。结合物流场景中的特定需要，根据不同的情况评估成本、时间、质量、服务等，评估风险，进行预测分析，协同做出决策，提出最合理有效的解决方案，使做出的决策更加准确和科学。

（5）系统支持功能。智慧物流的系统智慧性集中表现在每个物流环节都能相互联系，互通有无，共享数据，优化资源配置，从而为物流的各个环节提供最强大的系统支持，使物流各环节实现协作、协调、协同。

（6）自动修正功能。在前面各个功能的基础上，按照最有效的解决方案，智慧物流系统自动遵循最快捷、最有效、最经济的方案运行，并在发现问题后自动修正，并记录在案，方便日后查询和调整。

（7）实时反馈功能。智慧物流系统是一个实时更新的系统，动态反馈是实现系统修正、系统完善必不可少的环节。实时信息反馈贯穿于智慧物流系统的每一个环节，为物流相关作业者了解物流运行情况、及时解决系统存在的问题提供了强有力的保障。

1.1.3　智慧物流的价值体现

传统物流在实现物的流动的同时体现了空间价值和时间价值，并且为社会带来了利润价值和经济活动价值。如今，智慧物流的理念渗透到物流行业的诸多领域中，智能化、自动化的新模式和协同共生的新业态赋予了物流新的价值。对物流行业而言，智慧物流体现了数据价值、连接价值和协同价值。智慧物流的价值认知如图 1-2 所示。

1. 数据价值

在分析智慧物流业务数据的基础上，物流企业能够对物流路线制定、仓储选址、运力调配进行优化，不断调整企业的运营模式和管理模式，降低人工成本，提升企业运营管理的效率；通过收集、积累用户数据，有助于物流企业掌握用户需求，提升企业效益和品牌形象。

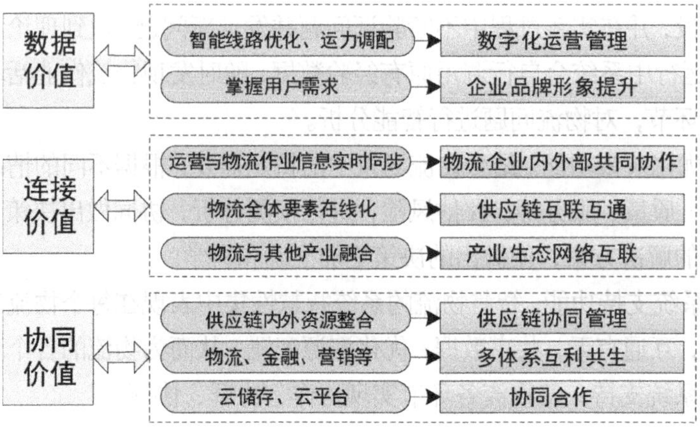

图 1-2　智慧物流的价值认知

2. 连接价值

协同共享的理念贯穿智能物流的全过程，打破了企业边界并解决了信息不对称的问题。以物联网、云计算、大数据分析、人工智能及区块链等技术为助力，充分发挥智慧物流的连接价值：通过运营与物流作业信息实时同步，使物流企业的内外部共同协作，实现管理智能化、信息共享化；物流全体要素在线化，推动供应链互联互通，引领智慧物流发展新模式；通过将物流与其他资源进行整合，加快物流业与其他产业融合的进程，实现产业生态网络互联。

3. 协同价值

智慧物流促进物流企业与其他领域中的企业协同、共生，通过供应链节点企业及企业间的协同合作（内外资源整合）实现供应链协同管理；物流体系与金融体系、营销体系、数据服务体系等多体系互利共生能够产生巨大的协同作用，助力搭建完整的物流业生态体系；基于云、网一体，构建移动网、云储存、云平台等协同合作新生态成为行业发展的新方向。

1.2 智慧物流中的技术体系

智慧物流技术包括感知层、网络层和应用层三大层面，核心技术包括自动感知技术、网络通信技术、数据计算技术、自主决策技术、透明协同技术及高效执行技术，多项关键技术共同构成智慧思维系统、信息传输系统和自动执行系统三大核心技术系统。智慧物流技术体系如图 1-3 所示。

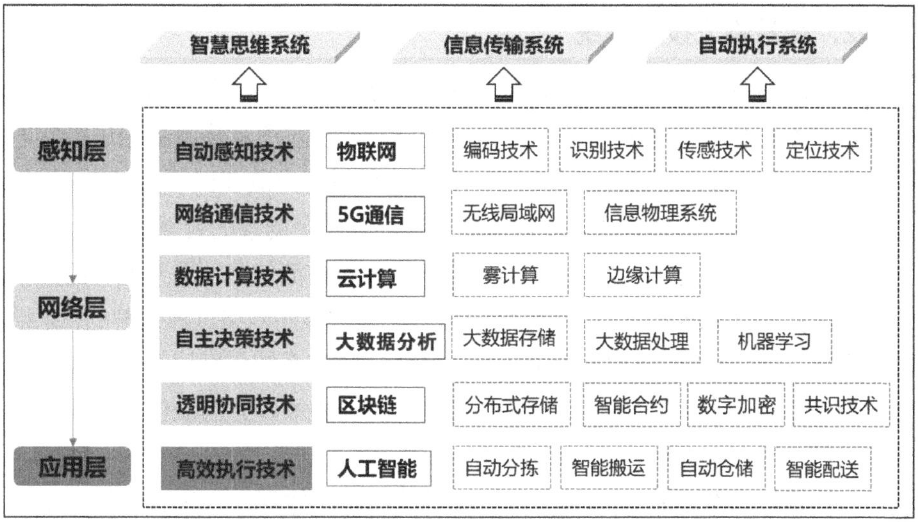

图 1-3　智慧物流技术体系

智慧物流技术体系的系统要素包括“三层三系统”，“三层”即感知层、网络层和应用层，“三系统”即智慧思维系统、信息传输系统和自动执行系统。智慧物流的关键技术以物联网、5G、云计算、大数据分析、区块链和人工智能为核心，包括自动感知技术、网络通信技术、数据计算技术、自主决策技术、透明协同技术和高效执行技术。

1.2.1　智慧物流中的系统要素

1. 智慧物流中的技术层次

（1）感知层。感知层是智慧物流系统实现对货物感知的基础，是智慧物流的起点。物流系统的感知层通过多种感知技术实现对物品的感知，常用的感知技术有条码自动识别技术、无线射频感知技术、传感器感知技术、红外感知技术、语音感知技术、机器视觉感知技术等。所有能够用于物品感知的各类技术都可以在物流系统中得到应用，在具体应用中需要平衡系统需求与技术成本等因素。

（2）网络层。网络层是智慧物流的神经系统与思维系统。物流系统借助网络通信技术和区块链技术进行信息的传输与共享，利用大数据分析、云计算等技术分析处理信息，产生决策指令，再通过传输手段向执行系统下达指令。

（3）应用层。应用层是智慧物流的应用操作系统，其借助人工智能等技术接收来自网络层的决策指令，在应用层实时、高效、自动地执行物流操作。

2. 智慧物流技术系统

智慧思维系统是物流的“大脑”，是智慧物流技术系统的核心要素。大数据分析技术是智慧思考的基础，方便智慧物流系统对海量物流数据进行实时处理分析；云计算是智慧思考的引擎，将数据分析能力放在云端共享，通过按需、按量配置算力的模式，实现物流业务全环节、全场景的智慧决策。

信息传输系统是物流的“神经网络”，是智慧物流信息互联互通的组成部分。物联网是信息感知的起点，也是信息从物理世界向网络世界传输的“末端神经网络”；网络通信技术是信息传输的基础，物流系统借助网络通信技术构建物流信息传输与处理的虚拟网络空间；区块链技术作为物流信息传输与共享的保障，能有效地维护数据的真实性、安全性及透明性。

自动执行系统是物理世界智慧物流具体运作的体现，人工智能技术赋能物流执行系统。人工智能技术对物流装备的智慧化升级，赋予机器物流业务学习能力，实现自动化、无人化的自主作业。

1.2.2 智慧物流中的关键技术

1. 智慧物流中的自动感知技术

智慧物流中的自动感知技术以物联网技术为核心，实现物品自动感知与联网。自动感知技术包括编码技术、识别技术、传感技术、定位技术等。编码技术，主要参照国家商贸物流标准化编码体系，实现标准化编码；识别技术包括条码识别技术、无线射频识别技术等；传感技术包括位置、距离、温度、湿度等各类传感设备与技术；定位技术包括定位与导航技术等；此外，红外、激光、机器视觉等各类感知技术也在智慧物流领域中有所应用。

2. 智慧物流中的网络通信技术

智慧物流中的网络通信技术是智慧物流的神经网络，是智慧物流信息传输的关键。随着 5G 的发展和应用，物流业的网络通信能力将得到极大的提高。网络通信技术通常应用在局部的场景中，如智慧物流仓，常采用现场总线、无线局域网等技术；目前，集网络、信息、计算、控制功能于一体的虚实融合网络系统、信息物理系统技术架构正在发展之中，随着信息物理系统的技术发展，这一技术体系有望成为智慧物流底层的基础技术体系。

3. 智慧物流中的数据计算技术

智慧物流中的数据计算技术主要以云计算技术为核心，结合实际的应用场景，创新发展雾计算和边缘计算。在智慧物流系统的层级上，常常采用雾计算技术；在智慧物流独立硬件的应用场景中，通常采用边缘计算技术。云计算服务模式，更适应智慧物流不同的应用场景，满足信息服务实时化响应需求，达到统筹资源、快速响应的目的。

4. 智慧物流中的自主决策技术

智慧物流中的自主决策技术以大数据分析技术为核心，主要包括大数据存储技术、大数据处理技术、机器学习技术等。大数据存储技术包括数据记录、数据存储、数据验证、数据共享等；大数据处理技术包括数据统计、数据可视化、数据挖掘等；机器学习技术包括经验归纳、分析学习、类比学习、遗传算法、增强学习等。

5. 智慧物流中的透明协同技术

智慧物流中的透明协同技术以区块链技术为核心，保障数据的真实性、安全性、透明性，实现物流业务智慧升级。区块链技术主要包括分布式存储技术、共识技术、数字加密技术、智能合约技术等。分布式存储技术用于实现账本去中心化，促进交易数据全程透明共享；共识技术维护账本的一致性，避免信息被篡改，保障信息真实可靠；数字加密技术用于保障信息安全，防止重要信息泄露；智能合约技术通过将物流交易操作程序化，实现业务执行自动化。

6. 智慧物流中的高效执行技术

智慧物流中的高效执行技术以人工智能技术为核心，是智慧物流系统中应用层的技术，结合具体物流业务，主要包括自动分拣技术、智能搬运技术、自动仓储技术、智能配送技术。自动分拣技术包括各类机器人拣选、自动输送分拣、语音拣选、货到人拣选等各类自动的分拣技术；智能搬运技术主要指通过自主控制技术，进行智能搬运及自主导航，使整个物流作业系统具有高度的柔性和扩展性，如搬运机器人、无人叉车、无人牵引车等；自动仓储技术指通过货架系统、控制系统、自动分拣系统、自动传输系统等实现货物自动存取、拣选、搬运、分拣等环节的机械化与自动化；智能配送技术包括货运车联网、智能卡车、无人机系统、配送机器人系统等。

1.3 智慧物流演进分析

1.3.1 智慧物流的演进过程

智慧物流是在物联网、大数据分析、云计算、区块链、人工智能等技术发展的基础上，为满足物流业自身发展的内在要求而不断演进的物流智慧化结果。智慧物流的形成跟现代物流的发展密不可分，从现代物流的发展角度看，智慧物流的发展经历了五个阶段：粗放型物流—系统化物流—电子化物流—智能物流—智慧物流。智慧物流的发展历程如图 1-4 所示。

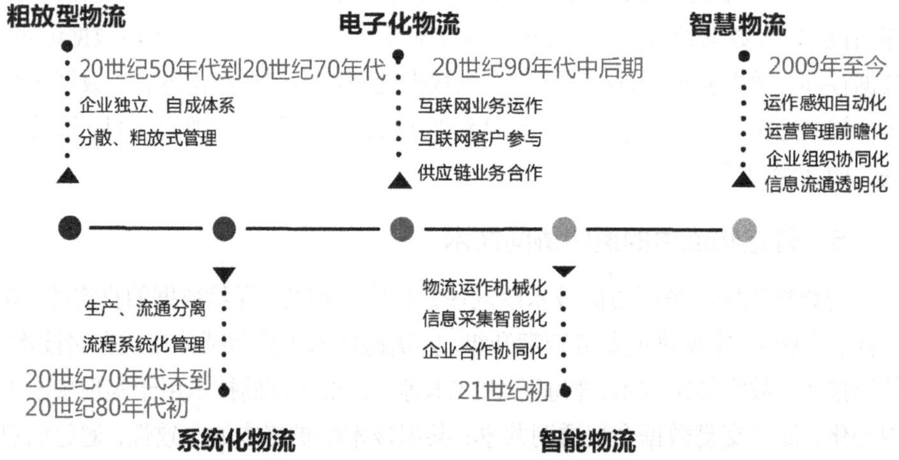

图 1-4 智慧物流的发展历程

粗放型物流是现代物流的雏形阶段，系统化物流是现代物流的初级发展阶段，电子化物流是现代物流的成熟阶段，而现代物流的未来是智慧物流的不断升级发展。随着物流新技术融合、新要素涌现、新功能开发、新价值发掘和新模式转变，智慧物流将迎来新的发展。

1. 粗放型物流

粗放型物流的黄金时期是 20 世纪 50 年代到 20 世纪 70 年代。这一时期，专业型的物流企业很少，大部分企业都是自成体系的，没有行业协作和大物流的意识，盲目扩张迫使企业放弃原来的大规模生产消费型经营模式，而去寻找更适合的物流经营方式。

2. 系统化物流

从 20 世纪 70 年代末到 20 世纪 80 年代初，物流行业逐渐从分散、粗放式的管理时代进入了系统管理的时代。系统化物流时期，物流新技术和新模式开始涌现，企业对物流的理解从简单分散的运输、保管、库存管理等具体功能，上升为从原料采购到产品销售整个过程的统一管理并开始考虑物流的成本和效益。

3. 电子化物流

自 20 世纪 90 年代中后期以来，计算机技术的出现及大规模应用，使现代物流业迎来一个新的发展阶段，即电子化物流时期。电子化物流时期的特点主要有三个。第一，电子化物流需要借助互联网来开展业务运作；第二，电子化物流体系以满足客户对物流服务的需求为导向，让客户通过互联网参与物流运作过程，进而更好地实现以客户为中心的物流服务发展目标；第三，电子化物流注重追求供应链整体的物流效果，供应链合作伙伴通过互联网建立起密切的业务联系，共同为提高供应链的效率和效益及降低物流运作的总体成本和减少物流总时长而努力。

4. 智能物流

21 世纪是智能化的世纪，随着智能技术的发展，物流业也朝着智能化方向发展。智能物流时期的物流业呈现自动化、智能化、协同化的特点。自动化是通过智能装备的应用，促进物流作业的机械化和无人化；物流系统需要智能化地采集实时信息，并利用物联网进行系统处理，为最终用户提供优质的信息和咨询服务，为物流企业提供最佳策略支持；协同化是指利用物联网平台，实现物流企业上下游之间的无缝连接。

5. 智慧物流

随着物联网、大数据分析、云计算、人工智能及区块链等技术与物流行业的进一步融合，物流业进入智慧物流阶段。在这个阶段，运作感知自动化、运营管理前瞻化、企业组织协同化、信息流通透明化，推动了物流行业智慧化、规范化变革，促成开放、共生、共赢的供应链生态圈，助推智慧物流大脑的搭建，推进智慧物流产业与其他产业的信息互联互通。

1.3.2 物流演进驱动分析

纵观物流发展历史，我们可以发现每次变革都是两股力量共同推动的结果：一是市场的升级，二是技术的突破。这两股力量共同作用，促使物流在整个商业系统中的作用和角色不断升级，进而推动物流不断演化。

1. 市场驱动

市场驱动因素关键在于消费需求和产业供给的变化，因此需要通过小批量定制化生产来满足消费者个性化、多元化的消费需求。在消费主权时代，消费者发生了三大变化：需求个性化、场景多元化与价值参与化。消费者越来越注重自身个性的表达，在消费的过程中，从被动接受和选择向主动影响和创造转变，消费者甚至希望参与产品的设计和生产过程，并且在越来越多元、即时、分散的场景下完成购买活动。这就要求实现商品的快速交付，同时为了适应场景多元化，物流服务不仅要覆盖生活中所有的场景，还要通过为消费者提供更为灵活的弹性服务，让他们在时间和空间上拥有更大的自主权。

随着消费者的需求越来越分散，需求场景越来越即时化、碎片化，产业端需要建立起一个灵活的物流和供应链体系，来应对这样的趋势，企业需要改变以往多层分销的渠道模式，使得生产端与消费端的距离尽可能缩短，从而快速精准地洞察消费者的需求，并做出灵活调整和反应。这种小批量、定制化的生产和供应体系，对物流服务商提出了全新的要求；物流服务商的网络需要覆盖线上线下多渠道，以及广大的终端消费者；物流服务商需要提供仓储、运输、配送等一体化的服务，同时整个链条上的成员要保持信息透明、共享，以使相关企业快速决策和反应。

2. 技术驱动

重点关注物联网、大数据分析、云计算、5G、人工智能、机器人等技术的突破性发展和规模化应用。技术的发展让终端的感知能力变得越来越强，越来越多有价值的数据被留存下来成为宝贵的资源。区块链技术实现了从生产、仓储到配送整个环节产品管理的可追溯和可识别；云计算和大数据分析技术打通了信息流，最大限度地共享数据，在不同产业间发挥联动作用，不断打破产业、时间、空间与市场的边界，促使新物种、新要素、新价值产生；基于大数据分析和算法优化的工具，可以推动业务活动不断优化，实现更精准的销售预测、更科学的物流网络布局、更合理的库存管理、更快速的配送路线规划等；

大数据分析和人工智能技术在物流领域中的应用，为自动化设备装上了智慧的“大脑”，使其能够进行自主识别、判断、操作、决策等，最终带来物流运营、决策上的跨越式发展。

总而言之，新技术的成熟与发展，将会深刻影响物流的每个环节，在不断降低成本、提高效率的同时，还将反向指导上游的生产与制造，为消费者提供更好的服务体验。

1.3.3　智慧物流的发展瓶颈

目前，智慧物流的系统建设虽然已取得稳步进展，但依旧存在一定的现实瓶颈，对智慧物流发展形成了障碍。例如，在信息平台互联互通、资源有效整合、业务数据化升级、企业协同合作、物流装备体系及客户服务水平等多方面仍存在不少发展瓶颈。

目前，智慧物流的发展瓶颈包括六个方面，即信息平台互联互通问题、资源整合缺乏有效方式、业务数据化程度有待提升、企业间协同能力有待加强、物流装备体系发展有待完善、客户服务体验有待提升（见图 1-5）。

信息平台互联互通问题	缺少专业平台规划方案	数据挖掘与分析力度不够大	平台间数据接口不统一
资源整合缺乏有效方式	资源建设缺乏整体规划	资源信息化水平不高	资源共享平台建设不成熟
业务数据化程度有待提升	数据采集范围有限	数据流通不顺畅	数据与业务结合程度不深
企业间协同能力有待加强	企业间智慧化程度不同	智慧物流管理信息系统建设落后	
物流装备体系发展有待完善	缺乏自主学习与决策能力	物流装备缺乏统一标准	物流设备分散彼此不连通
客户服务体验有待提升	服务客户数量有限	信息反馈与处理不及时	服务便利性需提升

图 1-5　智慧物流的发展瓶颈

1. 信息平台互联互通问题

目前，我国正着力建设智慧物流公共信息平台，但在建设过程中依旧存在以下个几方面的困难：一是缺少专业的平台规划方案，平台建设水平低；二是与智慧物流相关的指数、报告等发布较少且缺乏权威性，难以发挥平台对企业的引导作用；三是信息平台间数据接口不统一，难以实现互联互通。

2. 资源整合缺乏有效方式

目前，我国智慧物流有效的资源整合方式和手段依旧缺乏，其原因主要有以下三个方面：一是资源建设缺乏整体规划，导致资源整合问题越来越复杂化；二是资源信息化水平不高，大部分中小型企业对物流资源的信息化意识和能力不足；三是资源共享平台建设不成熟，入驻企业少，限制了资源的规模化整合。

3. 业务数据化程度有待提升

我国智慧物流业务数据化程度不高，主要原因如下：一是数据采集范围有限，城乡互联网发展水平不一致，制约数据的全面收集及智慧物流数据池的形成；二是数据流通不顺畅，智慧物流信息标准不统一，跨企业、跨平台、跨行业的数据安全交换无法进行；三是数据与业务结合程度不深，企业对运用大数据分析、云计算等技术的意识和水平不足，多维度、深层次的业务数据分析欠缺。

4. 企业间协同能力有待加强

智慧物流在促进供应链和产业链企业的协同协作过程中，遇到来自两个方面的障碍：一是企业间智慧化程度不同，智慧物流技术与装备发展水平不同，阻碍企业间的信息协同与业务协同；二是面向供应链、产业链的智慧物流管理信息系统建设落后，阻碍企业间实现一体化协同管理。

5. 物流装备体系发展有待完善

目前，物流装备虽然已经发展到机械化、自动化的程度，但是不具备自主学习与决策的功能，智慧化程度不高；物流装备缺乏统一的标准，物流装备的规格、系统比较乱；物流设备分散，彼此不连通，物流装备系统的协同性有待提高。

6. 客户服务体验有待升级

智慧物流有效地提升了物流服务质量，但在一定程度上客户对智慧物流服务的体验感依旧不强，因此智慧物流在以下几方面有待继续升级：一是智慧物流的服务范围有待扩大，当前智慧物流的设施设备在地区间布点不平衡，无人机、无人车等设备的服务仅能在小范围内常态化运营，服务客户数量有限；二是信息反馈与处理频率有待提升，对物流信息的状态更新与客户的需求处理可精确到小时甚至更精细的级别，增强与客户的交互感；三是个性化服务方式有待增多，企业可同时提供多种收寄件方式与多种运输方式，以便客户选择，增强服务的便利性。

1.3.4 智慧物流的发展趋势

智慧物流成为我国物流业实现高质量发展的新方向，并呈现出服务水平逐步提升、多链内外联动与双网高效融合、智慧物流生态圈形成的发展趋势。智慧物流的发展趋势如图 1-6 所示。

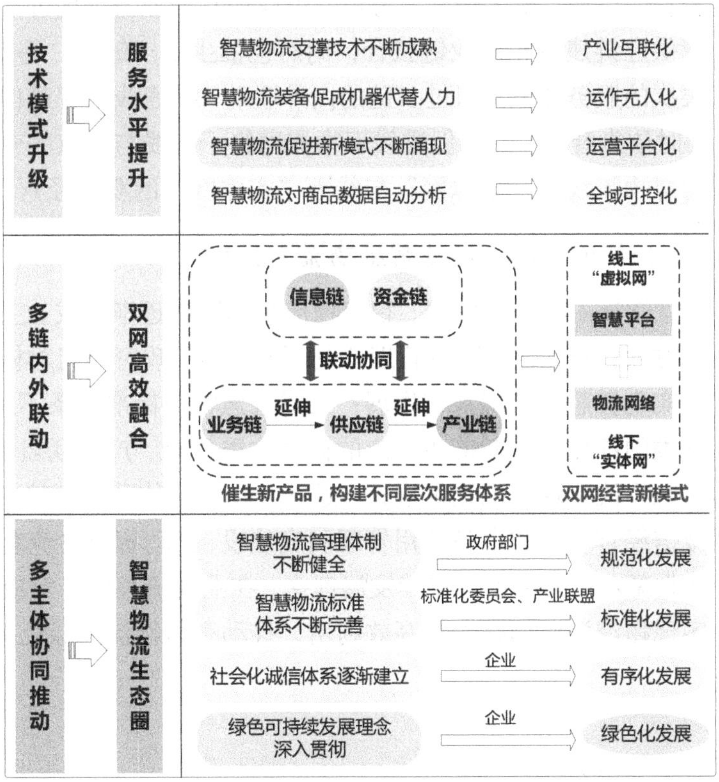

图 1-6 智慧物流的发展趋势

1. 技术与模式升级，服务水平逐步提升

随着智慧物流新技术和新模式的不断发展，智慧物流服务水平将不断提升，其主要表现在以下几个方面：一是智慧物流支撑技术不断成熟，互联网基础设施全覆盖、广连接，实现万物互联，产业互联化；二是智慧物流装备的应用向标准化、专业化、规模化发展，在全领域、全环节中不断用机器替代人力，实现运作无人化；三是智慧物流促进新模式不断涌现，推动资源整合和平台化经营模式的广泛应用，实现运营平台化；四是智慧物流通过对各类商品数据的自动分析和处理，为管理者提供最优决策，实现全域可控化。

2. 多链内外联动，促进双网高效融合

智慧物流使物流企业的业务链延伸，不断加强物流企业对供应链和产业链的掌控；信息链、资金链、业务链、供应链及产业链的内外联动，不断加强智慧供应链建设和产业链整合，同时也催生出“链金”等新产品，构建不同层次的服务体系；通过多链的内外联动，加速线上智慧信息平台的搭建，同时依靠智慧平台，促进线下物流网络干支线与节点的一体化整合，催生智慧物流线上“虚拟网”与线下“实体网”的双网经营新模式。

3. 多主体协同推动，形成智慧物流生态圈

随着智慧物流的推广与发展，智慧物流生态圈将逐渐形成，主要表现在以下几个方面：一是智慧物流管理体制不断健全，政府部门对相关政策不断完善，实现智慧物流规范化发展；二是智慧物流标准体系不断完善，随着标准分类的细化，不断催生相应的标准化委员会、产业联盟等组织，从而推动智慧物流实现标准化发展；三是社会化诚信体系逐渐建立，企业不断增强诚信经营观念和自身信用管理制度建设，推动智慧物流有序化发展；四是企业深入贯彻绿色可持续发展理念，在业务流程中广泛应用绿色化装备，实现物流资源的整合和高效利用，推动智慧物流的绿色化发展。

本章小结

本章从概念、特点、功能、价值等方面对智慧物流的内涵进行阐述，并从系统要素和关键技术两个维度介绍智慧物流技术体系，最后通过回顾智慧物流的演进过程，总结物流演进的驱动因素和目前存在的发展瓶颈，展望智慧物流发展趋势，对智慧物流的演进进行分析。在新技术的驱动下，智慧物流已经发展到了新的阶段，发展中的问题还需要通过进一步发展来解决。随着智慧物流技术体系的不断完善，智慧物流将进一步升级和发展。

第2章

区块链影响物流系统与组织模式

随着智慧物流技术体系的不断完善、应用模式不断创新，用技术推动智慧物流行业创新、开放、共生已是大势所趋。区块链技术将在智慧物流体系中扮演重要角色，通过区块链技术在智慧物流体系中的实际应用，打通“数据孤岛”、连接数字资产、整合行业资源、保障交易安全、提高核心企业对供应链的掌控能力，从而推动物流系统结构与物流组织模式的改善、优化与升级。

2.1 区块链对物流系统结构的影响

2.1.1 现代物流系统结构分析

传统物流系统是在一定的时间和空间里，由所需处理的物品、基础设施、物流设备、劳务人员，以及数据、信息交互等若干相互制约的动态要素构成，具有特定功能的有机整体。而现代物流系统在传统物流系统的基础上，以信息化技术和先进理论为支撑，侧重系统和平台的有机结合，从而实现物流活动的协调交互。

现代物流系统横跨原材料供应、生产、流通、消费、物流服务等各个领域的众多部门，这些部门形成统一高效的流通体系，保障生产的正常进行及先进生产方式的推行。信息平台化与系统集成化的有机结合是现代物流结构区别于传统物流结构的核心要素。现代物流系统结构的划分如图 2-1 所示。

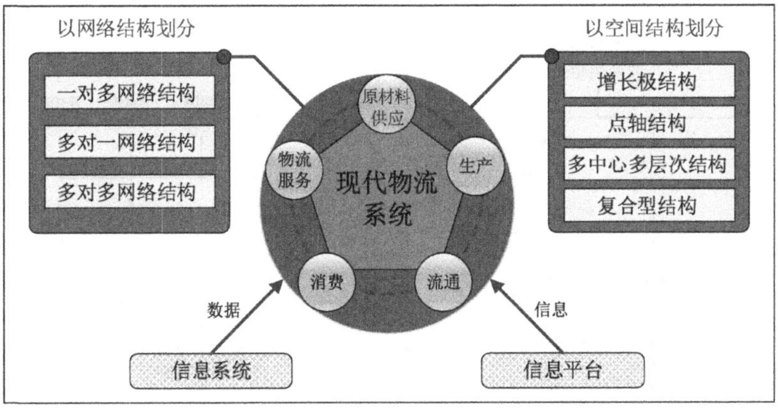

图 2-1　现代物流系统结构的划分

我们可从抽象的网络结构和具体的空间结构两个角度分析现代物流系统的结构。从抽象的网络结构角度来说，物流系统结构包括一对多网络结构、多对一网络结构、多对多网络结构等；从具体的空间结构角度来说，物流系统结构包括增长极结构、点轴结构、多中心多层次结构、复合型结构等。

1. 以网络结构划分

网络化是现代物流系统的基本特征，物流网络是物流活动得以顺利进行的基础，是产品或服务从供应地向销售地移动的流通渠道。现代物流系统的网络结构由节点和边组成，产品或服务进行停顿和中转的地方为节点，而节点间的连线为边。对现代物流系统的网络结构进行合理的规划与管理，有助于降低物流成本，提高物流效率。

根据现代物流系统的网络特性，物流系统可分为一对多网络结构、多对一网络结构及多对多网络结构。

1）一对多网络结构

一对多网络结构是指在现代物流系统中，单个供应节点同时与多个需求节点进行物流交互，提供产品或服务。这种结构中具有代表性的是企业物流模式，由单个制造业企业或商贸企业辐射多个物流中心，再由单个物流中心辐射多个配送中心，同时单个配送中心又可以对接多个客户，在此结构下，货物流经的层数较多，而层与层之间主要通过数据流通实现信息交互。一对多网络结构如图 2-2（a）所示。

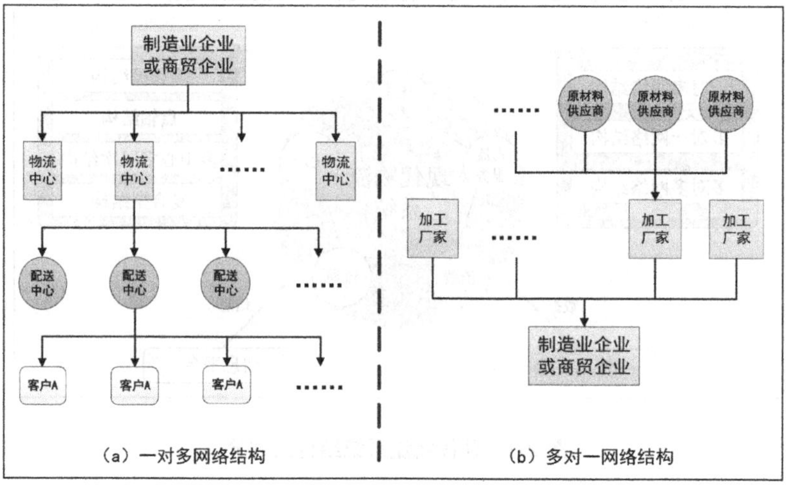

图 2-2　一对多网络结构与多对一网络结构

2）多对一网络结构

多对一网络结构是指在现代物流系统中，多个供应节点同时为一个需求节点提供产品或服务。其中具有代表性的是采购物流模式，由多个原材料供应商对接单个加工厂家，再由多个加工厂家服务单个制造业企业或商贸企业。在此结构中，货物流经层数较多，层与层之间主要通过物流企业的流通服务保障货物的可达性与信息交互。多对一网络结构如图 2-2（b）所示。

3）多对多网络结构

多对多网络结构兼具一对多网络结构和多对一网络结构的特点，即在现代物流系统中，多个供应节点（需求节点）同时与多个需求节点（供应节点）进行物流交互，提供产品或服务。多对多网络结构在现代物流系统中通常表现为信息平台式物流模式，多方在信息平台上进行信息共享与系统集成交互。多对多网络结构如图 2-3 所示。

在多对多网络结构中，物流网络还可以细分成一级物流网络、二级物流网络和多级物流网络。多级物流网络的布局形式为“区域性物流经济圈——物流节点城市——物流基地（园区）——分拨配送中心——末端配送网点”，在大批量商品的生产和销售中多采用这种网络结构，这种网络结构可以减少不必要的中间库存环节，从而大大降低物流成本。

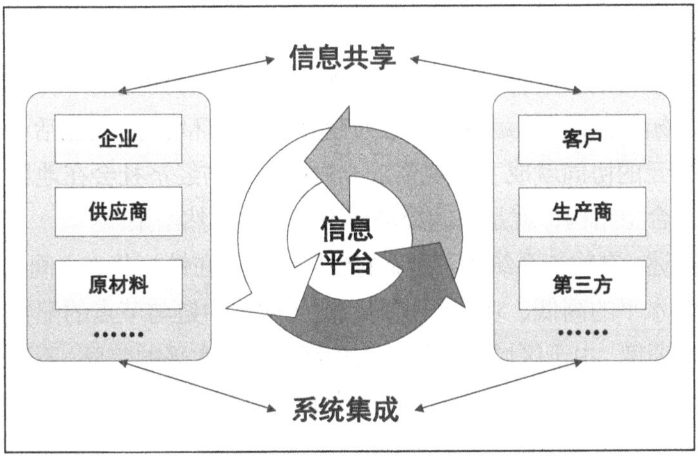

图 2-3　多对多网络结构

2. 以空间结构划分

物流系统的空间结构是指在一个物流系统中，不同物流节点的物理空间布局关系。根据物流网络系统的空间结构，物流系统结构可分为增长极结构、点轴结构、多中心多层次结构及复合型结构。

1）增长极结构

增长极结构是指某个物流系统企业，在地理位置上围绕一个中心进行分布，大多表现为以一个点为核心、其他部分呈放射状分布的形态，其中，星形和扇形网络是两种典型的增长极结构。由于物流基础设施为其在空间上的高度集聚提供了条件，使之与市场有紧密的联系。

2）点轴结构

现代物流系统中的点轴结构是指物流网络依托沿线重要交通站点及枢纽所呈现的点轴式放射状分布格局。将重要交通干线作为物流的主要通道，是点轴系统网络结构的基本特征。一般而言，点轴结构包括带形和环形两种典型的结构形式。在点轴结构中，产业有较大的接触优势，相关产业的数据及生产信息交换为经济活动提供了空间关联环境，促进其空间形态发展和演变。

3）多中心多层次结构

多中心多层次结构是不同地域之间相互联系、密切合作所构成的一种物流空间结构形式，是生产社会化和社会分工协作发展的必然结果，也是物流经济发展的客观趋势。网格型结构是多中心多层次结构的典型表现形式。

4）复合型结构

复合型结构是由两种或两种以上的物流形态综合而成的一种物流空间结构形式。当物流基础设施足以提供更为充分的关联环境时，物流活动在空间上以地域为单元的协同就成了客观要求，物流系统与经济社会在地域上相互作用产生的复合型结构，就是空间经济形态演变的必然结果。

综上所述，在物流系统中，物流的全部活动是在链与节点之间进行的。现代物流系统水平的高低、功能的强弱取决于网络中链与节点的配置及节点之间信息的流通度。由于区域地理的特点和经济发展水平的差异，不同地区链与节点可形成不同层次、纵横相连的物流空间结构，而数据传送与信息交互则是现代物流系统结构发展的前提与基础。

2.1.2 区块链对物流系统结构演进的影响

1. 现代物流系统存在的问题

现代物流系统是一个庞大、复杂的系统，包括原材料供应、生产、流通、消费等诸多环节。随着信息平台化程度的不断加深，多层级之间的信息共享变得频繁，大量的数据交互开始离散式地被保存在各自环节的系统内，导致信息缺乏透明度，逐步使物流系统内部各子系统间产生“多元鸿沟”现象，现代物流系统主要存在以下三类问题。

1）信息透明度低

现代物流产业涉及对内贸易、对外贸易、铁道、交通、海关、质检等多个部门，横跨运输、仓储、配送等不同物流活动及地区。通过现代物流信息平台进行信息共享时，难免会因信息不透明、不及时导致各子系统间联系减弱，从而影响整个物流系统的服务效率。

2）全程可追溯难

现代物流系统中的参与主体，其业务环节呈现出多元化、复杂化的特征，各环节参与主体间也难免出现“信息孤岛”，一旦在货物交付时出现问题，责任追溯难以进行，系统改进无的放矢，进而影响物流系统运作效率和服务质量。

3）业务协作化效率低

随着经济全球化的快速推进，企业必须在越来越大的范围内拓展市场，导致现代物流系统中的各环节表现出多区域、长时间跨度的特征。但是由于低效率的多业务协同，使得假冒伪劣产品或低质量的服务层出不穷，难以彻底消除。

2. 基于区块链的物流系统重构分析

区块链的去中心化促使物流系统的运作模式发生改变，从传统的由单中心向外、层级传递的单一模式，转向多中心共同运作、无明显层级化传递、信息传播路径自由化的高效模式。区块链的分布式账本通过对数据进行有序管理，可以有效防止物流系统内部的数据被篡改，极大地提高了物流系统的公开透明度和数据信息的可信度。区块链的加密技术可以确保物流过程中的信息隐私得到保障，从而增强了物流供应链交易的安全性，同时可以减少财务流程中对账、解决争议等环节产生的费用和时间。区块链对现代物流系统结构的影响如图 2-4 所示。

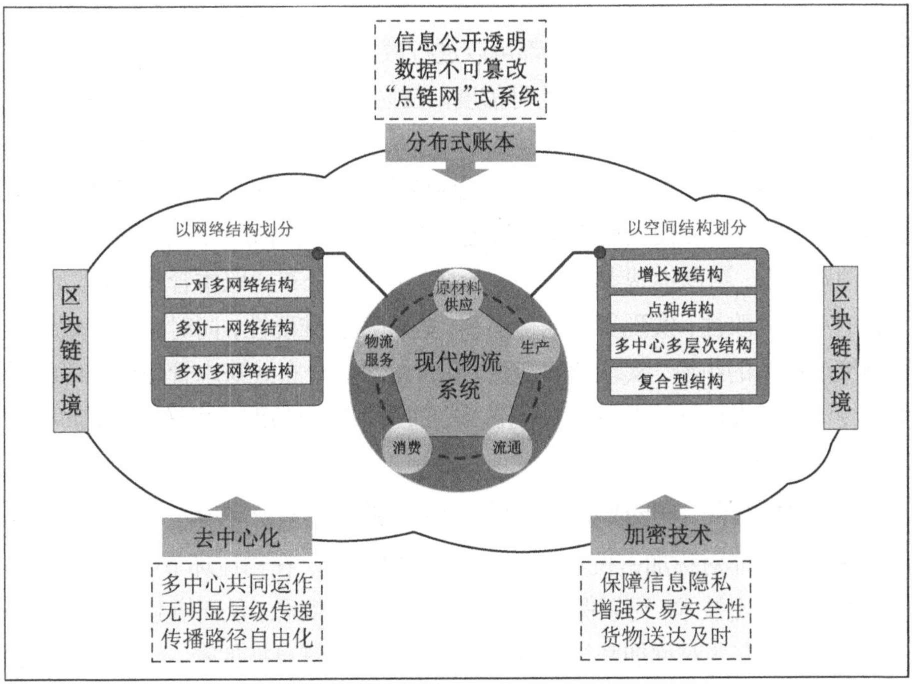

图 2-4　区块链对现代物流系统结构的影响

1）去中心化——推动现代物流系统实现多中心共同运作

区块链的去中心化技术对现代物流系统结构的影响，主要体现在系统内交易主体的重构。现代物流系统中的交易主体主要是供应商、物流企业和消费者。物流系统内交易主体的重构主要体现在两个方面。

首先是交易主体内部自主沟通。在区块链技术的支持下，物流系统中关于数据的更新和维护主要由分布式的主体参与协作来实现。供应商、物流企业和消费者之间可以通过信息的储存、共享和交换实现公平交易。运用区块链技术取消物流系统内的中心控制单元，有利于增加数据交易的灵活性。利用区块链技术透明性的优势，信息记录可以在交易的多个环节中进行备份。

其次是各交易主体在物流系统内的信息共享。依托区块链技术，各交易主体可以获取物流过程中的交易记录，实现交易信息的共享。基于这个优势，交易主体可根据有效凭证自主管理信息，无论供应链上哪个环节存在问题，都能够通过及时更新共享信息来解决。

2）分布式账本——打造“点链网”式区块链物流系统结构

通过区块链技术的介入，可以将物流系统内交易主体的所有交易活动记录在专门的区块链“账本”上，实行分布式账本管理。这种管理模式使供应商、物流企业、消费者、金融机构等都可以进行数据共享，极大地提高了物流系统运作的公开透明度和数据信息的可信度。在物联网、大数据分析、云计算、人工智能、5G 和区块链技术结合的物流信息系统下，分布式账本管理可以促进区块链与物流仓储、配送等领域的数据库的有机衔接，保证物流交易环境的透明度，同时也可以促使消费终端系统更加有效地协助消费者，以增强消费者的理性消费意识，帮助消费者更好地进行交易决策；分布式账本管理还可以保障信息的不可篡改性，实现货物全程追溯，提高物流准确性，同时可以有效地处理物流过程中的纠纷，实现有效追责。除此之外，分布式账本管理还可以促进单笔物流交易在区块中构建唯一的链条，通过多笔交易形成多链条，从而构成网状物流系统。

3）加密技术——形成安全有保障的区块链物流系统环境

区块链的非对称加密技术提高了货物的可达性。在物流环节中，利用区块链的非对称加密技术，可以保障物流环节中的信息隐私，从而增强物流系统内的交易安全。在非对称加密技术应用后，一旦某个信息被加密，就只有相应的密钥才能解开信息。在系统内的物流环节中，物流企业有一套“私钥”，在货物交付消费者时双方通过私钥签名确认货物的可达性，而交付信息可通过区块链数据库查询，从而确保货物及时、准确送达。

匿名数据库保障物流交易信息的安全性。在物流供应链过程中，资金流通是一项重要程序。通过匿名数据库，可以减少财务流程中对账、解决争议等产生的费用和时间，同时可以确保供应链上各个资金环节的交易数据是不可篡改的，并且数据的交互不需要交易主体相互信任，从而避免违规操作。

2.2　区块链对物流组织模式的影响

2.2.1　现代物流组织模式分析

现代物流的运营管理需要以物流组织为依托才能加以实施。从原材料的采购到成品的分销配送，物流组织过程不仅贯穿了企业的各个职能部门，而且越过了企业的边界，联结了上下游企业。现代物流组织作为物流活动的关键，对现代企业的发展和竞争能力的发挥起着非常重要的作用，从形式上划分现代物流组织模式，可将其归纳为一体化供应链模式、战略联盟模式、物流资源直供模式及虚拟物流模式等。现代物流的组织模式如图 2-5 所示。

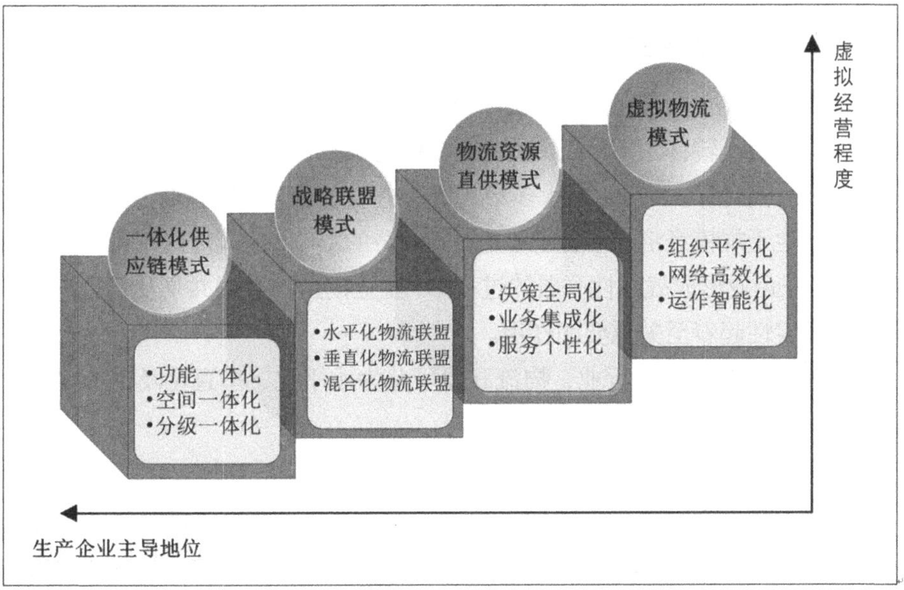

图 2-5　现代物流的组织模式

1. 一体化供应链模式

一体化供应链模式以最大限度地满足消费者需求为导向，对供应链上的企业进行系统化、集成化的管理，从而提高供应链整体的生产效率和反应速度，同时达到降低供应链生产成本的效果。对于一体化供应链模式而言，企业主体间的信息共享是一体化供应链得以集成的核心影响因素，企业主体间的协同合作是一体化供应链实现系统化管理的基础。在协同合作的基础和前提下，通过延伸和扩展供应链上企业的管理职能，使一体化供应链管理构成网络型结构。因此，一体化供应链是对多个供应链的整合，而数据信息是将供应链整合为网络的基础要素。

一体化供应链下的一体化物流管理，其范畴由单个企业扩展到了多个企业，主要通过物流将企业内部各部门及供应链上的相关企业联合起来，进而改变交易双方传统、对立、矛盾的观念，在整个供应链范围内构建一种协同、合作、共赢的贸易伙伴关系。以系统、全局的眼光审视物流活动，就是为了提高整条供应链的物流信息透明度，从而提升整条供应链的效率，降低运营成本。因而在一体化供应链模式下，物流系统运作的一体化整合必须同时达到六个目标：快速反应、减少差异、降低库存、集成运作、保证质量、生命周期支持。

2. 战略联盟模式

随着一体化供应链战略的兴起，现代物流组织模式的战略重心开始向企业间的协同合作转移。供应链成员之间在保持独立性的同时又相互依存，彼此需要开展纵向合作。此外，绝大多数物流服务表现出高度的核心专业化，它们的利益产生于规模经济，并很容易受规模经济的影响，这就促进了各企业的横向联盟。在企业形成战略性联盟的过程中，企业的生产数据共享及信息流动对联盟的稳定性起着至关重要的作用。

根据联盟企业所属行业，物流联盟可分为水平化、垂直化及混合化物流联盟。

1）水平化物流联盟

水平化物流联盟是指通过同一行业中多个企业在物流方面的合作，获得规模经济效益、提高物流效率。例如，不同的企业可以用同样的装运方式进行不同类型商品的共同运输。

2）垂直化物流联盟

垂直化物流联盟要求企业将提供产品或运输服务的供货商和用户纳入管理范围，实现从原材料到用户的每个过程的物流管理，同时，企业可以利用自身条件建立和发展与供货商和用户的合作关系，形成联合力量，赢得竞争优势。

3）混合化物流联盟

混合化物流联盟是水平化物流联盟和垂直化物流联盟的有机组合。随着市场竞争越来越激烈，混合化物流联盟成为企业物流经营模式的发展趋势。

3. 物流资源直供模式

物流资源系统供应商从生产企业的战略高度，以提高企业竞争力为目的，提供一整套方案，聚合全方位的资源，从而对企业供应链物流进行全面整合。

在物流资源直供模式下，物流资源系统供应商实质上担当的是副甲方的角色，其作为集成者将企业需求、第三方物流提供商、信息技术供应商、可用业务资源及业务过程管理等集合起来，从物流战略定位、规划设计、流程监理到产品销售的全过程，代表甲方进行资源统筹与监控。在进行物流决策时，物流资源系统供应商处于主导地位。这种模式适合经验不足、资源统筹能力有限的生产企业。

总之，物流资源直供模式基于企业战略视角，通过全方位的供应链解决方案对企业供应链进行诊断、整合与再造，对供应链管理进行全方位关注，满足客户的独特需求，提供持续更新和优化的技术方案，使企业获得价值增值，最终实现供需平衡。

4. 虚拟物流模式

虚拟物流模式的实质是供应链信息集成平台，它是以获取物流领域的规模化效益为纽带，以先进的信息技术为基础，以共享供应链数据为目的而构建的物流企业动态联盟。这种联合体以物流作业网络为手段，以实现资源共享、提高效率和降低成本为目的，致力于通过海量物流数据把握物流市场机遇和提高竞争能力。在虚拟物流企业内部，各物流企业可形成互相信任、共担风险、共享收益的物流伙伴关系。伙伴企业不完全追求自身利益最大化，在物流业务领域通过契约关系达到物流作业资源上的优势互补，实现物流要素双向或多向流通。

数据与信息是虚拟物流组织运作的基础。虚拟物流组织是一种以消费者为中心的组织，无论是物流服务消费者还是虚拟物流组织都离不开信息网络的支撑。除此之外，就虚拟物流组织本身而言，它是通过大量的双边规制把各物流组织联系在一起的，其工作或活动的联系地域范围很大，甚至会在全球范围内开展合作，对所有能形成核心能力互补的优秀企业进行整合。这样的整合需要较高的协同度，尤其是在协调信息方面，需要高效、快速地传递信息，否则将无法有效地协调分散化的工作关系。因此，标准统一的信息与数据，是高效率地实现在广泛地域分布上，物流组织虚拟合作和协调的核心所在。

2.2.2 区块链对物流组织模式演化的影响

物流组织模式经历了从分散管理到供应链一体化、战略联盟化的发展阶段，正在向着信息化、智能化和经营虚拟化的方向演进。在物流组织复杂化的过程中，信息共享的及时性、多方交易结算的安全性、物流服务的差异性等成为物流组织模式构建需要重点关注的问题。区块链对物流组织模式的影响主要体现在两个方面：首先分布式账本管理可以帮助物流组织实现完整的供应链溯源、完善多方参与的物流结算体系和打破垄断的行业格局；其次智能合约能够协助物流组织减少现有业务流程的差异化、增强行业共享流程的协同化、实现跨行业合作的多元化。区块链对物流组织模式的影响如图 2-6 所示。

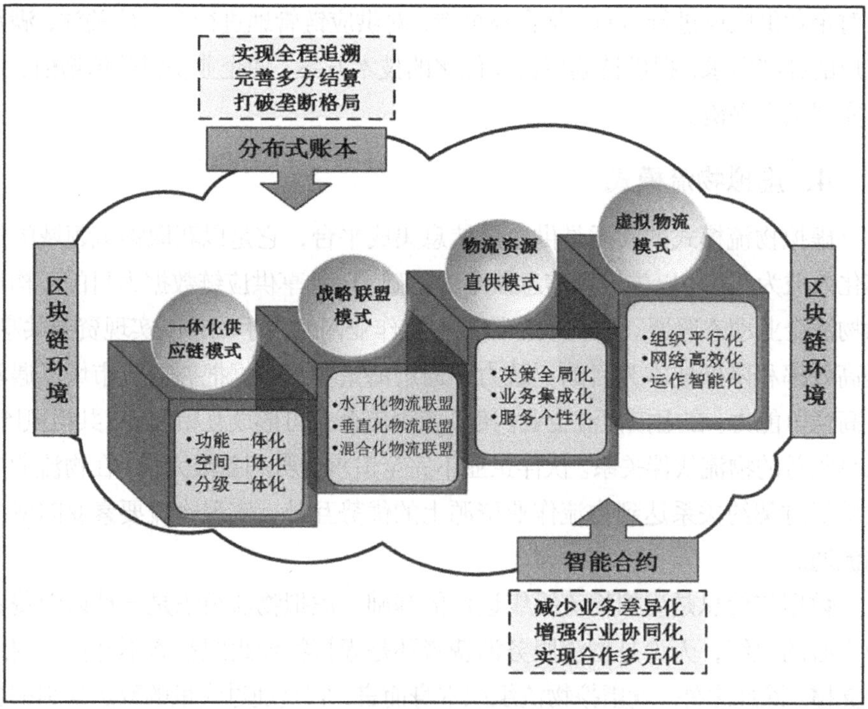

图 2-6 区块链对物流组织模式的影响

1. 分布式账本——实现追溯全程化及交易便利化

在传统的物流组织中，对产品或服务的全程跟踪、安全保障需要付出大量的成本，但是却难以真正实现。而分布式账本管理因其不可篡改、传递状态变化、支持数字资产流通的特点，使物流活动中的存证成为可能。应用分布式账本管理，可以实现产品或服务交易的数字化存证，保障数字资产交易的安全；结合物联网基础平台，可形成信息透明、共享、保真的溯源；可以围绕物流组织的核心企业，搭建包括生产商、供应商、分销商、零售商、物流公司、需求端客户在内的完整供应链。

在物流环节中，产品或服务的流动还需要伴随着资金流动及更为复杂的信息流通，传统物流组织通过分立的 IT 基础设施及账本实现其功能，这不利于各合作企业实时获得信息并跟踪后续流程。分布式账本管理的应用，可以帮助组织内多个物流企业形成联盟总账，打破“数据孤岛”，实现数据的民主化，将分散的数据库连接起来，又能够通过加密算法保护参与方的隐私。通过分布式账本管理，可以实现物流组织的联盟总账、快递终端共享、加盟物流、物流结算等。

分布式账本管理维持了行业竞争的无垄断化。依托分布式账本管理，物流组织内各企业主体可以实现供应、生产、流通、消费各环节的全程信息可追溯，消费终端客户凭借链上的信息，可以高效选择产品或服务优质的供应商与物流企业，淘汰劣等供应商与物流企业，打破组织内供应、物流的垄断，在物流组织内形成良性竞争机制。

2. 智能合约——实现物流服务数据化及数据服务化

传统物流组织往往涉及大量交易节点，企业之间需要进行协商，协商的内容包括检查合同条款、审核批准，协商之后再进行后续步骤。这样的交易流程导致合同执行过程十分烦琐，而且合同越复杂，需要控制的因素就越多，存在争议的风险也就越大。通过引入智能合约，相关企业可以在物流组织内部搭建信任机制、提高交易结算效率、降低经营成本，建造一个可视化的供应链环境，实现物流服务与数据双向流通。

实现物流服务产品化的前提是物流服务流程、质量的标准化，标准化建设过程需要大量的物流服务数据作为支撑。在现代物流组织中，通过引入智能合约，对传统合同模式进行升级，对物流服务进行数据化处理，从而构建综合性物流服务产品体系，增强现代物流组织的供应链服务能力与客户黏性。

智能合约的作用不仅是将物流服务产品化、数据化，而且能够利用公开透明的数据资源，为很多企业、消费者提供二次服务。以金融行业为例，物流金融作为一种新兴的融资方式，能够拓宽物流组织的业务领域，为物流企业提供一体化服务的机遇。目前，国内的物流金融呈现以物流组织为主、金融机构为辅的特点，但是还存在着操作风险和信用风险。在区块链环境下，通过智能合约的方式，利用区块链分布式账单数据，可以为客户提供公开有效的海量数据，在去中介的模式下自动验证合约条款，有效降低操作风险，进而帮助物流组织提高信用等级评级，获得银行或金融机构的融资贷款。

本章小结

本章从抽象网络和具体空间两个维度对现代物流系统的结构进行划分，基于区块链环境，分析了去中心化、分布式账本、加密技术和智能合约等核心技术对现代物流系统结构和现代物流组织模式的影响与意义。区块链技术不仅在战略层面能够改进现代物流系统结构、优化现代物流组织模式，而且在经营层面能够重构智慧物流业务体系、创新智慧物流服务模式。

第 3 章

区块链重构智慧物流业务体系与服务模式

在区块链等数字技术的驱动下，智慧物流业务体系与服务模式不断发展演进，依据微观、中观和宏观三个业务层次，形成了智慧物流业务链、智慧物流供应链、智慧物流产业链三大业务体系。结合智慧物流业务体系及业务场景，构建智慧物流业务链、供应链、产业链三大服务平台，在服务方式、平台功能、平台服务等方面应用区块链技术，提供区块链驱动下的智慧物流应用核心服务。

3.1 区块链环境下智慧物流业务体系

3.1.1 智慧物流业务体系重构分析

1. 智慧物流业务的分类

现代物流业务内涵丰富，根据物流服务功能、服务环节、服务对象及服务范围等多种划分依据，可将其划分为多种物流服务。按照服务功能，现代物流业务可划分为运输、储存、装卸搬运、包装、流通加工、配送及信息服务等；按照服务环节，现代物流业务可划分为采购物流、生产物流、销售物流等；按照服务对象，现代物流业务可划分为社会物流、行业物流、企业物流；按照服务范围，现代物流业务可划分为国际物流、国内物流、区域物流。

智慧物流是指通过智慧化技术与手段，提高物流系统分析决策和智能执行的能力，提升整个物流系统的智能化、自动化水平。本书着重以微观、中观和宏观三个业务层次来研究智慧物流业务体系，将物流体系划分为微观业务层、中观业务层和宏观业务层。微观业务层重点关注现代物流基础业务，包括运输、仓储、配送、信息管理等核心业务，以及包装、流通加工等其他业务，通过对物流各业务过程的管理，实现物流业务操作的可视化和智能化。中观业务层重点关注供应链管理业务，主要对采购物流、生产物流、销售物流等环节进行管理监督，实现供应链的协同化、一体化。宏观业务层重点关注物流产业层面的业务，从区域视野、行业视野、国际视野等宏观角度出发，通过对商品供需、流量流向、网络布局等方面的管理，实现物流产业生态化、网络化发展。

2. 智慧物流业务的演化发展

1）区块链及其他技术对物流业务的影响

区块链的应用可以有效解决现代物流业务商品追溯难、信息透明度低及业务协作效率低等问题。分布式账本技术使业务参与各方将数据实时传输到“账本”上，保证了信息透明和实时共享；智能合约简化了物流服务流程，提高了物流业务的效率；加密技术确保交易数据不被篡改，保障了物流业务交易的安全。

区块链与物联网、大数据分析、云计算、人工智能及5G等其他数字技术的融合，推动现代物流向智能化、自主化、数字化发展。物联网设备保证数据的采集及传输，运用云计算技术提供计算资源，运用大数据分析技术处理数据，运用人工智能技术自主学习，区块链技术则可以保证系统相互信任，能更好地发挥作用。

2）智慧物流业务重构

智慧物流微观业务在区块链环境下实现智能操作、高效协作及透明可视，演进为新的业务。运输业务可以实现全程透明化及实时追踪；仓储业务改变了传统管理模式，打通线上线下仓储体系；配送业务实现了网络化，趋向动态管理共同配送等。在区块链环境下，各业务互联互通，集成智慧物流业务链。

智慧物流中观业务在区块链环境下进行完善，形成供应链业务体系。供应链业务中各方主体在分布式账本技术的支撑下，分享实时数据，打破“信息孤岛”，提高协作能力，降低供应链风险，发展供应链协调、征信、供应链金融等业务。

智慧物流宏观业务在区块链环境下进行重构，实现产业融合、价值互联，形成产业链。传统的商品品类管理、流量流向管理等逐渐演变成区域物流、行业物流及国际物流的管理，扩大产业辐射范围，拓展产业业务场景。

3.1.2　区块链环境下智慧物流业务体系构建

在区块链环境下，智慧物流将进入新的发展阶段，物流业务体系将再次进行智慧升级。微观层物流业务可实现集成化、智能化、高效化发展，形成智慧物流业务链；中观层物流业务实现透明化、协调化、共享化发展，形成智慧物流供应链；宏观层物流业务实现共生化、连接化、重构化发展，形成智慧物流产业链。区块链环境下智慧物流业务体系如图 3-1 所示。

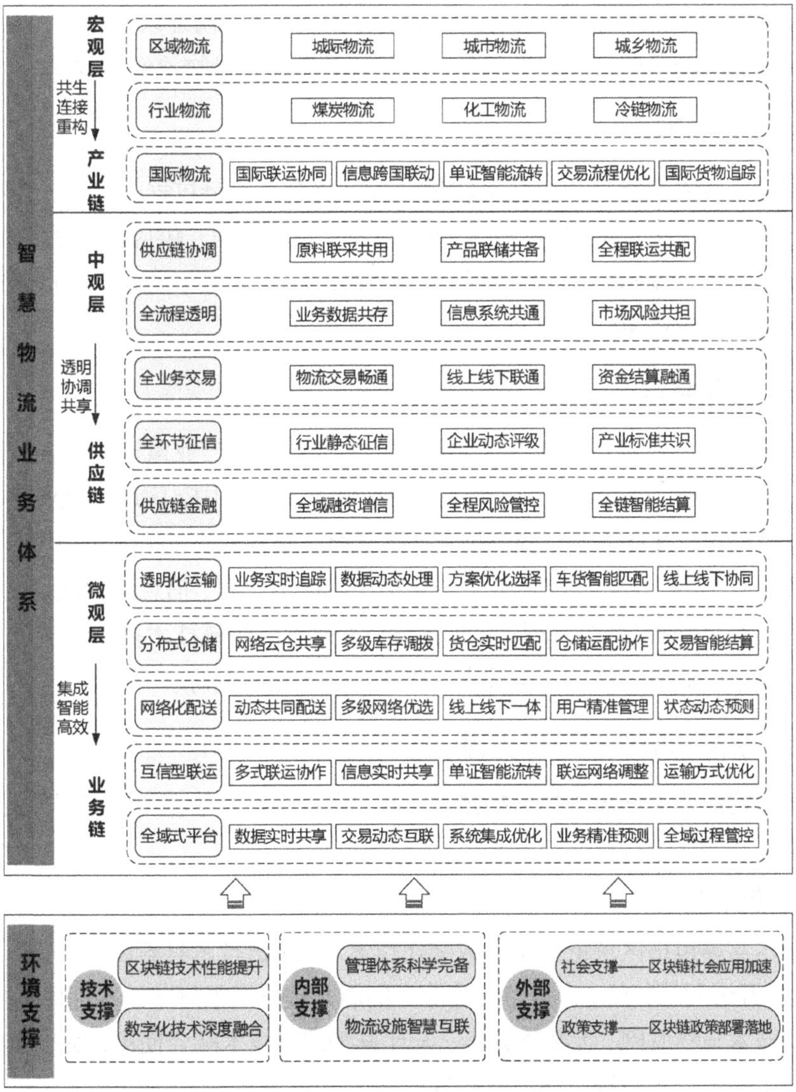

图 3-1　区块链环境下智慧物流业务体系

在区块链环境下，通过技术支撑、内部支撑和外部支撑，智慧物流核心业务体系将逐渐由微观层、中观层和宏观层演进为智慧物流业务链、智慧物流供应链和智慧物流产业链。

1. 智慧物流业务链

智慧物流业务链重点关注区块链环境下运输、仓储、配送、信息管理等物流核心业务的发展，主要包括透明化运输、分布式仓储、网络化配送、互信型联运及全域式平台等业务。通过区块链的分布式记账、防篡改等技术，达到业务集成、透明的目标，实现物流全过程智能控制，提高物流作业效率。

2. 智慧物流供应链

智慧物流供应链重点关注区块链环境下整个供应链过程的管理，主要包括供应链协调、全流程透明、全业务交易、全环节征信、供应链金融等业务。在区块链技术的支持下，供应链各个节点高度整合、上下游企业数据透明可信，促进了供应链协同发展。

3. 智慧物流产业链

智慧物流产业链重点关注区块链技术的智慧物流产业重构，主要从区域物流、行业物流、国际物流三个维度构建业务体系。其中，区域物流业务主要包括城际物流、城市物流和城乡物流，行业物流业务主要包括煤炭物流、化工物流和冷链物流，国际物流业务主要包括国际联运协同、信息跨国联动、单证智能流转交易流程优化、国际货物追踪等。通过区块链技术拓展物流产业业务，实现了产业链的价值可信共享、供需协调匹配等目标。

4. 智慧物流业务环境支撑

智慧物流业务环境支撑包括技术支撑、内部支撑和外部支撑三部分。这些支撑条件共同保障智慧物流各层次业务顺利进行。

1）技术支撑

技术支撑包括区块链技术及数字化技术。区块链技术具有去中心化、不可篡改、公开透明等特性，为智慧物流业务的展开提供了很好的技术保障。同时，区块链技术与物联网、大数据分析、云计算等信息技术融合使用，突破当前应用的技术瓶颈，将为智慧物流业务发展提供更加完善的技术支撑。

2）内部支撑

内部支撑包括管理体系及物流设施两方面。管理体系逐渐完备，管理思想向一体化管理过渡，制度规范科学合理，并引进专业的物流管理人员，保证物流业务的顺利开展。物流设施向智能化、自动化、系统化发展，稳固了区块链技术的硬件基础。

3）外部支撑

外部支撑主要包括社会支撑和政策支撑。目前，区块链的社会应用加速，越来越多的行业引进区块链技术。同时，政府大力支持区块链技术的发展，颁布鼓励性政策并推动区块链项目落地。

3.2　区块链创新智慧物流服务模式

区块链技术凭借其多方参与、实时可现、不可篡改的分布式网络特征，在与物联网、云计算、大数据分析、5G 及人工智能等数字化技术融合应用之后，可创建交易高效、融合共享、安全可信、互联互通的智慧物流业务环境，提升了全域追踪、风险可控、成本优化的智慧物流业务能力，推动了智慧物流服务模式创新。

区块链驱动下的新型智慧物流服务模式主要通过智慧物流区块链平台来实现，将区块链技术的核心优势与平台功能、具体业务场景、服务方式相结合，围绕智慧物流业务链、智慧物流供应链、智慧物流产业链三大业务体系，分别构建不同的智慧物流区块链平台，提供智慧物流区块链应用核心服务，实现智慧物流服务模式的创新。区块链驱动下的智慧物流服务模式如图 3-2 所示。

区块链驱动下的智慧物流服务模式以智慧物流区块链平台为实现方式，以平台功能及平台服务为基础，通过全程透明化、全域网络化、全链集成化、全时动态化的服务方式，结合智慧物流业务链、供应链、产业链三大业务体系，构建智慧物流业务链、智慧物流供应链、智慧物流产业链服务平台，为具有不同业务需求的用户提供符合具体业务场景的智慧物流区块链应用核心服务，达到业务链集成智能高效，供应链透明协调共享，产业链共生、连接、重构的服务效果。

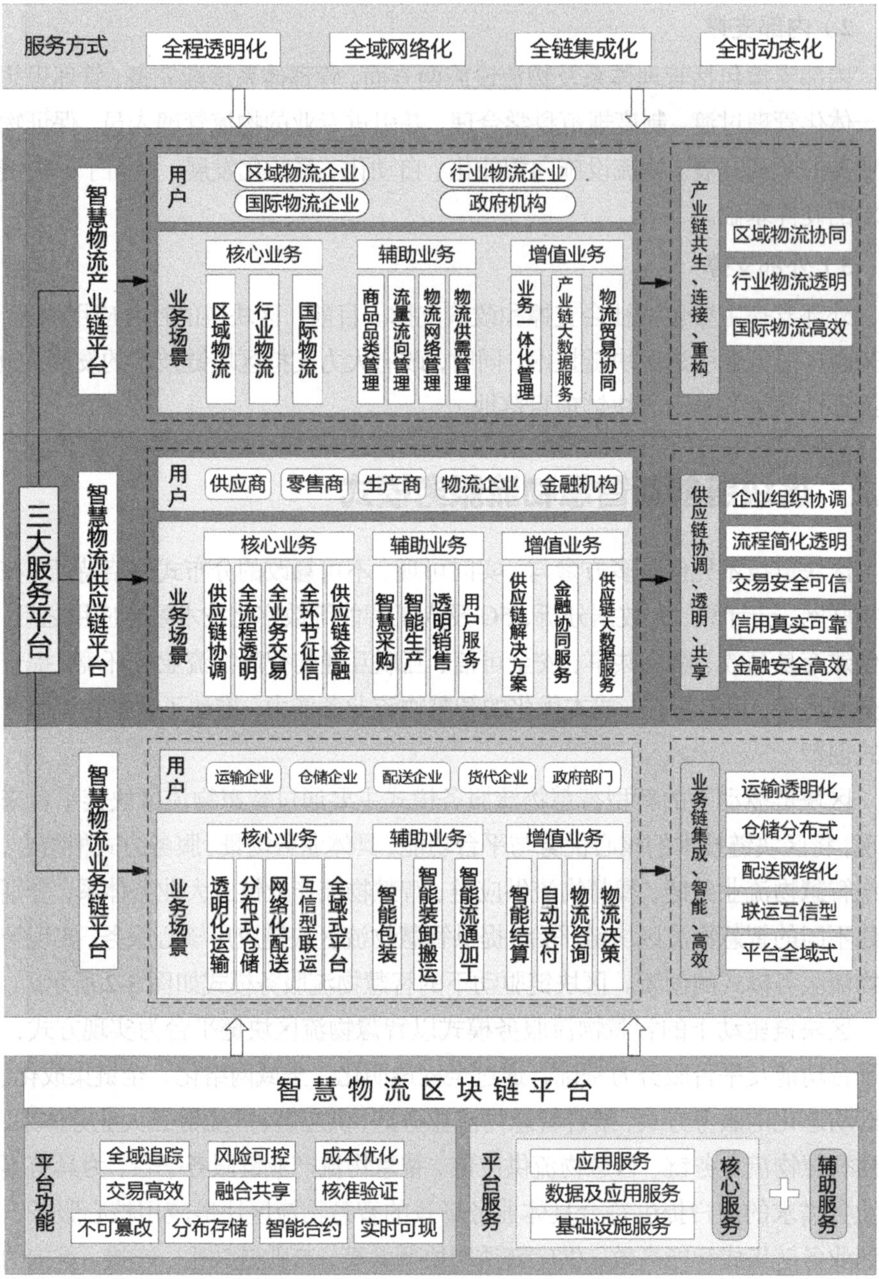

图 3-2 区块链驱动下的智慧物流服务模式

3.2.1 智慧物流区块链平台的功能及服务

智慧物流区块链平台以区块链与物联网、云计算、大数据分析、5G、人工智能等技术融合为支撑，依托区块链去中心化、公开、透明、防篡改的技术特点，打造实时可视、融合共享、成本优化、智能合约、风险可控、全域追踪、核准验证、分布存储、交易高效及不可篡改等平台功能，保障智慧物流区块链业务的顺利开展。

智慧物流区块链平台服务从信息技术融合应用实施的角度出发，将区块链等技术与智慧物流业务场景相结合，为相关用户提供智慧物流区块链平台下的核心服务及辅助服务。智慧物流区块链平台核心服务按照区块链服务能力类型，分为基础设施服务、数据及应用服务和应用服务。基础设施服务是指用户能够配置和使用区块链平台上的计算、存储、网络资源等基础设施；数据及应用服务是指用户能够调用和管理区块链平台上的数据并使用平台所提供的应用；应用服务是指用户能够使用区块链平台所提供的应用，配置平台管理、安全等相关的应用板块。

3.2.2　智慧物流区块链应用中的核心服务

结合智慧物流业务链、供应链、产业链体系，建立智慧物流业务链平台、智慧物流供应链平台和智慧物流产业链平台，通过这三大平台为用户提供智慧物流区块链应用中的核心服务。

1．智慧物流业务链平台服务

1）业务场景及平台用户

智慧物流业务链平台服务于智慧物流业务链，其用户包括运输企业、仓储企业、配送企业、货代企业和政府部门，智慧物流业务链平台为他们提供智慧物流业务链的核心业务、辅助业务及增值业务。智慧物流业务链的核心业务涵盖透明化运输、分布式仓储、网络化配送、互信型联运和全域式平台五个方面；辅助业务包括智能包装、智能装卸搬运、智能流通加工三大业务；增值业务集中在智能结算、自动支付、物流咨询、物流决策等业务环节。

2）服务效果

业务链集成、智能、高效是智慧物流业务链平台最终实现的服务效果。通过区块链等技术完成信息系统的集成；通过人工智能等技术实现无人作业、推理规划、辅助决策等功能；通过数据实时共享实现智慧物流业务的自动执行、高效运转。业务链的集成、智能、高效具体表现为运输透明化、仓储分布式、配送网络化、联运互信型及平台全域式，通过区块链等技术在运输、仓储、配送、多式联运等核心业务环节中的应用，实现智慧物流业务链的集成化、智能化、高效化。

2. 智慧物流供应链平台服务

1）业务场景及平台用户

智慧物流供应链平台服务于智慧物流供应链，其用户包括供应商、零售商、生产商、物流企业及银行、信托等金融机构，智慧物流供应链平台为他们提供智慧物流供应链的核心业务、辅助业务及增值业务。智慧物流供应链的核心业务涉及供应链协调、全流程透明、全业务交易、全环节征信及供应链金融五部分；辅助业务主要有智慧采购、智能生产、透明销售和用户服务；增值业务覆盖供应链解决方案、金融协同服务、供应链大数据服务等方面。

2）服务效果

供应链协调、透明、共享是智慧物流供应链平台最终实现的服务效果。协调侧重于智慧物流供应链中企业的协同合作，透明是指利用链上数据公开透明来助力供应链全流程透明，共享主要是指区块链上信息资源的共享。供应链的协调、透明、共享主要体现在企业组织协调、流程简化透明、交易安全可信、信用真实可靠及金融安全高效，通过区块链技术的发展推动供应链优化、提升，积极拉动供应链关联企业的资源共享和价值传递，实现智慧物流供应链的协调化、透明化、共享化。

3. 智慧物流产业链平台服务

1）业务场景及平台用户

智慧物流产业链平台服务于智慧物流产业链，其用户包括区域物流企业、行业物流企业、国际物流企业及政府机构，智慧物流产业链平台为他们提供智慧物流产业链的核心业务、辅助业务及增值业务。智慧物流产业链的核心业务集中在区域物流、行业物流和国际物流三部分；辅助业务涵盖商品品类管理、流量流向管理、物流网络管理及物流供需管理；增值业务覆盖业务一体化管理、产业链大数据服务、物流贸易协同等方面。

2）服务效果

产业链共生、连接、重构是智慧物流产业链平台最终实现的服务效果。共生是指产业链中各业务主体协同紧密、互利共生，连接是指区块链网络下产业链业务的连通协动，重构是指通过区块链应用价值深度优化拓展产业链体系，实现产业链重构。产业链的共生、连接、重构主要体现在区域物流协同、行业物流透明及国际物流高效三个方面，通过区块链技术在区域物流、行业物流和国际物流领域的应用，加强产业链各业务环节的紧密协作，实现产业链的流程管控、价值连接和场景共识，助力智慧物流产业链共生、连接、重构。

3.2.3　智慧物流区块链平台服务方式

智慧物流区块链平台通过全程透明化、全域网络化、全链集成化、全时动态化的服务方式，借助其平台功能及服务，开展智慧物流业务链平台、智慧物流供应链平台、智慧物流产业链平台的相关业务。

全程透明化主要针对横向的业务体系管理，借助智慧物流区块链平台真实可信的环境，打造业务链、供应链、产业链三大业务体系下整个业务流程的透明共享。全域网络化是指空间上的网络布局，利用智慧物流区块链平台打破各节点间的界限，构建各环节互联互通的智慧物流区块链网络结构。全链集成化是指纵向的业务体系集成，通过各服务平台的协作，对业务链、供应链及产业链三大业务体系进行集成管控，实现三链协同联动。全时动态化是指时间上的动态灵活，相关企业利用智慧物流区块链平台实时监控各业务环节的动态变化、进程推进，实现智慧物流业务的信息实时共享和多方协同共赢。

本章小结

本章重点研究区块链技术重构下的智慧物流业务体系与服务模式。智慧物流业务体系在区块链技术的影响下，微观层物流业务集成化、智能化、高效化发展，形成智慧物流业务链；中观层物流业务透明化、协调化、共享化发展，形成智慧物流供应链；宏观层物流业务共生化、连接化、重构化发展，形成智慧物流产业链。在区块链技术的驱动下，以智慧物流区块链平台为核心的服务模式，结合智慧物流核心业务体系，打造智慧物流业务链、供应链、产业链三大服务平台，在技术应用、功能服务、业务场景、服务方式等方面实现智慧物流服务模式的创新，为用户提供全程透明化、全域网络化、全链集成化、全时动态化的智慧物流服务。

第二部分

区块链与数字化技术融合

区块链技术是近年来最具革命性的新兴技术之一，它是构建价值互联网的基石。区块链技术可以实现数据的安全传输与账本的全程监管，其在各领域的应用较为广泛。本部分将从区块链基础理论和区块链技术应用两个方面介绍区块链的基本原理及价值，随后具体分析区块链与数字化技术的融合应用现状及展望，为本书的相关研究提供参考与着力点。

第4章

区块链的基础理论与应用

区块链是分布式存储、点对点传输、共识机制、加密算法等技术的集成应用。区块链通过链式数据结构和分布式存储的方式来存储数据，利用点对点网络和共识机制进行数据传输，依托智能合约完成数据处理，最终实现数据的可信传输和安全存储。本章将从概念内涵、发展过程、核心技术、应用价值、应用思想及应用领域等方面对区块链进行介绍。

4.1 区块链

4.1.1 区块链的内涵与概念

区块链是指包括链式数据结构、分布式存储、共识机制等所有区块链核心技术的有机组合所构建的分布式账本系统，该系统能够实现数据的安全传输和分布式账本的全程可监管。

虽然区块链已经经历了一段时间的发展，但仍未出现一个统一的、被广泛认可的定义，不同学者对区块链的定义各不相同。

有的学者对区块链的定义为，区块链是一个信息技术领域的术语。从本质上讲，它是一个共享数据库，存储于其中的数据或信息，具有不可伪造、全程留痕、可以追溯、公开透明、集体维护等特征。基于这些特征，区块链技术奠定了坚实的信任基础，创造了可靠的合作机制，具有广阔的运用前景。

有的学者对区块链的定义为，借助密码学串联并保护内容的串联文字记录，又称区块。每个区块包含了前一个区块的加密散列、相应时间戳及交易数据，这样的设计使得区块内容具有难以篡改的特性。用区块链技术所串接的分布式账本能有效地记录双方的交易，且此交易可被永久查验。

《中国区块链技术和应用发展白皮书》对区块链的定义为，区块链技术是利用块链式数据结构来验证与存储数据；利用分布式节点共识算法来生成和更新数据；利用密码学的方式保证数据传输和访问的安全；利用由自动化脚本代码组成的智能合约来编程和操作数据的一种全新的分布式基础架构与计算范式。

不同学者所提出的区块链概念虽有不同，但都包含了分布式数据存储、难以篡改等特点。结合现有学者对区块链的看法和定义，本书对区块链做出以下定义：区块链技术是一种在信息技术组合基础上构建的平等、自主、可控的公共数据模型及信息技术范式，其以链式数据结构、点对点网络和分布式存储技术为基础，以共识机制、哈希算法和非对称加密技术为支撑，通过构建多元化中心、分布式共享、全程可监管的信息处理系统或平台，最终通过新基础设施实现高效能业务连接、通过新发展空间实现高品质产业生态、通过新管理机制实现高自主业务运作，从而形成新型信息世界的生态体系。

4.1.2　区块链的特点

区块链的特点可以总结为多元化中心、分布式共享、私密化通信、可信化网络及全程化监管五个方面。多元化中心、分布式共享及私密化通信为区块链技术的固有特征，而可信化网络与全程化监管则为区块链应用效果的主要表现。

1. 多元化中心

多元化中心是指在区块链中存在多个能够进行账本维护的节点。最初的区块链共识机制构造了一种完全去中心化的网络，即每个节点的权利与义务相同，共同维护区块链账本并参与共识。而由于完全去中心化网络的运行效率较低，耗能较大，因此出现了构建多元化中心网络的共识机制。在多元化中心网络中，部分能力较强的节点轮流作为记账节点维护区块链账本。多元化中心系统与完全去中心化系统相比，具有更高的效率，而与中心化系统相比则有更强的稳定性与安全性。

2. 分布式共享

区块链通过分布式存储技术使得每个节点均存储了完整的账本数据，并可以进行数据读取、交易记录、系统维护、交易验证和信息传输。当某个节点存储的账本数据受损或被篡改时，其可以从其他节点共享到完整的数据，因此少数节点的故障并不会影响整个区块链。分布式共享使得区块链具有更高的稳定性。

3. 私密化通信

非对称加密技术使得区块链各节点间的数据传输具有私密性。各个节点以私钥作为保密的身份标识，以公钥作为公开的身份标识。节点通过公钥与其他节点进行联系，而通过私钥接收来自其他节点的消息。区块链并不关注拥有私钥的用户身份，因此保护了用户的隐私。

4. 可信化网络

区块链通过算法建立信任关系，构建一个可信化网络。链式数据结构保证了区块链中数据的真实可信，智能合约确保了契约的自动执行，分布式存储保证了交易的全程透明。在区块链构建的可信化网络中，交易的双方无须由第三方进行信任背书便可建立信任关系，最终实现交易效率的提升、交易成本的降低。

5. 全程化监管

全程化监管是区块链最为显著的特征，也是区块链实现的必要条件。区块链真实地记录了从创世区块诞生以来的所有交易，形成可以追溯的完整的历史记录。通过该记录可以对历史上的每笔交易进行检索、查找和验证。该记录与区块链的验证过程相结合，使得被篡改的数据无法经过区块链的验证，从而确保了数据的真实性和安全性。

4.2 区块链的发展过程与分类

4.2.1 区块链的发展过程

区块链出现至今已经过去十余年，在这十余年间，区块链技术经历了快速的发展，吸引了社会各界的关注。区块链的发展过程可以分为三个阶段，分别是区块链 1.0 阶段、区块链 2.0 阶段和区块链 3.0 阶段。区块链的发展历程如图 4-1 所示。

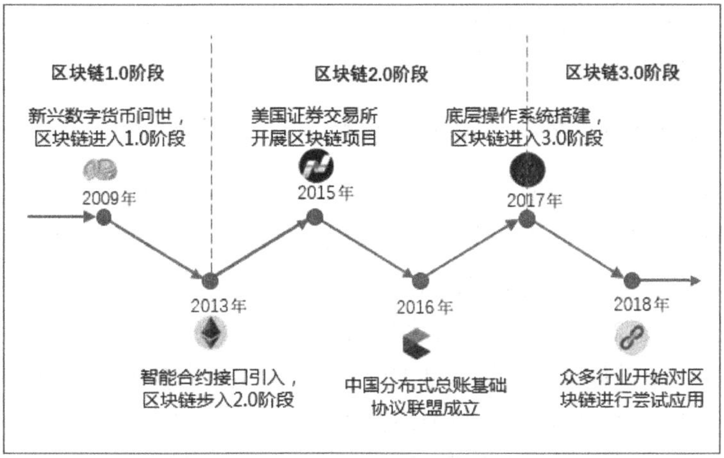

图 4-1　区块链的发展历程

1. 区块链 1.0 阶段：可编程货币

2009 年 1 月，新兴数字货币问世，标志着区块链技术正式进入 1.0 阶段。在 1.0 阶段，区块链技术的应用主要聚集在加密数字货币领域，典型代表就是比特币系统及从比特币系统代码中衍生的多种加密数字货币。

在区块链 1.0 阶段，通过构建公开透明、去中心化、防篡改的账本系统，使得用户可以在不具信任的基础上进行电子交易，实现转账和记账功能。区块链 1.0 系统的技术架构如图 4-2 所示。

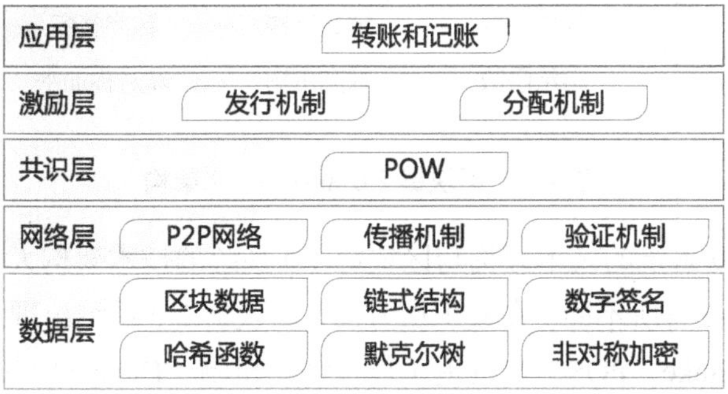

图 4-2　区块链 1.0 系统的技术架构

在区块链 1.0 阶段，区块链的技术架构包括应用层、激励层、共识层、网络层和数据层。其中，应用层包括转账和记账功能；激励层包括区块链中代币的发行机制和分配机制；共识层则为工作量证明机制（Proof of Work，POW）；网络层包括 P2P 网络及网络中的信息传播机制和信息验证机制；数据层包括区块链的基础技术，如区块数据、链式结构、数据签名、哈希函数、默克尔树和非对称加密技术。

2. 区块链 2.0 阶段：可编程资产

加密数字货币的快速发展吸引了人们对区块链技术的关注，人们开始尝试在比特币系统的基础上开发数字货币以外的应用，由此发现并引入了智能合约接口，并采用新的共识方式提升系统的性能，开始步入区块链 2.0 阶段，其典型的代表是 2013 年启动的以太坊系统。

区块链 2.0 阶段的显著特征是支持用户自定义的业务逻辑，即引入了智能合约，从而使得区块链的应用范围得到了极大拓展。区块链技术开始在各个行业迅速落地，从最初单一的货币领域扩大到涉及合约共识的其他金融领域，如股票、清算、私募股权等领域。在区块链 2.0 阶段，区块链极大地降低了社会生产消费中的信任和协作成本，并提高了行业内和行业间的协同效率。区块链 2.0 系统的技术架构如图 4-3 所示。

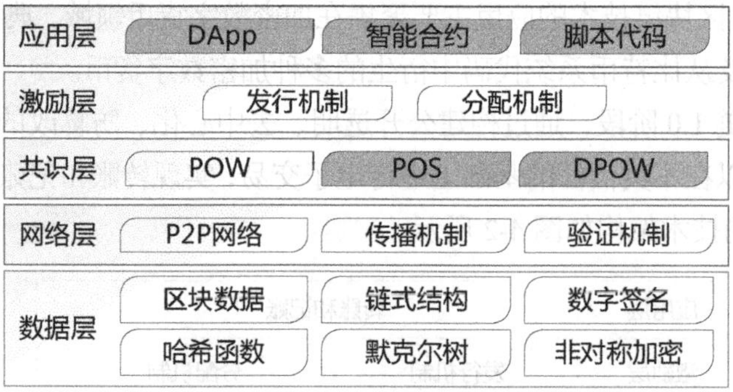

图 4-3 区块链 2.0 系统的技术架构

区块链 2.0 系统的技术架构与区块链 1.0 系统的技术架构大部分相同，在共识层与应用层有所不同。在共识层方面，区块链 2.0 系统出现了股权证明机制（Proof of Stake，POS）与延迟工作量证明机制（Delayed Proof of Work，DPOW）等其他共识机制；在应用层方面，区块链 2.0 系统可以通过 DApp（去中心化应用）、智能合约和脚本代码实现更多的功能。

3. 区块链 3.0 阶段：可编程社会

价值互联网是一个能实现各个行业协同互联，实现人和万物的互联，实现劳动价值高效、智能流通的可信化网络，其可以进行记载、验证、转移数据资产和经济价值。区块链 3.0 系统是价值互联网的核心，其应用能够拓展到任何有需求的领域，进而延伸到全体社会。2017 年 6 月，区块链颠覆了传统互联网底层协议，重构了底层操作系统，为智能互联网的实现奠定了良好基础，由此也成为区块链 3.0 阶段的开端。区块链 3.0 系统的技术架构如图 4-4 所示。

图 4-4　区块链 3.0 系统的技术架构

区块链 3.0 系统的技术架构最大的特点是引入了模块化的设计，人们可以在底层框架内构建各式各样的应用，从而打造一个适用范围广、信任成本低、交易能力强、风险低的平台。前端工具是用户及开发者与系统进行交互的模块，如业务客户端、浏览器、API（应用程序编程接口）及开发工具；网关接口将前端工具与区块链网络连接，具有注册、认证、授权监控、审计等功能；开发者可以根据需要在区块链 3.0 系统中开发合适的链上程序，如智能合约、高级语言、合约容器等；区块链管理模块负责系统内账户管理及对区块的生成和交易的产生进行验证；可插拔共识模块代替了传统的共识层，开发者可以根据网络规模及对时效、安全性等方面需求，选取合适的共识合约；传统的数据层、网络层等技术模块则归入底层技术模块。

4.2.2 区块链的分类

不同学者对区块链的分类方式看法各异。本书综合目前主流的分类方法，以网络范围、部署环境、对接类型和应用范围四个方面作为区块链的分类标准。

1. 按网络范围划分

按网络范围的不同可将区块链分为公有链、私有链和联盟链。

1）公有链

公有链是指任何人都可以进入到系统中进行数据的读取和维护，而不受单个中央机构的控制，数据完全公开透明的区块链。由于公有链完全没有中心机构管理，要依靠事先约定的规则来运作，并通过这些规则在不可信的网络环境中构建可信的网络系统。通常来说，需要公众参与、需要最大限度地保证数据公开透明的系统，都适合选用公有链，如数字货币系统、众筹系统等。比特币系统就是一种典型的公有链。

2）私有链

私有链是指其写入权限由某个组织和机构控制的区块链。在私有链中，参与节点的资格会被严格限制。由于参与节点是有限的和可控的，因此私有链往往可以具备极快的交易速度、更好的隐私保护、更低的交易成本、不容易被恶意攻击，并且能做到身份认证等金融行业必需的要求。

3）联盟链

联盟链是指由若干个机构共同参与管理的区块链。在联盟链中，每个机构都运行着一个或多个节点，其中的数据允许系统内不同的机构进行读写和发送，并且共同来记录交易数据。与公有链相比，联盟链的节点数量较小，因此运行效率更高。数据仅对联盟内部成员开放，联盟链可以更好地保护成员的隐私。联盟链通常应用在多个互相已知身份的组织之间，如多个银行之间的支付结算、多个企业之间的物流供应链管理、政府部门之间的数据共享等。

2. 按部署环境划分

按照区块链部署环境的不同，区块链可以分为主链和测试链。

主链是部署在生产环境中的区块链。软件在正式发布之前都会经过内部测试，主链就是正式版的客户端组成的区块链网络，其各项功能设计都是相对完善的。测试链则是开发者为了方便大家学习而提供的用于测试的区块链，如比特币测试链、以太坊测试链等。

3．按对接类型划分

按照区块链对接类型的不同，区块链可以分为单链、侧链和互联链。

单链是指能够单独运行的区块链，拥有完整的组件模块，自成一个体系。侧链是一种特殊的区块链，它作为区块链之间相连的媒介，通过双向锚定将不同区块链结合起来。互联链则是不同区块链通过跨链技术（侧链）连接后产生的区块链。区块链通过互联，彼此之间进行功能上的互补，可以大大地提高区块链的性能与可靠性。

4．按应用范围划分

按照应用范围的不同，区块链可以分为基础链和行业链。

基础链是一种能够提供底层且通用的各类开发协议的工具，方便开发者在上面开发出各种 DApp 的一种区块链。而行业链则是一种能够为某些行业提供开发工具的区块链，是一种应用范围较窄的区块链。

4.3　区块链中的核心技术

区块链中的核心技术包括基础技术和拓展技术。基础技术是确保区块链运行的、必不可少的技术，可分为数据层技术、网络层技术和共识层技术。拓展技术则包括根据具体需求而设定的合约层技术及连接不同区块链的跨链技术。区块链中的核心技术如图 4-5 所示。

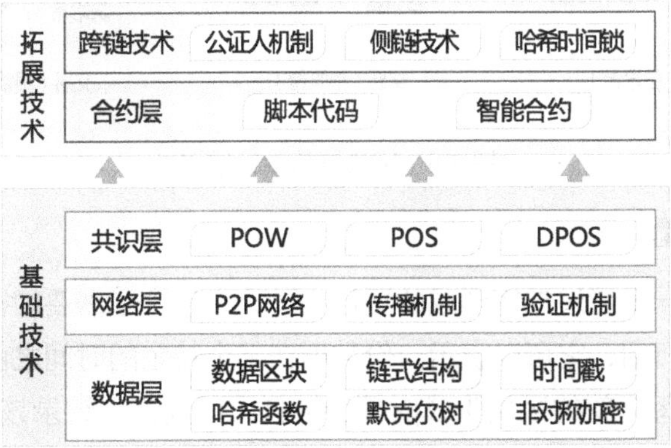

图 4-5　区块链中的核心技术

数据层技术包括构成区块所使用的数据结构、加密技术等；网络层技术包括 P2P 网络及其传播和验证机制；共识层技术为共识机制，常见的共识机制有工作量证明机制（Proof of Work，POW）、股权证明机制（Proof of Stake，POS）及委托权益证明机制（Delegated Proof of Stake，DPOS）等；合约层技术包括脚本代码及智能合约；跨链技术包括公证人机制、侧链技术和哈希时间锁。

4.3.1 数据层技术

区块链的数据结构是一种“区块+链”的结构，该结构所使用的数据区块、链式结构、哈希函数等构成了区块链的数据层技术。

1．数据区块与链式结构

在区块链中，数据以区块的方式永久存储。每个区块包含区块头和区块体。区块头包含哈希指针、时间戳和数字签名，区块体则包含了经过验证的、区块创建过程中产生的所有交易信息。不同的区块通过哈希指针相连形成链式结构。每个区块头中都包含了上一个区块的哈希值，使区块与区块之间产生关系，这种关系便称为链。通过哈希值相连形成的链式结构是区块链不可篡改性的基础。区块链的数据结构如图 4-6 所示。

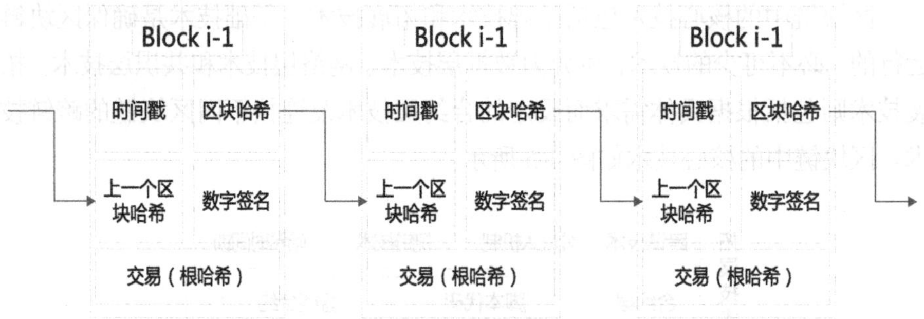

图 4-6　区块链的数据结构

2．时间戳

时间戳是一个通过加密形成的凭证文件，它包含了需要加密内容的摘要、生成的时间和日期，它可以表示一份数据在某个特定的时间之前就已经存在。在区块链中，每个新的区块生成时都会被打上时间戳，记录该区块生成的时间，各个区块按照时间先后顺序相连形成区块链。时间戳的存在保证了区块链中的内容难以被篡改。

3. 哈希函数

哈希函数是一类数学函数，它可以在有限的时间内，将任意长度的消息压缩为固定长度的二进制串，其具有抗碰撞性、逆向困难性和难题友好性。哈希函数被应用于区块链的链式结构中，由哈希函数所生成的哈希指针和数字签名保证了区块链数据的不可篡改性。

4. 默克尔树

默克尔树又称二叉哈希树，是一个由加密哈希组成的二叉树，可以高效汇总和验证大数据集的完整性。每个区块的交易信息以默克尔树的形式存储。每笔交易通过哈希算法得到一个哈希值，不同的哈希值向上继续进行哈希运算，最终形成一个唯一的默克尔根，被存放在区块头中。默克尔树中的默克尔根可以确保区块内的数据不会被篡改，默克尔树的分支也可以对部分数据进行校验，从而实现快速和高效的数据验证。

5. 非对称加密

与非对称加密技术对应的是对称加密技术，在对称加密技术中，加密与解密用的是相同的密钥，过程快速而简单。而非对称加密技术的密钥是由公钥和私钥组成的，公钥可以发给任何发出申请的人，私钥只能由用户保管。若用公钥对数据进行加密，那么只有对应的私钥才能解密。若使用私钥对数据进行加密，只有对应的公钥才能解密。加密与解密需要使用不同的密钥，所以该算法被称为非对称加密。在区块链中，非对称加密技术可以用于数据的加密传输和数字签名。

4.3.2　网络层技术

区块链网络是一个点对点网络，没有中心服务器，信息的传播、校验和记录工作均由网络中的所有节点共同完成。网络层技术包括在点对点网络中各个节点保持联系的方式，如 P2P 网络、数据传播机制和数据验证机制。

1. P2P 网络

P2P 网络是一个去中心化的点对点网络，该网络中没有服务端和客户端，网络结构由多个成员节点组成，不同节点之间没有层次之分。

2. 传播机制

区块链中数据传输以“广播”的形式进行。当一个节点向外发出消息时，该消息会随机发送到网络中的邻近节点。邻近节点收到信息便会对其进行验证，验证成功后节点会将该消息转发至自己的邻近节点。不断重复这个过程，直到该消息被“广播”至整个网络。

3. 数据验证机制

数据验证机制是区块链中极为重要的一环。信息的传输和新区块的生成都需要经过区块链网络所有参与者的验证，若验证无效，信息或新区块则会被立即抛弃。具体的验证过程则基于事先达成的协议来进行，如交易的格式、交易的数据结构、格式的语法结构、数据签名的正确性等。

4.3.3 共识层技术

共识层技术包括各类共识机制，也称共识算法。共识机制保证区块链各个节点在进行数据复制时的一致性。常见的共识机制有工作量证明机制、股权证明机制和股份授权证明机制。常见共识算法的优点和缺点如表 4-1 所示。

表 4-1 常见共识算法优缺点

共识算法类型	优　点	缺　点
POW 共识算法	完全去中心化	需要大量算力 造成较多资源浪费 共识达成的周期长
POS 共识算法	达成共识时间短 资源消耗少	中间环节多，容易产生安全漏洞 不利于去中心化
DPOS 共识算法	运行速度快 资源消耗少	不完全去中心化 不适用于节点数目较多的系统

4.3.4 合约层技术

合约层封装区块链中的各类脚本代码及更为复杂的智能合约。合约层是实现区块链可编程性和进行数据操作的基础，能够降低人工干预成本和运行风险。

1. 脚本代码

脚本本质上是区块链中的一组指令列表。脚本代码是区块链功能实现的基础，不同脚本的组合可以实现各种所需的业务功能。脚本代码的结构简单，程序规则固定，灵活性较低，较为稳定，提高了系统的安全性。

2. 智能合约

智能合约是被写入区块链中的去中心化程序代码，它封装了若干预定义的状态、转换规则、触发条件及应对操作等，在满足特定条件后，程序便会自动执行。智能合约是区块链底层数据的可编程性的基础，并为区块链的上层应用提供了接口，使得区块链技术的应用范围更加广阔。

4.3.5 跨链技术

跨链技术泛指两个或多个不同区块链上的资产通过特定的可信机制互相转移、传递和交换的技术。目前主流的跨链技术有公证人机制、侧链技术和哈希时间锁定三种。

1. 公证人机制

公证人机制也称见证人机制，该机制以一种中介的方式实现链与链的连接。公证人机制的跨链技术实现比较简单，并能够灵活地支持不同类型的区块链体系。但公证人机制的缺点也十分明显，即交易的安全性完全由公证人系统保障，是一种中心化的模式，需要交易双方给予公证人较大的信任。

2. 侧链技术

侧链可以被认为是一种协议，它可以让资产安全地从主链转移到其他区块链上，或者将其他区块链的资产安全地转移到主链上。侧链与主链的沟通过程被称为是“双向锚定”，即侧链和主链在交易中一方要以另一方的行动为基准。以比特币的转移为例，一定数量的比特币会暂时被锁定在比特币区块链上，然后等量等值的代币在侧链上释放，当等量等值代币在侧链上被锁定时，比特币区块链上的原始比特币就可以被释放。不同的区块链通过同一侧链连接后便可进行数字资产交易。

3. 哈希时间锁

哈希时间锁支持不同的区块链进行一定数量的资产交换。哈希时间锁是哈希锁和时间锁的结合，迫使资产接收方在截止时间之前确定收款，并生成一种收款证明给付款人，否则资产会归还给付款人。收款证明可以被付款人用来获取收款人区块链上等量价值的资产或触发其他事件。

4.4 区块链的应用思想与技术架构

在实际应用过程中，区块链应依托科学的应用思想和技术架构进行部署。应用思想是指引领区块链进行应用的指导思想，技术架构是指区块链的各个层次及其中的模块。本节将对区块链的应用思想和技术架构进行梳理和分析。

4.4.1 区块链的应用思想

区块链已经成为继互联网技术之后的又一项具有变革意义的底层技术。同时，区块链不仅是一项技术，更是一种思想，它足以改变人们的传统思维。区块链的应用思想可以体现在四个方面，即构建信息化公共模型、提供多元化服务模式、实现互联化价值网络及创新网络化生态体系。区块链的应用思想如图 4-8 所示。

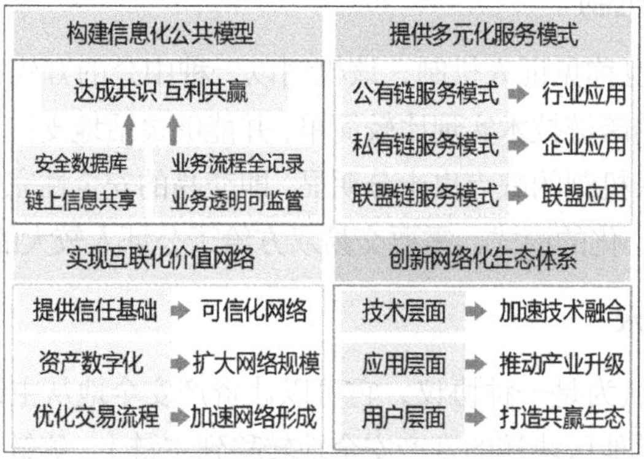

图 4-8 区块链的应用思想

1. 构建信息化公共模型

利用点对点网络、链式数据结构、共识机制和智能合约技术构建信息化公共模型，发挥区块链的价值。依托区块链构建的公共模型能够应用于各行各业，实现安全数据库、业务全流程记录、链上信息共享及业务透明可监管，具体体现在以下几方面。

通过构建安全稳定的分布式数据库，能够抵御系统内外人员对数据库的攻击，实现数据的安全存储；通过详细记录区块链公共模型下所有业务的操作过程，能够实现业务全流程记录；通过智能合约技术实现位于同一区块链用户间的便捷化信息共享，同时避免外界人员盗取信息；通过区块链的广播机制，对所有链上成员公布对业务流程的各项更改，实现业务透明可监管。

通过安全数据库、业务流程全记录、链上信息共享及业务透明可监管，该公共模型有助于系统内成员达成共识，使业务流程满足绝大多数成员的意愿，成员既是参与者又是监督者，共同维护集体的利益。

2．提供多元化服务模式

依托区块链构建的公有链、私有链和联盟链，能够满足不同规模的用户对区块链的使用需求，为用户提供多元化服务模式。公有链是任何人与组织均可参与的区块链，主要应用于不涉及大量商业机密和利益的行业活动中；私有链严格限制新节点加入，适用于企业内部管理，在实现业务流程透明与数据自由共享的同时保证企业的数据安全；联盟链一般由具有共同利益的多个组织机构共同管理，广泛应用于非垄断性行业间，致力于促进企业间业务多元化协同，效益互信式共惠。

3．实现互联化价值网络

区块链有助于实现互联化价值网络，主要体现在三个方面，即提供信任基础、推动资产数字化及优化交易流程。首先，区块链技术构造基于机器信任的可信化网络，为互联化价值网络提供了信任基础；其次，区块链为资产数字化提供了安全、可信的保障，可以有效地扩大价值网络的规模；最后，区块链通过去中介化的交易模式，提升交易效率，优化交易流程，加速价值网络的形成。

4．创新网络化生态体系

随着区块链技术的成熟和发展，区块链的应用领域将拓展至各行各业，逐步形成基于区块链技术的网络化生态体系。从技术层面看，区块链提供了多元化中心、分布式共享、可信化网络的技术基础，有助于物联网、云计算、大数据分析、人工智能等数字化技术在此基础上实现进一步的融合与创新；从应用层面看，区块链技术能够应用于物流、金融、医疗等多个领域，在促进数据共享、优化业务流程、降低运营成本、提高协同效率等方面发挥着重要作用，促使各行业转型升级，实现智慧物流、可信金融、智能医疗和高效政务等应用效果；从用户层面看，在人人均可参与管理的区块链生态体系中，用户既是受益者又是管理者，有助于其发挥各自优势，打造共赢生态，实现共同成长。

4.4.2 区块链的技术架构

在对区块链进行功能分析的基础上，构建区块链技术架构。该架构包括基础层、核心层、服务层、接口层、应用层和用户层六个层次。区块链的技术架构如图 4-9 所示。

图 4-9 区块链的技术架构

1. 基础层

基础层是区块链正常运行所需要的运行环境和基础组件，包括对等网络、分布式存储和分布式计算。对等网络是区块链运行系统的底层拓扑结构，其通过对等网络协议组织区块链中的各个网络节点，节点之间通过点对点通信协议进行信息交换以支撑上层功能。分布式存储为区块链提供运行过程中的账本、交易信息等数据的写入及查询功能。分布式计算为区块链的运行提供计算功能，包括容器技术、虚拟机技术、云计算技术等。

2. 核心层

核心层是区块链的核心部分，包括共识机制、账本记录、加密算法、智能合约、摘要功能、数字签名、时序服务和哈希算法。共识机制是区块链网络中各节点对在区块链中进行事务或状态的验证、记录、修改等行为达成一致的确认方法；账本记录泛指区块链中分布式数据的存储机制，通过不同节点对账本的共同记录与维护，形成区块链中数据的公共管理、防篡改、可信任的机制；加密算法是保证区块链底层安全的核心。摘要功能、数字签名和时序服务均为形成链式结构的重要部分；为了应对不同场景的需求，区块链还应提供智能合约功能。

3. 服务层

服务层包括节点管理、账本管理和共识管理。节点管理组件支持管理者进行节点信息查询、节点控制、节点添加及删除等功能，时刻监控区块链中各个节点的状态。账本管理则通过调用核心层组件以实现账本记录功能，包括链上内容发行、内容存储及共识验证等。共识管理根据节点规模、计算能力等条件为区块链选用适当的共识合约。

4. 接口层

接口层为上层应用提供区块链接入和管理功能，包括接口管理、多链管理及合约管理。通过接口管理使得上层应用与区块链独立部署，利用接口完成信息和指令的传递，无须在数据和存储层面进行耦合。多链管理提供多个区块链之间的跨链服务，实现整个系统的模块化运行。网络管理使系统与其他网络进行连接，以实现多系统协同。

5. 应用层

应用层包括业务逻辑处理、业务数据处理及区块链功能实现。业务逻辑处理为系统在不同场景中确定合适的业务规则和业务流程，保证系统正常运行；业务数据处理是指汇集并整合业务过程中产生的数据，并进一步加以分析和利用；区块链功能的实现根据业务规则和流程需要提供相应的智能合约及分布式应用，以满足应用场景的需要。

6. 用户层

用户层包括用户功能、业务功能和管理功能。用户功能支持客户访问和使用区块链服务，为客户提供业务查询、业务处理、应用等相关服务；业务管理者和服务集成者可以通过业务功能进行区块链服务的选择和订购、账务和财务管理等功能；管理功能面向服务管理者，包括成员管理、监控管理、业务处理、问题报告等服务。

4.5 区块链的应用价值与应用领域

4.5.1 区块链的应用价值

区块链以其去中心化、防篡改、可追溯的特点，为交易、信用、数据存储和数据传输等方面带来显著改善。其应用价值可以总结为“优化资源配置、创新技术融合、降低信用成本、促进共享经济、实现价值互联”五个方面。

1. 优化资源配置

区块链技术对数据资源配置过程给予智能化的控制和监督。系统通过智能合约设置激励、约束触发条件，根据上一步的执行情况来决定是否继续配置数据资源，从而实现资源配置过程的互动和控制，引导参与者在经济活动中尽量减少无效率的经济活动。

2. 创新技术融合

区块链作为技术创新的重要突破口，通过与其他数字技术的深度融合，能够进一步推动技术创新。区块链与物联网技术结合可以提高物联网数据价值，整合物联网中的智能设备；区块链与云计算技术结合能够产生具有高可靠性的分布式计算系统；区块链与大数据分析技术结合则可以解决大数据的数据权属问题，提高数据质量并保障数据安全；区块链与人工智能技术结合可以提高人工智能的数据可信度和算法的安全性。

3. 降低信用成本

区块链能够降低交易时的信任成本。各企业在进行交易时可以利用区块链技术解决信任问题。通过无法被篡改的分布式数据库和达成条件即自动执行的智能合约保证交易的执行，在企业之间构建基于算法的机器信任，这将极大地降低信任成本，提升交易效率。

4. 促进共享经济

区块链技术有望解决当前共享经济中所存在的诚信问题。点对点的信任化网络能够消除中介对交易的影响，提高参与者的收益；数据的公开透明减少了信息的不对称性，能够更加高效和低成本地实现信息和价值的共享；智能合约则可以使交易过程更加可靠，避免出现违约等情况。

5．实现价值互联

区块链构建可信化网络，为价值互联的实现奠定信任基础。通过将资产数字化，注册在基于区块链的交易体系中，便可成为具有实际价值的数字资产。区块链能够解决数据资产交易中的真实性、唯一性问题，打造值得信赖的价值传递和交易体系，实现价值互联，促进数字化经济发展。

4.5.2　区块链的应用领域

当前世界上多个地区已经有了区块链的实际应用，涉及的领域包括电子商务、金融、医疗卫生、公共管理等行业。未来，区块链的应用将更加深入，并拓展至社会各个行业，区块链的技术的应用领域如图 4-10 所示。

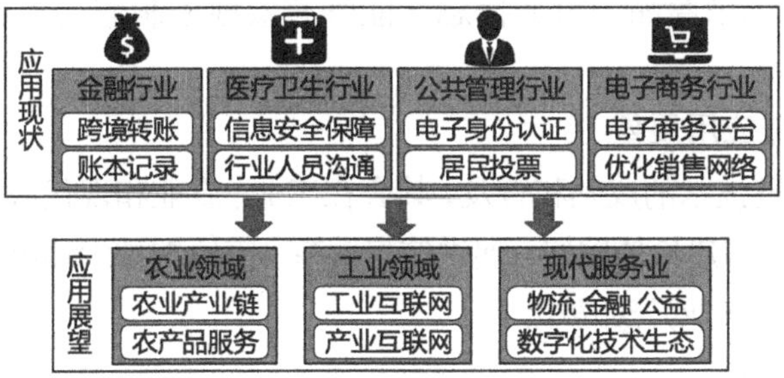

图 4-10　区块链技术的应用领域

1．区块链的应用现状

当前金融、医疗卫生、公共管理、电子商务等行业已经开始了区块链技术实际应用的初步尝试。

1）金融行业

在金融行业中，多个地区进行了区块链技术在跨境转账、账本记录等方面的尝试。利用区块链技术构建的金融网络可以实现更加安全高效的跨境汇款，以解决当前跨境汇款耗时久、稳定性低的问题；金融企业利用区块链技术进行账本记录可以保证数据的真实性，提高客户的信任度。

2）医疗卫生行业

在医疗卫生行业中，区块链技术可以被用于建设新一代医护平台。区块链技术能够提高医护平台的可信度与安全性，在保证患者隐私的同时进行医疗信息的记录；同时医疗行业人员可以通过医疗平台进行沟通，在得到患者允许的前提下调用其医疗数据。

3）公共管理行业

在公共管理行业中，区块链能够用于电子身份认证、公民投票等。区块链技术可以解决数字身份认证中的数据安全问题，用户可以通过电子身份认证进行在线交易、跨境汇款等活动；而基于区块链技术的投票系统可以消除投票过程中的安全漏洞，实现在线投票的公开透明。

4）电子商务行业

在电子商务行业中，区块链技术被用于优化销售网络和保证商品质量。相关企业利用区块链技术能够完整地记录在电子商务平台上进行的每一笔交易，实现从发货到收货的全程透明，为销售网络的优化提供数据基础；利用区块链技术记录商品的流通信息，能够有效地遏制假货流通，保证商品质量。

2．区块链应用展望

随着区块链技术的成熟和普及，其会在工业、农业和现代服务业有更深层次的应用。通过构建价值网络，促进信息共享，区块链技术能够成为行业发展的新引擎，推动行业升级转型。

1）工业领域

在工业领域中，区块链能够用于构建工业互联网以及产业互联网。

工业互联网的本质是通过互联网平台将设备、生产线、工厂、供应商、产品和客户紧密连接，实现跨设备、跨系统、跨厂区、跨地区的互联互通。区块链技术能够实现工业互联网中各方的数据互信和信息共享，并在数据确权、确责方面有着广阔的应用前景，为工业互联网的构建提供技术基础。

产业互联网是指利用信息技术和互联网平台实现互联网与传统产业的深度融合，充分发挥互联网在生产要素配置方面的优化和集成作用。区块链技术有助于打通工业生产中的各个环节，通过各方联动推动工业从封闭走向开放，构建工业领域的产业互联网，推动传统工业转型升级。

2）农业领域

在农业领域中，区块链技术可以用于构建农业产业链，提高农产品服务。通过将农业信息上链，区块链技术可以改善农业产业链中各方信息不对称的问题，打破信息问题对农业发展的限制。此外，区块链技术也可用于农产品销售、农产品溯源等方面，提高农产品服务，推动农业向着数字化、智能化方向发展。

3）现代服务业

在现代服务业领域中，区块链技术能够进一步应用于现代物流、金融服务、公益事业等领域，以及提供数字化技术生态服务。物流、金融及公益等领域能够通过区块链技术实现各方信息互联互通，以提高管理效率，降低信任成本。此外，区块链技术作为新一代变革性基础技术，有望用于构建数字化技术生态，促进人工智能、物联网等信息技术的集成创新和融合应用。

本章小结

本章通过对区块链技术的分析，总结了区块链技术的概念特点、发展历程和核心技术；阐述了区块链的应用思想和技术架构，分析了区块链的应用领域及其在各领域中的应用价值。区块链技术具备多元化中心、分布式共享、私密化通信、可信化网络、全程化监管等功能特点，目前在电子商务、金融、医疗卫生、公共管理等领域进行了探索应用，通过构建信息化公共模型、提供多元化服务模式、实现互联化价值网络、创新网络化生态体系，从优化资源配置、创新技术融合、降低信用成本、促进共享经济、实现价值互联等多方面提升区块链技术的应用价值。

第 5 章

区块链与数字化技术融合应用

区块链技术具有去中心化、不可篡改、开放程度高等独特的优势，当前区块链与物联网、云计算、大数据分析、人工智能等新一代数字化技术的融合应用已经成为区块链技术下一步的研究重点。当区块链与上述技术深入融合后，不仅可以突破当前数字化技术在产业应用层面遇到的种种瓶颈，还能进一步创新多种融合应用效果，创造各类融合应用价值。最终实现区块链与数字化技术相互赋能，共同构建数字化技术生态体系。

5.1 区块链与物联网

5.1.1 物联网的发展与问题分析

1. 物联网的核心内涵

物联网可以理解为一个能够在任何地点、时间实现人、机、物互联互通的巨大网络。物联网技术具有全面感知、可靠传输、智能处理的核心特征，是继计算机、互联网之后的第三代信息技术。物联网技术的快速普及和发展推动了各产业的智能化进程，其应用已遍布工业、农业、现代服务业等领域。

物联网技术通过收集并分析物联网终端的传感器所生成的数据，为相关企业和个人提供通信主干网，解决人与物、物与物间的信息传输问题，创新对物品及行为的数字化处理，催生具有更高自主调节能力的生态体系，实现人类社会与物理系统的数字化整合。

2. 物联网应用的核心问题

1）网络架构封闭

在物联网技术应用过程中，其系统采用的基本都是封闭式架构。虽然单一物联网系统的设备之间可以形成互联，也可以利用互联网传输数据，但各物联网系统架构并不是开放式的，不同的物联网系统之间很难实现互联互通。

2）数据交易困难

物联网技术为数据采集及上传提供了新方式，具有商业价值的海量数据应运而生。然而在物联网技术实际发展过程中，数据交易市场存在主体众多、交易复杂及规范化程度低等问题，致使数据交易困难，难以变现。

3）数据安全威胁

物联网数据的安全问题一直是行业内外非常关心的问题。物联网设备可以自动搜集各种信息，接触更多隐私，而传统的物联网平台多以中心化的方式部署，更容易受到攻击进而泄露隐私，在用户隐私和安全方面存在较大的风险与隐患。

4）数据中心传输

当前物联网行业采用的数据传输方式是中心传输，即将数据汇总到单一的控制系统中，再进行数据的处理或中转。随着物联网设备变多，数据体量也将呈几何级数扩大，中心化传输方式能有效降低数据传输能耗，促进物联网行业高质量发展。

5.1.2　区块链与物联网融合

区块链与物联网技术融合后，可以解决物联网技术在应用过程中存在的问题，实现架构开放性拓展、平台竞争力增强、数据价值提升、数据安全升级和处理效率提高的融合应用效果，进而实现构建融合平台、形成标准体系、建设应用生态的融合应用价值，区块链与物联网融合应用如图 5-1 所示。

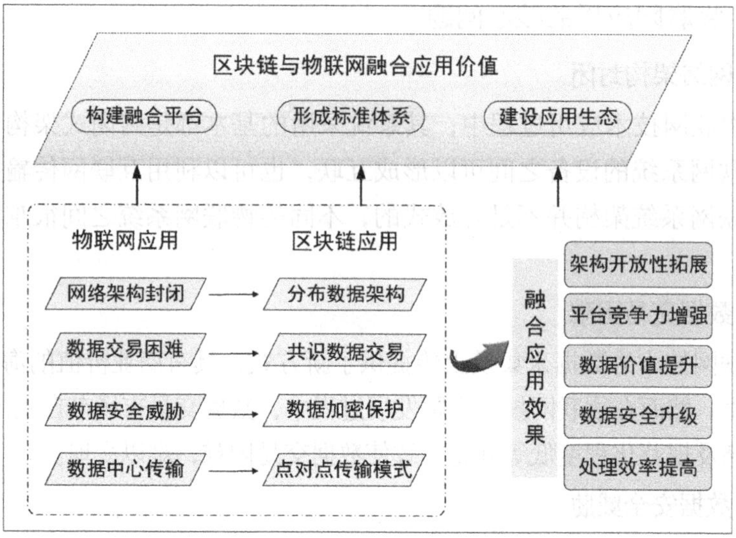

图 5-1　区块链与物联网融合应用

1. 区块链与物联网融合应用的效果

区块链与物联网技术的融合应用的效果主要体现在架构开放性拓展、平台竞争力增强、数据价值提升、数据安全升级、处理效率提高等方面。区块链具有典型的分布式数据架构，可以从架构层面为不同企业的物联网系统的对接提供基础条件，有助于实现跨系统价值的互联互通，拓展架构开放性；融合应用区块链技术后，物联网平台将为用户提供安全可信的交易环境，极大地提高用户参与交易的意愿，提升交易单数，提高平台收入，有助于增强平台竞争力；区块链平台上的各大机构承担共识职责，节点间互相监督，形成并维护规范化的交易市场，充分发挥数据的商业价值；区块链技术的数据加密保护和验证机制可以有效地保障数据安全，提高用户对物联网系统的信任度和参与的积极性，促进数据安全升级；区块链技术能为物联网提供点对点传输的数据传输方式，促进区块链网络对分布式物联网的自主管理控制，该数据传输方式将极大地提高数据处理的效率。

2. 区块链与物联网融合应用价值

区块链与物联网技术融合应用的价值主要体现在构建融合平台、形成标准体系、建设应用生态等。将物联网技术融入区块链平台，可以去中心化地将各类物联网相关的设施设备、应用、服务等有效连接融合，促使其相互协作，在满足建立信任、交易加速、海量连接等需求的同时，打通物理与虚拟世界，极大限度地降低成本；作为底层的计算机技术，区块链技术可为物联网智能硬件接口之间提供统一的传输协议，实现不同厂家、不同型号设备的统一接入，为各物联网企业的协作打下坚实的基础；依托区块链技术的智能合约可以映射出数据与实体间的联系，有助于体验与服务的进一步发展，物联网的服务范围将向着多元化方向发展，实现物联网与产业发展之间的结合，推动建设物联网跨行业应用生态体系。

5.2　区块链与云计算

5.2.1　云计算的发展与问题分析

1. 云计算的核心内涵

云计算是基于互联网，通过虚拟化等技术手段实现计算机软件资源、硬件资源及信息的整合、共享，从而满足用户使用需求的新型计算方式。云计算的核心思想是构建可以动态扩展的资源池，资源池中的软件资源及硬件资源取用方便，费用低廉。与其他数字化技术相比，云计算技术具有超大规模、按需服务、高可靠性、成本低廉等优点。

云计算技术通过基础设施即服务、平台即服务和软件即服务，为企业或个人提供虚拟化计算资源、软件应用及其开发环境，解决计算资源的优化配置问题，降低企业部署计算服务的成本，推动中小企业信息化转型，创新信息技术的运用模式，促进信息技术产业重构，实现整个社会的信息资源无缝连接与集成。

2. 云计算应用的核心问题

1）数据垄断严重

对于云服务市场，谷歌、亚马逊、微软、阿里巴巴和腾讯等核心企业掌握了占据市场主导地位的数据资源，寡头垄断现象逐渐形成。同时，云用户缺乏对自身数据的掌控力，面临着个人隐私泄露的风险。

2）数据权属模糊

当前云服务中心为客户提供数据存储、数据计算等服务，但云用户缺乏数据归属权的证明途径，甚至无法得知数据的存储位置等具体信息。

3）数据泄露威胁

云不使用专用虚拟网技术，这意味着匿名攻击可以像任何系统的合法用户或管理人员那样访问连接点，并且云服务提供商也有能力对用户数据进行未经授权的访问，这都有可能造成数据的泄露，甚至被篡改与破坏。

4）多云融合困难

“多云”是指企业使用多个云计算服务平台的新兴云计算服务模式。随着“多云”逐渐成为企业云计算应用的新常态，多云共存向多云融合的升级已成为云计算的大势所趋。然而不同云服务平台的技术架构存在差异，导致多个云服务平台在设备、技术、软件等方面存在壁垒，无法完美兼容，难以实现多云融合。

5.2.2 区块链与云计算融合

区块链与云计算技术之间的深度融合，可以解决云计算技术在发展过程中存在的一些问题，实现数据去中心化、数据权属明晰、数据防护升级、多云高效融合的应用效果，进而实现发展区块链即服务、构建智能海量数据中心、实现云计算产业链生态的融合应用价值，区块链与云计算的融合应用如图 5-2 所示。

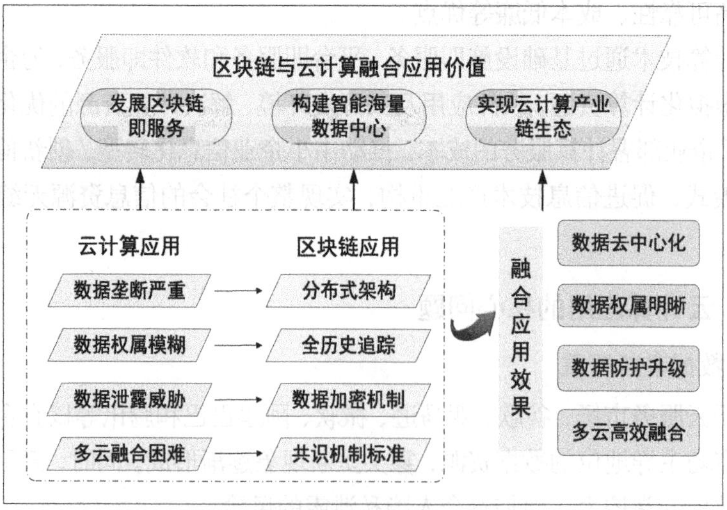

图 5-2　区块链与云计算的融合应用

1．区块链与云计算融合应用的效果

区块链与云计算技术融合应用的效果主要体现在数据去中心化、数据权

属明晰、数据防护升级、多云高效融合等方面。区块链技术的分布式架构保证不会有掌握所有数据的管理员角色出现，每个用户在数据面前都是平等的，破除云计算产业的数据垄断；区块链技术为数据提供全域追踪路径，每笔数据的产生和流动都将被时间戳诚实地记录并得到全网公证，数据一旦上链，便永远带着原作者的烙印，即使在网络中经过无数次复制、转载和传播，也能明确数据的生产者和拥有者，有助于数据权属的明晰；区块链还可以通过多个签名私钥、加密技术、安全多方计算技术等保证数据访问的安全性，保证云计算数据的存储安全，消除数据泄露的威胁；区块链技术的共识机制为云计算架构互通、软件匹配及互操作性提供基础条件，进而实现多云高效融合。

2. 区块链与云计算融合应用的价值

区块链与云计算技术融合应用的价值主要体现在发展区块链即服务、构建智能海量数据中心、实现云计算产业链生态等方面。区块链即服务可以快速建立开发环境，提供基于区块链的搜索查询、数据分析等一系列操作服务，开发人员可以在云上创建、部署、运行和监控区块链应用程序，简化企业运营流程，服务购买即用，削减部署成本；区块链技术对数据的加密、分布式存储为海量数据存储提供安全保障，而智能合约将推动数据中心的自动化、智能化运营，提升数据中心管理的透明度，并加速数据中心的智能化进程，助力构建智能海量数据中心；在云端部署的区块链开放平台，通过合约的集成、业务流程交易结算、组织开放相关的处理，促进形成一个开放平等的云计算产业链生态，实现云计算设备提供商、云平台服务商、云应用提供商之间的紧密衔接。

5.3　区块链与大数据分析

5.3.1　大数据分析技术的发展与特点分析

1. 大数据分析技术的核心内涵

大数据是指无法用现有的软件工具提取、存储、搜索、共享、分析和处理的海量的、复杂的数据集合。而大数据分析技术是指在多样、大量的数据中，迅速获取信息的能力，具有数据体量大、数据类型多样、数据价值密度低、数据处理速度快、数据采集手段智能化、数据分析精准化等特点。

大数据分析技术通过对海量数据的提取、存储、处理与分析，为企业或个人提供多样化数据处理服务，解决传统的数据分析问题及大数据场景下的新问题，促进大数据市场的新服务、新业态不断涌现，实现信息产业的持续高速发展。

2. 大数据分析技术与区块链的差异

1）结构化与非结构化

在数据结构方面，区块链是结构定义完整的区块，通过指针组成链，是典型的结构化数据；而大数据包含结构化、半结构化以及非结构化的数据，非结构化的数据是大数据的主要构成部分。

2）独立与整合

区块链系统为保证安全性，所承载的信息是相对独立的，信息被分割成一个个区块然后独立存储。而大数据分析技术侧重的是信息的整合分析，挖掘数据间的异质性和共性是大数据分析的目标。

3）直接与间接

在数据本质方面，区块链系统本身就是一个去中心化的分布式账本数据库，区块链存储的数据可以说是一种直接的数据；而大数据分析是对数据的深度分析和挖掘，是一种间接的数据。

4）数学与数据

在数据展现方面，区块链技术试图用数学说话，主张“代码就是法律”，所有的规则都是通过数学算法程序表现出来的，采用数学方法解决互联网时代的信任问题；而大数据分析技术试图用数据说话，主张“数据就是价值”，从海量数据中挖掘定向数据并加以分析。

5）匿名与个性

在数据特点方面，区块链中存储的数据都是匿名的，极大地保护用户的隐私；而大数据时代最显著的特征就是个性化，也就是通过数据能够为每个终端消费者提供专属的产品及服务。

5.3.2 区块链与大数据分析技术的融合

区块链技术是一种不可篡改的、全历史的数据库存储技术，为大数据分析技术提供安全可靠、全域追踪的存储与运行环境。区块链技术与大数据分析技术的深度融合可以实现综合性大数据分析平台、全周期数据管理、数据资产交易体系、数据管理体系的融合应用价值，区块链与大数据分析技术融合应用如图 5-3 所示。

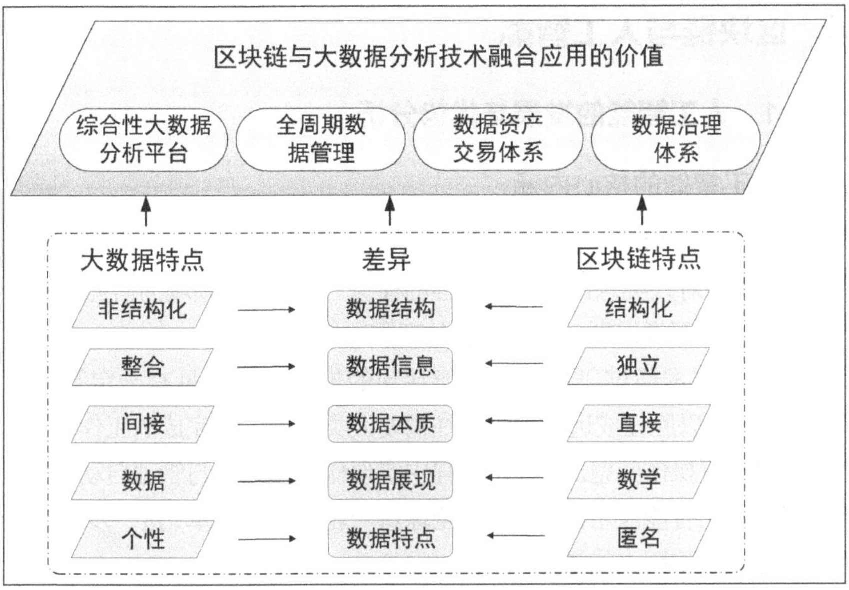

图 5-3　区块链与大数据分析技术的融合应用

区块链技术与大数据分析技术融合应用的价值主要体现在综合性大数据分析平台、全周期数据管理、数据资产交易体系、数据管理体系等方面。依托区块链技术构建的综合性大数据分析平台以“分布式”的形式连接数据，能够实时对数据做出分析与预测，为企业快速提供精准的数据信息；区块链技术的全域追踪性可以实现全周期数据管理，如果需要查询数据处理记录，就可以通过时间戳的记录迅速锁定所有进行过相关操作的人，加快责任认定的速度，保障数据全周期安全可信；依托区块链技术的价值互联、安全互信的特殊优势，物理世界的资产可以经过数字化操作，转变为区块链网络中的数据资产来参与交易，催生面向全领域的数据资产交易体系，深度连接物理世界与虚拟世界，促进新一轮商业模式的变革；区块链技术在满足数据安全与隐私保护需求的条件下，让数据更加真实可信，便于决策与管理，通过共识机制将法律、管理制度等植入计算范式系统中，推动建设交叉验证的可信、可全域追踪、可确权的数据管理体系。

5.4 区块链与人工智能

5.4.1 人工智能的发展与优势分析

1. 人工智能的核心内涵

人工智能是一项使用机器代替人类实现认知、识别、分析、决策等功能的技术，其本质是对人类意识与思维过程的模拟。人工智能领域的研究包括机器人、语言识别、图像识别，自然语言处理和专家系统等。

人工智能技术通过研究人类智能活动的规律并构造具有一定智能的系统，使计算机可以胜任或远远超越以往需要人类智能才能完成的工作，解决机器的智能化运行操作问题。在应用过程中实现作业无人化与管理自动化，催生基于场景的人工智能应用体系，引领全球新一轮的产业变革，进一步释放科技革命和产业变革的巨大能量。

2. 人工智能应用优势

1）计算智能

计算智能主要包括神经计算、进化计算、模糊计算、模式识别、数据挖掘等，是基于人们对生物体智能机理的认识，借鉴仿生学的思想，采用数值计算的方法模拟和实现人类的智能。计算智能不仅是通用计算的延续与升华，更是人工智能的新计算形态，具有持续进化、环境友好、开放生态的优势特征。

2）感知智能

感知智能是指将物理世界的信号通过摄像头、麦克风或者其他传感器的硬件设备，借助语音识别、图像识别等前沿技术，映射到数字世界中，再将这些数字信息进一步提升至可认知的层次，比如记忆、理解、规划、决策等。

3）认知智能

认知智能主要包括对外部信息的加工、理解和知识推理、思考能力。认知智能涉及语意理解、联想推理、自主学习等，人工智能可以掌握人类的判断逻辑，理解人类想要得到哪些信息，大大减少需要人工完成的基础性工作。

5.4.2 区块链与人工智能融合

区块链与人工智能技术的深度融合可以实现多中心计算智能、多元化感知智能、多维度认知智能的融合应用效果，进而实现三种融合应用价值：推动算力发展，赋能产业升级；实现万物互联，构建数据生态；延伸认知维度，创新数字经济。区块链与人工智能的融合应用如图 5-4 所示。

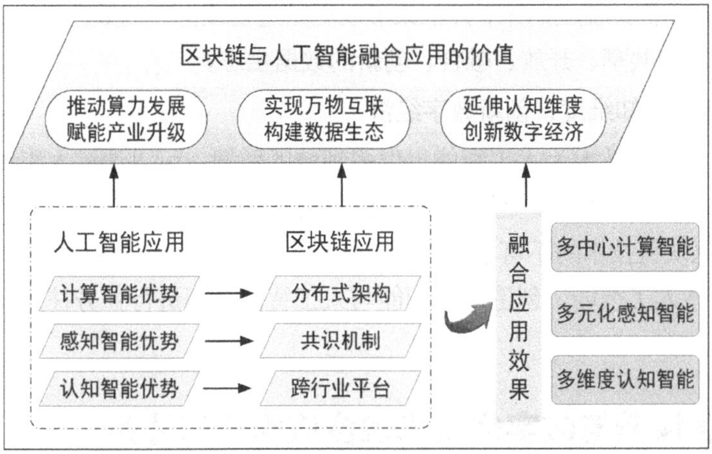

图 5-4　区块链与人工智能的融合应用

1. 区块链与人工智能融合应用效果

区块链与人工智能技术融合应用效果主要体现在多中心计算智能、多元化感知智能、多维度认知智能等方面。基于区块链技术的分布式架构，区块链网络中的多个节点可以分别承担一部分计算任务并贡献存储空间，实现多中心计算智能，避免出现垄断现象及安全威胁，多节点同时计算也能大大提高计算效率，缩短等待时间；依托区块链技术的共识机制，实现感知设备与平台的统一接入和感知设备间的完美兼容，优化人工智能算法，实现更全面、精确的感知智能；区块链平台将打破行业的界限，从多个维度丰富数据类型，利用这些数据对人工智能进行训练，进一步提高人工智能的理解认知能力，获得更接近人类的多维度认知智能。

2. 区块链与人工智能融合应用的价值

1）推动算力发展，赋能产业升级

基于区块链技术的分布式算力平台可以使平台上的任何用户成为算力的发售方和租用者，并且能公平准确地衡量算力提供者的贡献，提升用户贡献算力支持的参与意愿，提高社会闲置算力资源的利用率，加速人工智能技术的产业化应用，赋能产业升级。

2）实现万物互联，构建数据生态

区块链技术为感知设备、智能移动终端等电子设备提供互联互通的网络条件，数据将因此流动起来，并汇聚形成更贴近物理世界的数据世界，促进数字孪生，构建共享、开放、融合、创新的数据生态。

3）延伸认知维度，创新数字经济

利用区块链技术为人工智能提供多领域的数据，可以训练人工智能的算法与模型，使其认知维度更加广泛，拥有更接近人的思维能力和更强大的计算能力。而区块链技术的不可篡改性可以保障人工智能系统的安全与稳定，进而实现友好型人工智能，创造人工智能与人工智能之间进行业务往来交易的新数字经济。

5.5 区块链与数字化技术融合应用生态体系

在区块链技术与物联网、云计算、大数据分析、人工智能技术共同构建的数字化生态体系中，物联网技术将充分发挥全面感知、可靠传输、智能处理的数据采集优势，采集与生产数据；云计算技术通过基础设施、平台和应用服务来提供计算资源；大数据分析技术可以整合、处理并分析海量数据；人工智能技术将提供自动化智能决策、深度学习、人机交互等功能；区块链技术可以解决数据的存储与保护问题，提供价值互联的信任基石。

区块链技术可以促进物联网、云计算、大数据分析、人工智能等数字化技术的落地，同时区块链技术也需要这些数字化技术作为支撑。区块链技术与数字化技术的深度融合将助推新一轮技术变革，实现海量数据全域交易、智能设备自主认知、多元主体信息共享的融合应用效果。区块链与数字化技术的融合应用如图 5-5 所示。

1. 海量数据全域交易

区块链技术本身带有价值传输的功能，利用基于区块链技术的交易系统可以实现数据支付。并且利用区块链技术的全域追踪特性可以明确数据交易历史，有助于衡量各方的贡献，使定价更为精确。无论是通过物联网传感器直接采集到的数据，还是经过云计算、大数据分析技术整合分析处理过的数据，抑或是人工智能做出的最优智能决策，都可以在基于区块链技术的数据交易平台上进行买卖，届时任何领域、行业都有机会参与数据交易，实现海量数据的全领域价值流通。

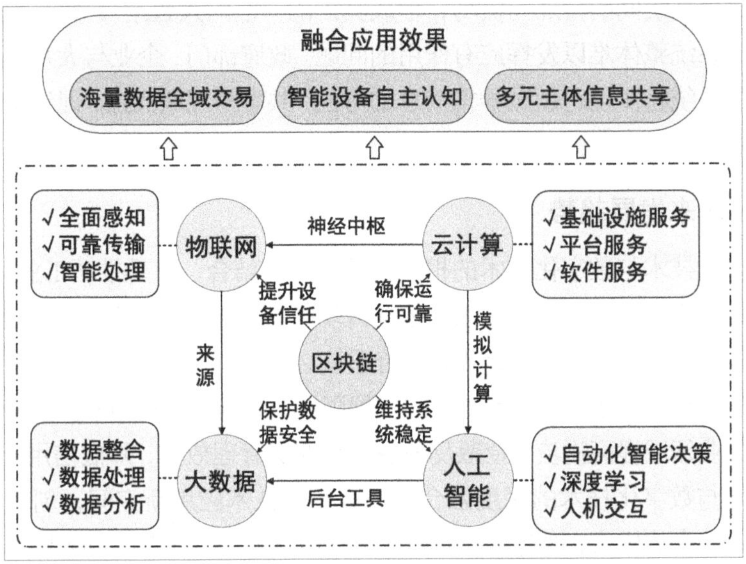

图 5-5 区块链与数字化技术的融合应用

2. 智能设备自主认知

依托区块链技术的智能合约可以将接入的物联网设备、智能手机等终端设备升级为能够自我维护调节的独立网络节点，赋予终端设备极大的自主性、智能性。通过人工智能与智能合约的结合，终端设备可以成为能自主认知的智能设备，拥有仿生思维与分析能力，云计算将为此提供算力资源支持，而区块链技术可以为智能设备的安全运行保驾护航。区块链技术的不可篡改性与加密机制将保障智能设备的运行代码与数据的存储安全，保证智能设备系统的稳定可靠。区块链技术还可以授权给智能设备，赋予其商业交易参与者的身份，实现智能设备的自主结算，使其自发完成任务流程。

未来的交易市场将不再局限于人类，将出现"人与人""机与人""机与机"之间的信息交互、交易并存的场景。而智能设备也将在互动过程中不断积累学习经验，实现人工智能程度的进一步提升。

3. 多元主体信息共享

依托区块链技术可以建立系统间接口的规范标准，实现不同系统之间异构信息的互联互通，破除独立系统间存在异构数据壁垒的"数据烟囱"现象。

区块链作为一种新的信任体系，可以有效解决系统安全与数据共享问题，加速数据在多个系统间的传递与流动，形成真正的“活的大数据”，解决数据无法流通导致系统整体难以发挥应有作用的问题。政府部门、企业与大众等多个主体参与的系统将实现跨领域异构信息的可控、共享与互联互通，促进社会的繁荣与发展。

4. 未来发展趋势

区块链技术与数字化技术的相互联系、紧密结合，有望推动工业、农业、现代服务业等领域的进一步升级。依托区块链技术与数字化技术的深度融合，在工业领域推动工业互联网跨设备、跨系统、跨地区互联互通，实现数据互信共享；在农业领域打破信息不对称的发展限制，促进形成智慧农业产业链；在现代服务业领域提高物流、金融及公益等行业的管理效率，降低信用成本。区块链技术与数字化技术的深度融合将不断拓展技术应用新空间，创新与实体经济产业结合的模式，推动新一轮商业模式的变革，促进以区块链技术为核心的数字化技术生态体系的形成。

本章小结

本章主要研究区块链技术与物联网、云计算、大数据分析、人工智能等数字化技术的融合，根据各项技术的核心内涵、应用问题、技术优势，分析其与区块链技术融合后的应用效果与应用价值，同时，探讨了区块链技术与数字化技术融合后形成的技术生态体系。区块链技术与数字化技术深度融合，互为支撑，物联网技术作为感知基础、云计算作为部署基础、大数据作为计算基础、人工智能作为执行基础，形成新的技术生态体系，助推新一轮技术变革，实现海量数据全域交易、智能设备自主认知、多元主体信息共享的融合应用效果。

第三部分

剖析国内外智慧物流区块链应用案例

随着全球新一轮技术变革和数字化经济的全面兴起，区块链技术在全球范围内已实现金融、现代物流、电子政务、智慧医疗、工业制造等多个领域不同程度的应用。同时，社会对区块链技术的价值和适用场景的认识和需求的不断提高，促使其短期内在行业应用上取得了突破性的成果，给区块链的发展带来了前所未有的机遇。

本部分通过对国内外区块链政策、技术、行业应用及物流领域中的应用案例四个方面的综合对比分析，挖掘出区块链技术在物流领域应用时面临的挑战和存在的问题，为本书的相关研究提供借鉴。

第 6 章

国际区块链研究进展与应用分析

随着区块链发展的政策、技术和应用环境不断优化，全球主要国家都在加快布局区块链技术发展。产业界、学术界纷纷开展区块链技术创新和应用的探索，并取得了良好的发展成果。

6.1 全球区块链发展现状

6.1.1 全球区块链发展态势

1. 政策法规加速推进，标准规范逐步完善

各国政府纷纷推出政策，积极推动区块链的发展和应用。仅在 2019 年，全球 82 个国家、地区、国际组织就发布了 600 余项区块链政策，亚洲成为发布政策数量最多的地区。其中美国把区块链确立为国家战略性技术，并为区块链的研究与应用探索提供了有力的政策支持；日本是亚洲虚拟货币交易最活跃的国家，其主要针对数字资产交易所提出了明确的监管要求。

全球区块链标准化工作提速，多个国际组织和国家参与其中。2016 年 9 月国际标准化组织（ISO）成立区块链和分布式记账技术委员会，截至目前提出了 11 项区块链标准及相关规范，涉及术语概念、参考架构等基础标准。电气和电子工程师协会（IEEE）成立区块链工作组，截至目前制定了 13 项国际区块链标准，主要是各研究应用领域的标准。国际电信联盟（ITU）截至目前已提出 7 项区块链国际标准，并发布了首个区块链安全标准。

2. 技术创新日趋活跃，研发能力快速提升

区块链技术正处于高速发展阶段。在账本数据方面，采用数据校验、数据容灾备份等技术保证数据的一致性；在网络通信方面，节点认证机制、数据分片技术等不断完善；在智能合约方面，共识技术的发展使合约代码漏洞等问题日益减少。在当前多链并存的情况下，区块链的互操作性将成为未来应用需求的新热点，包括哈希锁定、公证人机制、侧链与跨链技术等。

全球区块链专利申请量逐年快速递增，布局不断拓展。截至 2019 年 10 月，全球公开区块链专利的申请数量高达 2.4 万条，已有 35 个国家和地区申请专利。其中，中国的专利申请占比超过 50%，而美国引领了跨链互操作、多方可信计算、数字身份、隐私保护、智能合约语言等领域的技术走向。

3. 应用领域不断延伸，落地步伐逐渐加快

截至 2019 年 8 月，全球共有 2450 家区块链企业。其中，38%的企业集中在加密货币领域，23%的企业专注于区块链技术研发。国外区块链技术应用分布如图 6-1 所示。

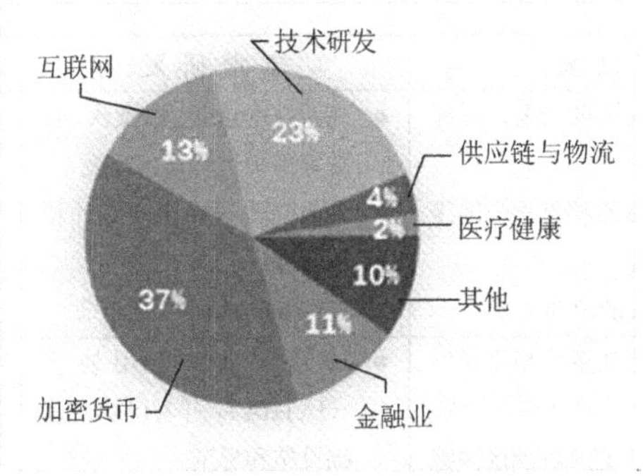

图 6-1　国外区块链技术应用分布

区块链技术源于加密数字货币，正在向多个垂直行业探索应用。在金融领域中，区块链被用于管理银行担保、跟踪金融交易、打击欺诈等；在供应链与物流领域中，区块链技术被用于提高供应链效率、透明度及货运跟踪、库存管理；在医疗健康领域中，区块链已经被用于追踪患者出院后的病情进展及药品质量全程监管，助力智慧医疗的发展；在公共服务领域中，区块链可以提供更准确的身份验证并提高人们对投票结果的信任，从而推进民主进程。此外，区块链已经渗透到能源、版权保护、社会公益、教育就业、文化娱乐等领域中。

4. 产业规模持续扩大，数字经济迅速崛起

全球区块链产业规模呈稳定增长态势，2018 年迎来爆发，达到 122.6 亿美元。据 Research and Markets 预测，2017 年到 2022 年间，全球区块链市场的年复合增长率约为 42.8%。到 2022 年，该市场的规模将达到 139.6 亿美元。

区块链技术与 5G、互联网技术的结合，加速了数字经济时代的到来。2019 年，Facebook 发布 Libra 白皮书，并将其定义为全球性的数字货币，为全球数十亿用户提供支付服务，同时各国央行、金融监管机构纷纷表态并出台与数字资产、数字货币等相关的监管框架。

6.1.2 主要国家研究现状

在全球区块链技术发展进程中，不同国家在所持态度、发展程度、研究重点等方面都不同，但各国对区块链的行业应用都处于探索阶段。如表 6-1 所示，本部分分别从政府监管、技术研发及行业应用三个维度，针对处于区块链技术研究前列的美国、欧盟和日本的区块链研究现状进行分析。

表 6-1 主要国家和组织区块链研究现状

国家	政府监管	技术研发	行业应用
美国	● 各个州颁布区块链法案、联邦政府频繁听证 ● 美国证券交易委员会和美国国税局严密监管 ● 无统一、正式的法律文本	● 高新技术企业，如微软、谷歌等积极进行技术研发 ● 各大高校开展区块链的相关课程 ● 推进 hyperledger 项目	● 区块链与金融为重点 ● 渗透所有领域 ● 项目处于试验阶段
欧盟	● “欧盟区块链观察站和论坛”机制 ● 22 个国家合作建立欧洲区块链联盟	● 可信区块链应用协会（IATBA），开发区块链基础设施和标准 ● 肯定分布式账本技术	● 银行业投资最多 ● 主要落地场景为跨境支付和清算
日本	● 实施对区块链融资的联动保护 ● 设立专项基金推进区块链在公共领域的发展	● 许多企业在进行区块链技术研发 ● 国内缺少相关技术人员	● 主要集中在物流管理、产权管理、便捷支付领域 ● 逐渐延伸到其他领域

1. 美国区块链研究现状

美国作为全球区块链技术应用的领军国家，美国政府对区块链技术的态度及对区块链应用的探索一直是全球关注的焦点。

1）政府监管

美国政府最早在 2014 年对区块链技术进行监管，其中，纽约率先颁布区块链监管制度，此后美国多个州陆续通过支持区块链技术的新法案。例如，美国亚利桑那州颁布了一项新法案，正式允许州内的企业使用区块链技术来共享或维护数据。在国家层面，美国国会多次举行区块链听证会，分别从加密货币与区块链技术监管、区块链技术新应用等方面进行讨论。2018 年 7 月美国参议院批准《区块链推广法案》，对区块链应用的态度更加明确。同年 9 月，国会成立由两党组成的区块链核心小组，推出三项旨在支持区块链技术发展和加密货币应用的全新法案，包括《支持数字货币与区块链决议》《区块链监管确定性法案》和《纳税人分叉资产安全港法案》。

美国联邦和各州虽然鼓励和支持区块链技术发展，但对这项技术的监管也非常严格。例如，美国证券交易委员会（Securities Exchange Commission，SEC）批准或禁止某些区块链项目，美国国税局在 2019 年发布五年来首份加密货币税收指南，并表示或将加大对加密货币交易者的审计力度。此外，在法律层面，美国联邦政府和州政府尚未出台统一的针对加密货币或区块链技术的法律文本，更多的是出台法规或倡议，意图引导区块链技术的正面应用。

2）技术研发

美国作为全世界高新科技企业的聚集地，从最初的区块链创新公司 R3 联盟到硅谷巨头，都在积极开展区块链技术研发。2015 年 11 月，微软在云计算服务（Microsoft Azure）上推出区块链即服务（Blockchain-as-a-Service，BaaS）；同年，IBM 发起了推进区块链数字技术和交易验证的 hyperledger 开源项目；2017 年，微软发布区块链验证框架并加入以太坊联盟；2018 年，谷歌与区块链技术公司合作，发布了分析以太坊区块链的工具。与此同时，美国高校也积极开设区块链技术相关课程，斯坦福大学、麻省理工学院等相继推出加密货币和区块链技术的课程计划。

3）行业应用

美国将区块链与金融的结合作为重点，并不断延伸到其他领域中。亚马逊用区块链技术来记录交易，并且支持数字货币支付；美国国家航空航天局（NASA）正在开发使用区块链技术的航天器；好莱坞计划利用区块链技术来打击盗版；沃尔玛与 IBM 联合开发区块链平台，追踪食品供应链等。区块链技术已经渗透到美国各行各业，但大多数项目都处于试验和探索阶段。

2. 欧盟区块链研究现状

欧盟积极发展区块链技术，抢占区块链创新制高点，努力把欧洲打造成全球发展和投资区块链技术的领先地区。

1）政府监管

2018 年 2 月，欧盟委员会宣布启动“欧盟区块链观察站和论坛”机制，将包括监管机构和政界人士在内的各个部门联结在一起，共同探讨和制定新的理念和发展方向，促进欧洲区块链技术发展并帮助欧盟从中获益。2018 年 4 月，欧盟委员会宣布，22 个欧盟国家签署了一份建立欧洲区块链联盟的协议。该联盟将成为成员国在区块链技术和监管领域交流经验和传播专业知识的平台，并为启动欧盟范围内区块链技术应用做准备。

2）技术研发

2019 年 4 月，欧盟正式推出国际可信区块链应用协会（International Association of Trusted Blockchain Applications，INATB），旨在支持互操作性，制定区块链规范，以促进创新型区块链技术的开发和应用。西班牙开发了全球第一个基于区块链和分布式账本技术的多行业技术平台。德国柏林的区块链公司以基础设施开发为主，吸引了来自世界各地的大量技术人员和资金。

3）行业应用

欧洲 46.7%的区块链领域投资用于银行业，并且在未来几年，对于银行业的区块链技术投入占比会保持一个相对稳定的水平。第二大技术投资领域为流通产业和服务行业，第三大投资领域为制造业和资源性质行业，在公共事业方面的投入占比排行第五。从区块链实际应用上看，西欧地区的主要落地场景为跨境支付、清算及资产管理。

3. 日本区块链研究现状

日本是全球第三大经济体，是比特币的诞生地，也是区块链技术发展和应用的先驱市场。其政府及社会对区块链的发展持积极态度。

1）政府监管

2017 年 4 月，日本监管机构金融厅（FSA）颁布了《支付服务法》，正式承认数字货币为合法支付方式。虽然日本政府允许虚拟货币交易，但是对其的监管也很严格。根据日本新修订的监管规范，所有在日本境内提供数字货币交易的公司要在 FSA 进行登记备案。同时，日本也正加紧实施对区块链融资的联动保护，并设立了专项基金来推进区块链在数字化交易等公共领域的发展。

2）技术研发

日本区块链企业中约有 45%企业集中在区块链系统研发与技术支持上，其中互联网巨头 GMO 宣布投入 100 亿日元建立和运营挖矿数据中心，并研发专用的挖矿芯片。虽然日本企业对区块链技术研发投入了大量资金，但是核心团队均来自海外，国内缺少相关技术人员。

3）行业应用

日本对区块链的应用主要集中于便捷支付、银行转账、物流管理、产权管理等行业。此外，区块链技术也正积极延伸应用于其他领域，如房产存证、身份认证、供应链金融、清算结算等。

4．其他国家区块链技术的发展动态

1）俄罗斯

俄罗斯最初禁止比特币交易，但随着区块链技术的发展，俄罗斯将区块链作为国家未来发展的重要部分。目前，俄罗斯涌现了许多区块链项目，涉及多个领域，如使用加密货币买卖火车票、跟踪天然钻石产品供应链等。

2）韩国

韩国的区块链产业呈逐步放开态势。2018 年 6 月，韩国科技部宣布了一项区块链技术发展战略，目标是到 2022 年在区块链市场投入约 2.07 亿美元。韩国的区块链应用涉及证券金融、旅游、生物认证、物流等领域。

3）新加坡

新加坡被认为是世界上对加密货币最友好的国家之一，对于区块链和数字资产的监管持开放态度。新加坡推出了“智慧国家”计划，旨在通过利用区块链技术，在企业和政府的共同努力下，打造更好的生活社区。

6.2 区块链在物流领域的应用分析

区块链作为一种新兴的应用模式被不同行业广泛应用，包括金融、医疗、制造等领域。物流与供应链领域具有市场规模大，及多信任主体、多方协作等特点，成为区块链技术最具潜力的应用领域之一，并相继出现了很多应用探索和尝试。本部分将物流领域分为物流基础业务、物流供应链和物流产业应用三个层次，将全球区块链在物流领域的典型应用探索进行分类并进行系统的归

纳总结。区块链在物流领域的应用如图 6-2 所示。

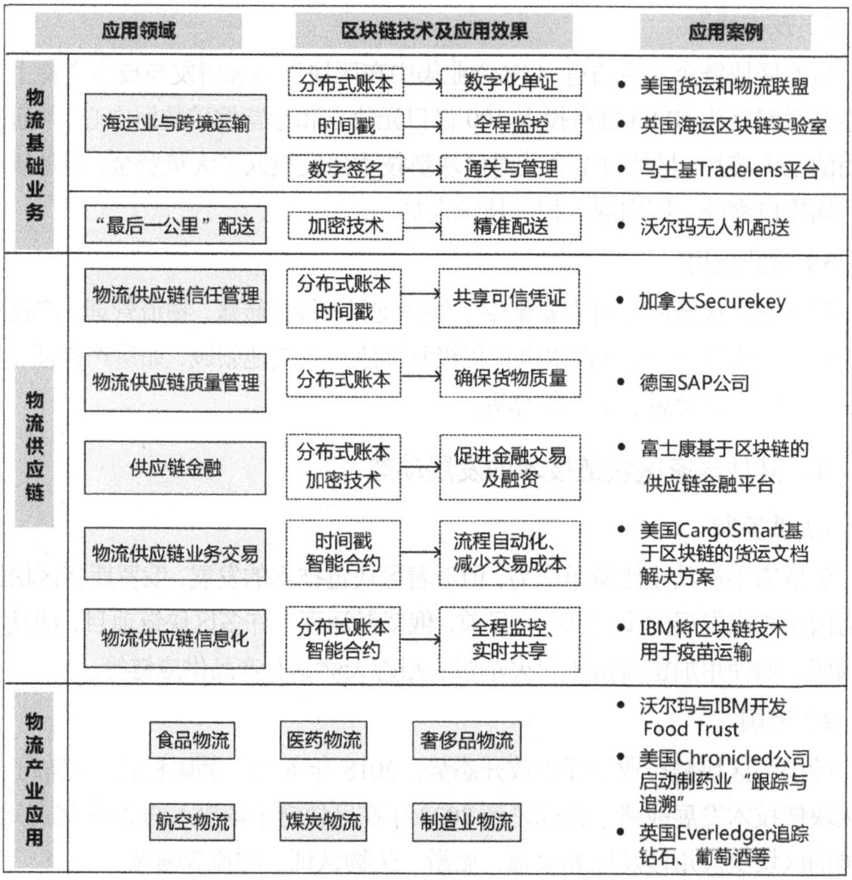

应用领域
区块链技术及应用效果
应用案例
物流基础业务
海运业与跨境运输
分布式账本
数字化单证
时间戳
全程监控
数字签名
通关与管理
美国货运和物流联盟
英国海运区块链实验室
马士基Tradelens平台
“最后一公里”配送
加密技术
精准配送
沃尔玛无人机配送
物流供应链
物流供应链信任管理
分布式账本
时间戳
共享可信凭证
加拿大Securekey
物流供应链质量管理
分布式账本
确保货物质量
德国SAP公司
供应链金融
分布式账本
加密技术
促进金融交易及融资
富士康基于区块链的供应链金融平台
物流供应链业务交易
时间戳
智能合约
流程自动化、减少交易成本
美国CargoSmart基于区块链的货运文档解决方案
物流供应链信息化
分布式账本
智能合约
全程监控、实时共享
IBM将区块链技术用于疫苗运输
物流产业应用
食品物流
医药物流
奢侈品物流
航空物流
煤炭物流
制造业物流
沃尔玛与IBM开发Food Trust
美国Chronicled公司启动制药业“跟踪与追溯”
英国Everledger追踪钻石、葡萄酒等

图 6-2　区块链在物流领域的应用

区块链在物流基础业务层次的应用主要包括海运业与跨境运输、“最后一公里”配送。区块链在物流供应链层次的应用主要包括物流供应链信任管理、物流供应链质量管理、供应链金融、物流供应链业务交易及物流供应链信息化等。区块链在物流产业应用层次主要侧重分析食品、医药、奢侈品等行业物流。

6.2.1　物流基础业务层次的应用

区块链技术在物流的运输、配送和仓储环节中都有一定的应用潜力，其中运输环节中的应用最为成熟。美国、欧洲等国家和地区主要将区块链技术应用在海运及跨境运输和“最后一公里”配送中，而在仓储方面的应用尚不成熟。

1. 海运业和跨境运输

区块链在海运业和跨境运输中主要有三方面应用：数字化单证、全程监控及通关与管理。美国 Accenture 主导建立了货运和物流联盟，利用区块链分布式账本技术将单据证书数字化，简化货物运输过程中的整个单据流，加快货物的流通并减少欺诈；英国与丹麦合作建立了海运区块链实验室（Maritime Blockchain Labs，MBL），利用区块链时间戳技术确保数据交换及可见性，在线跟踪、审核及处理危险货物，提高可追溯性并减少事故的发生；马士基和 IBM 共同开发了 TradeLens 平台，利用区块链数字签名和安全密码算法使数据具有不可篡改性，确保单证信息的真实性，实现了海关备案和清关的自动化，有利于海上运输的通关和管理。

2. “最后一公里”配送

沃尔玛使用区块链技术，通过与投递箱建立相关联的区块链标识符和密钥，对接近的无人机进行身份验证，自动解锁投递箱并从无人机上接收包裹。区块链的密钥技术与无人机技术结合，一方面保证了配送的时效性和准确性，另一方面对客户信息加密，保障数据的安全和客户的隐私。

6.2.2 物流供应链层次的应用

由于供应链运作流程复杂并涉及多个利益相关者，尤其在全球供应链管理中存在低效率、低透明度、追踪困难等问题，而区块链具有透明、共享、安全等特点，因此，目前在全球范围内，区块链被应用在物流供应链管理的多个方面中，包括物流供应链信任管理、质量管理、供应链金融、业务交易及物流供应链信息化。

1. 物流供应链信任管理

加拿大网络安全技术公司 Securekey 与 IBM 合作，创建了安全的数字身份共享平台。基于区块链的加密分布式账本和共识机制，客户能够与所选组织共享可信凭证，节省时间及资金成本。此外，区块链的时间戳会存储每个代币交易，链上存储的交易数据具有不可更改性，从而更好地解决了跨境贸易中的不对称信任问题。

2. 物流供应链质量管理

德国的 SAP 公司利用区块链为供应链的每个节点提供完整的交易记录并将其添加到产品的谱系中，有助于监控药物的运输和存储过程，以及验证退回的药品是否为原始的正品。区块链技术可以为客户提供产品来源和真实性证明，对食品供应链、药品供应链及奢侈品供应链等的质量管理意义重大。

3. 供应链金融

富士康推出基于区块链的供应链金融平台 Chained Finance，旨在连接非银行贷款人和供应商，在没有银行参与的情况下将货款付给供应商。区块链分布式账本技术能准确记录资金流向，降低融资风险。加密货币可以用于各种支付场景，促进供应链网络内的金融交易和供应链融资。

4. 物流业务交易

美国供应链公司 Scuchain 使用区块链技术，通过时间戳技术实现实时审计，将冗长的书面记录替换为自动数据存储过程，将企业中的发票、提单、信用证及其他文档数字化。同时，基于智能合约自动执行文档批阅，使每个业务交易流程自动化，加快货物的流通，从根本上减少交易时间和行政成本。

5. 物流供应链信息化

美国、欧洲等国家和地区将区块链技术用于跟踪和监控货物的全程流动，使用智能合约控制运输过程中的物理环境特性。同时，物流网络中的所有参与方可以通过分布式账本技术实时共享信息，从而实现物流供应链的信息化。

6.2.3 物流产业应用

在全球范围内，区块链技术被应用在多种行业物流中，包括食品物流、医药物流、奢侈品物流、航空物流、煤炭物流及制造业物流等。沃尔玛与 IBM 使用区块链共同改善全球市场中食品安全的溯源能力；美国区块链创业公司 Chronicled 和生命科学供应链咨询公司 LinkLa 合作，启动了制药业“跟踪与追溯”试点项目；英国创业公司 Everledger 开发基于区块链的解决方案，用于验证产品的来源，目前已经被用于钻石追踪和葡萄酒追踪等领域。

6.3　IBM 区块链技术研发与典型案例

IBM 公司创立于 1911 年，是全球最大的信息技术和业务解决方案公司，它曾多次领导产业革命，制定多项技术标准。目前，IBM 公司在全球区块链产品和服务市场中占有最大份额，致力于区块链相关技术和开发方面的研究，并为其他企业提供服务平台。本部分将对 IBM 公司区块链技术研发与典型案例进行具体分析。

6.3.1　IBM 区块链生态

IBM 公司是最早布局企业级区块链的科技巨头。早在十年前，它已经着眼于如何应用区块链助力产业发展，并在 2015 年底将自主平台开放区块链（Open Blockchain，OBC）交给 Linux 基金会，携手产业巨头创立了超级账本项目 Hyperledger。同时，在底层技术的基础上，IBM 公司开发了多种区块链解决方案，并携手全球多家大型企业，运用区块链持续变革和赋能各个行业。目前为止，IBM 公司已经形成了较为完善的区块链生态体系。IBM 区块链应用生态体系如图 6-3 所示。

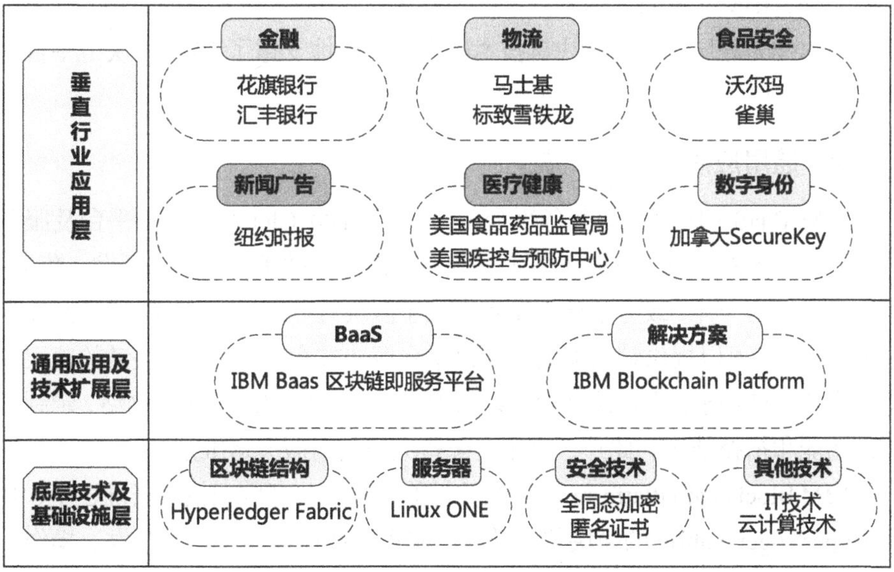

图 6-3　IBM 区块链应用生态体系

IBM 区块链生态体系包括底层技术及基础设施层、通用应用及技术扩展层和垂直行业应用层三个部分。

1．底层技术及基础设施

IBM 公司在区块链底层技术上有深厚的基础和完整的解决方案。其中 Hyperledger Fabric 是数字交易的账本，该账本由多个参与者共享，每个参与者都在系统中拥有权益，账本只有在所有参与者达成共识的情况下才能更新，并且信息一旦被记录就不能修改。Fabric 采用了模块化的构架，允许不同的组件在实现协议的基础上即插即用。

IBM 公司拥有支持开源的企业级 Linux ONE 服务器等区块链所需的基础设施，为区块链应用的性能提供了有力保证。企业通过在本地 Linux ONE 上运行 IBM Blockchain Platform 并保存数据，可以满足行业法规和企业需求，还能实现高级的安全性、可扩展性和性能目标。

IBM 公司拥有全同态加密、匿名证书等独特的密码学与数据安全技术，有效保证了系统的整体交易安全和抗攻击性。IBM 公司拥有完整的安全系统，涉及数据安全、应用安全、欺诈防御、端点保护、网络监等方面。

此外，IBM 公司在 IT 技术、云计算、人工智能等技术方面也颇有实力，这些技术作为底层技术与区块链技术融合，更好地支撑了 IBM 区块链平台的构建。

2．通用应用及技术扩展

IBM BaaS（区块链即服务平台）结合了 IBM Cloud 强大的平台及服务（Platform as a Service，PaaS）能力和领先的区块链技术，集软件开发、集成、管理和运维为一体，致力于让开发者专注于区块链业务代码本身，提升开发和运维效率。它可以提供端到端的区块链平台解决方案，保证了区块链的底层网络安全和存储需求。通过该平台可以快速搭建安全可用的区块链网络，定制区块链功能和拓扑结构。此外，该平台配备完整的自服务运维系统。

IBM Blockchain Platform 建立在关键的开源和公开管理技术基础之上，利用 Hyperledger Fabric 的模块化、性能、隐私性和可伸缩性，为开发、操作、管理和增长提供了必要的组件和企业区块链解决方案。

3．垂直行业应用

目前，IBM 公司为全球 400 多个与区块链有关的商业应用提供区块链基础服务平台，为金融、物流、食品安全、新闻广告、医疗健康及数字身份等领域带来新的信任和透明度。

在金融领域中，IBM 公司与花旗银行、汇丰银行等合作，促进贸易支付与结算；在物流领域中，IBM 公司与马士基、标致雪铁龙等企业合作，提高全球集装箱运输效率；在食品安全方面，IBM 公司与沃尔玛、家乐福、雀巢等公司合作开发 IBM Food Trust 平台，实现食品安全溯源；在新闻广告方面，IBM 公司与《纽约时报》共同开展“新闻出处追溯”项目，打击假新闻；在医疗健康方面，IBM 公司与美国食品药品监督管理局（Food and Drug Administration，FDA）、美国疾病控制与预防中心（Centers for Disease Control，CDC）等合作；在数字身份方面，IBM 公司与加拿大 SecureKey 合作，有效验证用户数字身份等。

6.3.2　IBM 区块链典型案例——食品物流平台应用

IBM 公司携手沃尔玛共同推出食品溯源区块链平台——Food Trust。该平台连接食品供应链中的各个参与者，将经过许可的、永久的和共享的食品系统数据记录在区块链上，利用透明度在消费者、生产商、销售商及监管者间建立信任，最终形成一套可定制的解决方案。Food Trust 应用场景和应用价值如图 6-4 所示。

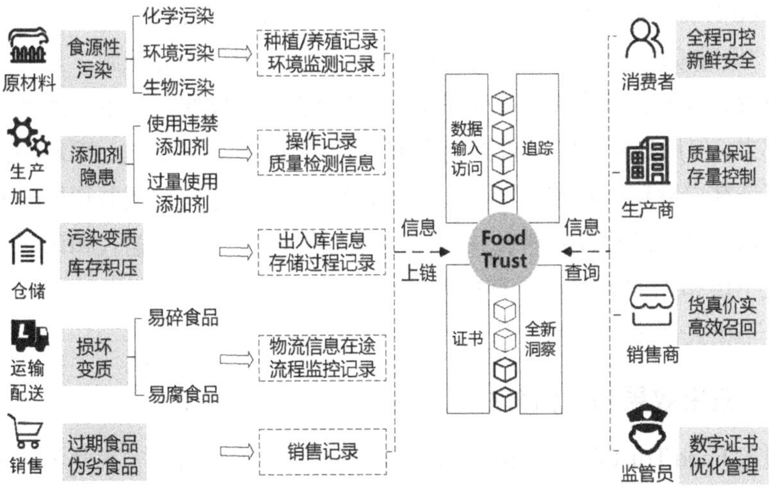

图 6-4　Food Trust 应用场景和应用价值

在图 6-4 中先分析食品物流各环节存在的问题及重要的数据信息，然后介绍 Food Trust 平台的 4 个模块，最后从消费者、生产商、销售商和监管员四个角度分析区块链在食品物流中的应用价值。

1. 应用场景

食品从原产地到客户手中需要经历生产加工、仓储、运输配送及销售等环节，供应链长且每个环节都存在食品安全隐患，追踪问题产生的源头耗时耗力。在原材料环节中，最容易发生食源性污染问题，包括化学污染、环境污染及生物污染；在生产加工环节中，滥用添加剂会严重威胁食品安全；在仓储环节中，食品容易腐烂变质，且产生库存积压；在运输配送环节中，易碎食品破损、易腐食品变质是常见问题；在销售环节中，无良商家将过期及假冒伪劣产品售卖给客户，为食品安全埋下了隐患。

食品物流的每个环节都会产生相应的数据信息，这些信息整合后形成完整而严谨的闭环信息流。原材料环节包括种植/养殖记录和环境监测记录；生产加工环节包括操作记录和质量检测信息；仓储环节包括出入库信息和存储过程记录；运输配送包括物流信息和在途流程监控记录；销售环节包括销售记录等。

2. Food Trust 的功能

Food Trust 由追踪模块、全新洞察模块、证书模块及数据输入和访问模块集成。“追踪模块”通过立即访问端到端的数据来提供产品来源、显示产品的实时位置和状态，并允许产品快速召回。“全新洞察模块”将不同的产品数据连接起来，仅用几秒钟便可查询到生鲜产品的位置、运输方式、平均停留时间等，保证客户拿到更新鲜的产品；“证书模块”将业务关键证书和检验文件数字化，以优化信息管理效率，并确保信息的真实性；“数据输入和访问模块”供企业上传和查询数据。所有数据只有在获得数据所有者同意时才可查阅并允许分享相关记录。

3. 应用效果和价值分析

引入 Food Trust 后，沃尔玛食品供应链的效率大大提高，惠及消费者、生产商、销售商及监管员。消费者可以通过客户端查看食品从原材料到商品销售的全流程信息，买到新鲜安全的食品。生产商保障食品质量安全，并通过在整个食品供应链中共享数据，科学控制存量。销售商可以通过平台上的数据准确判断货物的寿命，区块链技术将交易记录数字化并以分散和不可更改的方式存储起来，实现完全透明，消除了整个食品系统中的欺诈和错误，确保了所售商品的质量。同时，当发生食品问题时，相关企业可以通过区块链上的销售记录迅速召回问题商品。从监管员角度看，区块链技术将基本证书和文件数字化，优化了信息管理，确保了信息的真实性，提高了监管效率。

6.3.3　IBM 区块链典型案例——海运物流平台应用

集装箱运输巨头马士基和 IBM 公司共同开发了 TradeLens 平台，旨在构建全球贸易和海运物流的能效网络型生态系统，促进更有效和更安全的全球贸易。TradeLens 的应用场景和价值如图 6-5 所示。

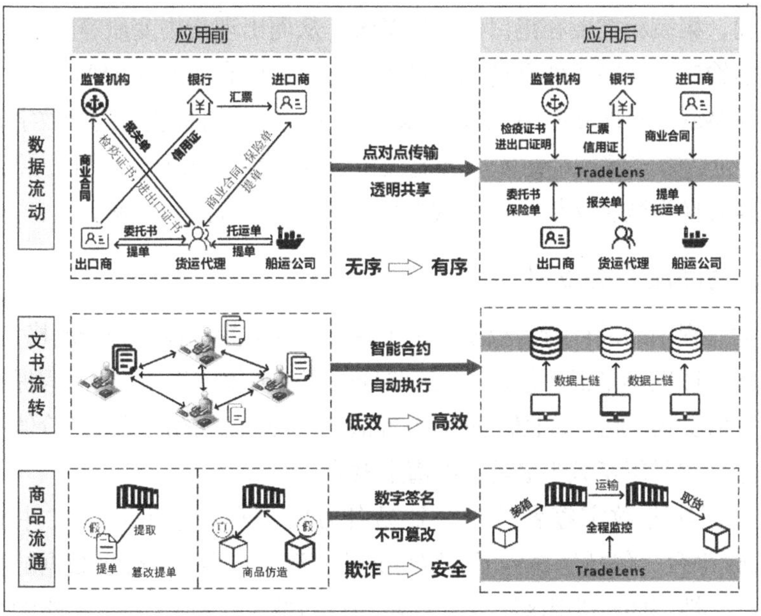

图 6-5　TradeLens 的应用场景和价值

如图 6-5 所示，分别从数据流动、文书流转、商品流通三个方面介绍了区块链应用前后的效果对比，说明了 TradeLens 平台对海运物流的应用价值。

1．数据流动的应用

对于马士基来说，海运物流中关键的问题是业务流程复杂烦琐，涉及多个参与方——托运人、船运公司、货代、港口和码头运营商、内陆运输和海关。

一次从东非到欧洲的简单冷藏货物运输需要多达 30 人的盖章和批准、100 多个执行人员和 200 多次信息交换，过程繁杂且易出错。

TradeLens 平台授权多个交易参与者和合作伙伴通过建立交易的单个共享视图来安全地共享信息并进行协作，而不会损害细节、隐私和机密性。应用点对点传输技术，海运物流各参与方将核心数据上链，快速安全地访问端对端供应链信息，获取实时运输数据和运输单证，并通过物联网、传感器数据进行温度控制、集装箱称重等，实现数据流动的无序到有序。

2. 文书流转的应用

在大多数情况下，集装箱只需几分钟便能装载到船上。但是，在传统海运物流中每个集装箱的运输都需要大量的文书工作，加之人工处理导致了低效能的运输，集装箱需要在港口停留许多天，从而出现货物变质等问题。同时，集装箱运输中的文书工作会产生大量的成本（占所有成本的 15%）。

ClearWay 是 TradeLens 的贸易文档模块，它使用智能合约及数字签名技术，以安全的方式实现跨组织业务流程和信息交换中的协作。同时，将冗杂的文书工作转换为数字文档，以此减少行政费用并提高运输效率。

3. 商品流通的应用

海运过程中的欺诈行为猖獗。由于各国法律对提单没有统一的格式要求，对提单的管理也不是很严格，因此违法分子篡改或复印提单，使用假提单从集装箱中提取货物。此外，他们还仿造产品，用假冒伪劣的产品替换价值昂贵的真品，这导致了每年数十亿美元的海上欺诈。

通过区块链数字签名技术，贸易各方将带有数字签名的文件上传至 TradeLens 平台，包括运输单证、贸易文件、海关备案等，保证数据的真实性和不可篡改性，同时利用区块链时间戳、分布式账本等技术实现运输的全程监控，提高海运的安全性和透明度。

本章小结

本章首先从政策环境、技术研发和产业应用三个角度概述全球区块链发展态势，并对美国、欧洲、日本等主要国家和地区的区块链发展现状进行了分析，然后从物流基础业务、物流供应链及产业应用三方面重点对区块链在物流领域中的应用进行了分析，最后选取 IBM 公司作为代表，对其技术研发及典型案例进行剖析。近几年，区块链技术进入高速发展阶段，目前在金融、物流、医疗、制造等多个领域进行了探索应用。各国政府从多角度、多领域推动区块链产业发展，企业、高校不断进行技术创新和理论研究。物流领域是区块链最具潜力的市场之一，商品追踪、供应链金融等方面是目前热门应用的场景，全球多家企业积极探索区块链在物流领域中的应用，并出现了不少典型案例。区块链在物流领域中的应用总体还处于初步探索期，未来前景广阔。

第 7 章

国内区块链研究进展和应用分析

近年来，在国家相关部委和各级政府政策红利的大力支持下，我国区块链技术持续创新活跃，产业发展不断加速，涌现出了一大批新企业、新产品、新模式、新应用，区块链正成为驱动各行业技术产品创新和产业变革的重要力量。尽管区块链目前存在可扩展性、隐私和安全、开源项目不够成熟等问题，但已有的应用充分证明了区块链的价值。本章从政策环境、技术研发和产业应用三个角度对我国区块链技术应用及发展现状进行分析，重点对区块链在物流领域的应用状况和企业应用案例进行剖析。

7.1 国内区块链发展现状

1. 政府积极布局，规范引导技术发展

政府积极部署发展环境，不断推出区块链有关政策。2016 年，国务院发布《“十三五”国家信息化规划》首次将区块链纳入新技术范畴并作前沿布局，标志着我国开始推动区块链技术的应用和发展，此后中央和地方政府纷纷出台了相关监管或扶持政策，据统计，截至 2019 年 12 月初，国家层面共计出台了 40 余项与区块链相关的指导政策。

政策以扶持类为主，为区块链的发展塑造良好环境。2019 年，习近平总书记在中共中央政治局第十八次集体学习上将区块链正式升级为国家战略，各地纷纷掀起区块链学习浪潮，国家及地方监管部门不断探索区块链监管体系的建设，及时出台规范措施，为区块链信息服务的提供、使用、管理等提供有效的法律保障，助力区块链技术研发创新及产业应用落地，从而为区块链在我国的良好发展提供了有力保障。

2. 专利申请数量持续增长，技术研发成果显著

我国不断推进区块链的技术研发，专利申请数量持续增长。随着区块链产业的快速发展，全球区块链专利数量不断攀升，我国区块链专利数量的增长速度也十分迅速，走在世界前列。据统计数据显示，截至 2019 年 12 月 31 日，中国共计申请区块链发明专利 13091 件。从专利申请类别上看，我国当前的研究热点是支付体系、数字信息传输和电子数字数据处理，大部分企业围绕加密数字货币、钱包、存证溯源等应用层面开展研发工作。

区块链底层技术和技术融合研发成果显著。在区块链底层架构的性能优化方面，各方增加研发投入并深入开展研发工作，在平台底层架构、链结构和数据结构等方面有创新与突破，一系列核心技术不断涌现；在区块链底层共识技术层面，各技术团队都在不断努力提升共识算法的性能，保证网络的安全性，提高攻击门槛；在技术融合层面，我国的大型互联网企业纷纷推出区块链云平台，将区块链、大数据分析、云计算及人工智能技术相互融合，不断引入各类新信息技术，实现区块链技术的创新发展。

3. 产业发展态势良好，相关应用不断落地

我国区块链的产业规模稳步增加。2016—2019 年（上半年），我国的区块链企业数量持续增加，产业规模不断增长，且企业主要聚集在北京、上海、广东、浙江、四川、江苏等地。2016—2019 年（上半年）我国区块链技术研发概况如图 7-1 所示。

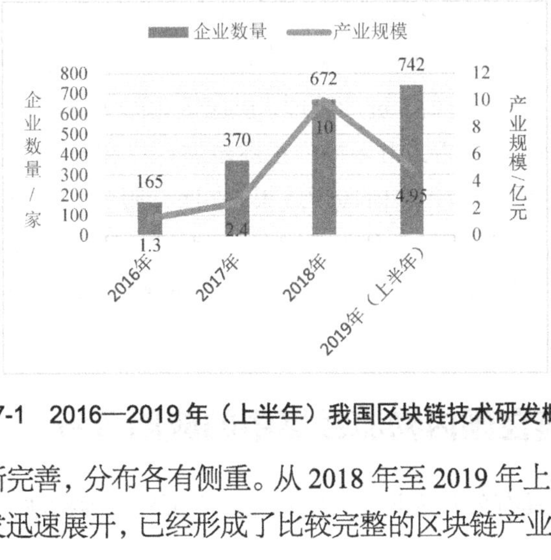

图 7-1 2016—2019 年（上半年）我国区块链技术研发概况

产业链不断完善，分布各有侧重。从 2018 年至 2019 年上半年，我国区块链行业技术研发迅速展开，已经形成了比较完整的区块链产业链条，现阶段的

区块链产业链主要分为上、中、下游三个层次，产业链上中下游企业通过建设创新平台，提升技术能力和推动应用示范落地。据统计，我国区块链产业链中现阶段主要以 BaaS 平台、解决方案、金融应用为主，其次是数据服务、供应链应用、媒体社区，而信息安全、智能合约、能源等方面应用较少。我国区块链产业应用领域分布如图 7-2 所示。

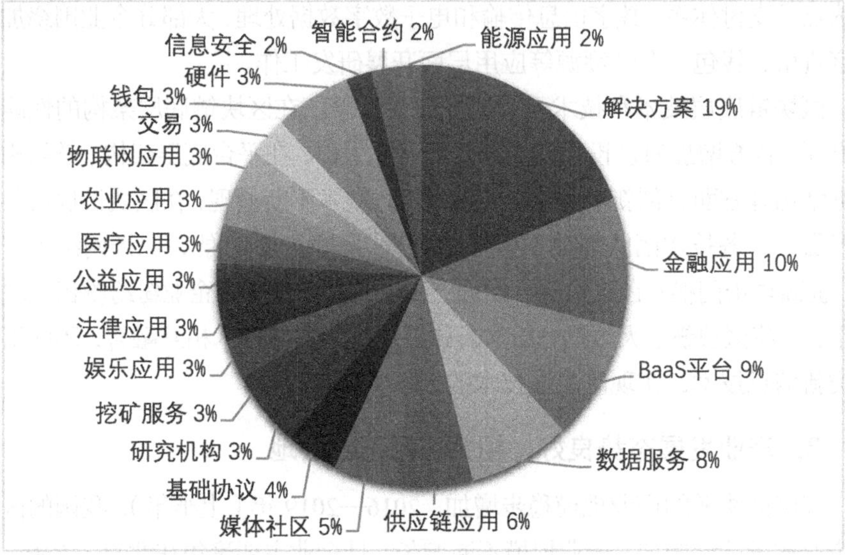

图 7-2　我国区块链产业应用领域分布

我国各行业积极推进区块链技术应用落地。中华人民共和国国家互联网信息办公室先后发布两批区块链信息服务备案企业名单，共涉及 422 家机构、506 个区块链服务平台。其中，金融领域是我国区块链技术应用最为活跃的领域，在数字货币、跨境支付、资产管理、供应链金融等方面已经形成了一批能够承担实际业务的新产品，市场推广正逐步展开；在电子存证和公益慈善领域，区块链技术的应用取得了阶段性成果；在医疗服务、政府管理、交通物流、现代征信等领域中，尽管很多企业已经在探索和开展区块链的行业应用，但由于产品研发和平台建设需要一定的时间，目前成熟的产品和平台相对较少，应用水平相对较低。

7.2　区块链在国内物流领域中的应用分析

区块链技术具有公开透明、去中心化、不可篡改等特性，同时与物联网、云计算、大数据分析及人工智能等技术结合，可以推动各项技术在物流领域更好地落地应用，从而降低成本，节约社会资源，全面提升物流全链条协同高效。目前，国内已经开展了区块链技术在物流领域中的应用尝试。区块链在物流领域中的典型应用如图 7-3 所示。

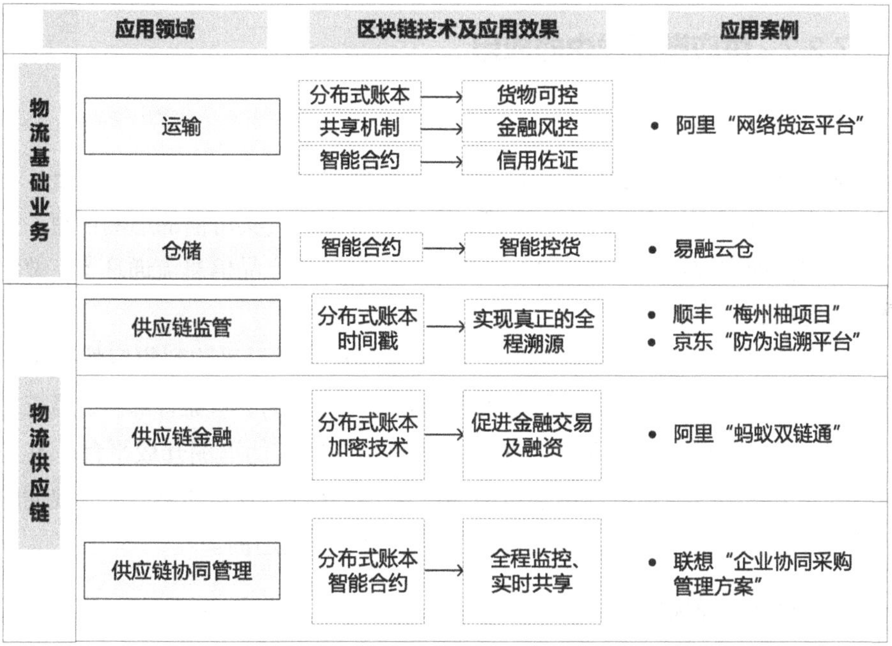

图 7-3　区块链在物流领域中的典型应用

区块链在我国基础物流服务层面典型应用体现在运输、仓储两个方面，网络货运平台建设和仓储智能控货已有具体应用；而区块链在国内供应链领域中的应用主要集中在全程监管、供应链金融和供应链协同管理等方面。

7.2.1　物流基础业务应用

1. 运输领域中的应用

阿里巴巴利用区块链技术，基于阿里云智慧解决方案，构建了人、车、企、货一体化全流程安全高效的网络货运平台系统。该平台可以提供安全稳定的技术服务，保证了货运轨迹验证的畅通与不可篡改，同时连接货、托、运各方，打造一个全新的物流信息网。

2. 仓储领域中的应用

易融云仓通过区块链记录参与方关键节点数据，达到仓库安全智能控货的目的，保障了数据的真实性，通过智能合约对关键操作节点进行把控，将整个业务的过程透明化，从而达到智能高效，真实可靠的仓库控货目的。

7.2.2 供应链领域中的应用

1. 供应链监管

顺丰利用区块链+物联网技术，建立了梅州柚项目农产品数据联盟链，旨在实现产、销、运全过程的信息追溯，为消费者提供真实可信的追溯信息，为管理者提供溯源数据，辅助其进行分析决策，打通农产品信息流通环节，做到全链条追溯。

京东通过物联网和区块链技术，记录商品从原材料采购到售后的全生命周期闭环中的重要数据，同时结合大数据分析处理能力，与监管部门、第三方机构和品牌商等联合建设全链条闭环大数据分析的防伪追溯开放平台，其与联盟链成员共同维护安全透明的可追溯信息，建立科技互信机制，保证数据的不可篡改性和隐私保护性，做到真正的防伪和全流程追溯。

2. 供应链金融

阿里巴巴旗下的蚂蚁区块链，发布了基于区块链技术的蚂蚁双链通，这项技术应用基于区块链账本记录的可追溯性和无法篡改性，整合供应链上下游企业的真实背景及贸易信息，有利于提高供应链金融行为的安全审计和行业监管效率，降低监管成本。此外，区块链技术在供应链金融领域中的应用能够为企业进行增信，有助于企业降低融资成本。

3. 供应链协同管理

联想集团结合区块链打造可信的供应链管理体系，提出基于区块链的企业协同采购管理方案。该方案将供应链上各参与方、各环节的数据信息实时上链，数据加密存储保证数据隐私，智能合约控制数据访问权限，做到数据和信息的共享与协同管理，有效地解决了供应链各方信息不透明，业务流程烦琐及“信息孤岛”等问题。

7.3　我国典型企业应用案例

作为一种颠覆行业领域传统架构的分布式总账技术，区块链正在走进金融机构、大型企业、政府等决策层的视野，已经显现出以“草根力量”引发经济变革的态势，引起了各行业机构的空前关注。目前我国已经形成了以百度、阿里巴巴、腾讯、京东为代表的互联网巨头领衔和各技术公司辅助的应用特征，共同推进区块链技术研发和产业应用的生态体系建设。我国区块链技术生态体系如图 7-4 所示。

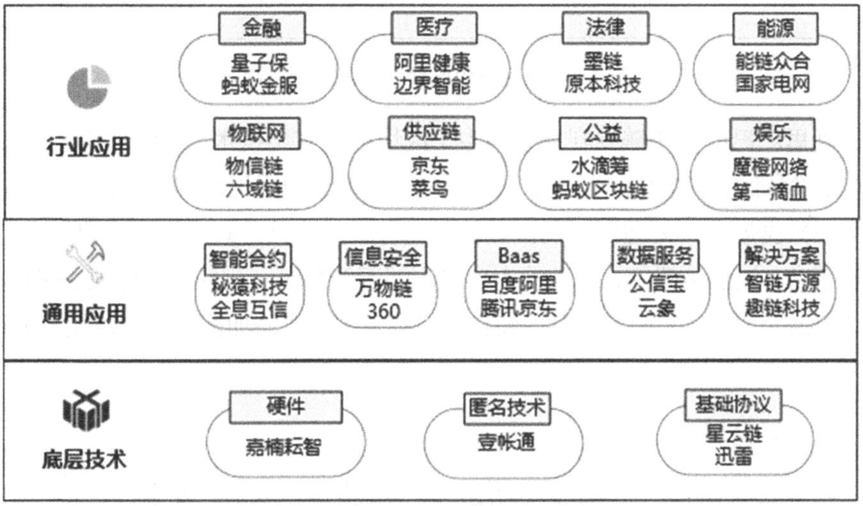

图 7-4　我国区块链技术生态体系

针对区块链技术在物流领域中的应用研究，阿里巴巴和京东两家互联网巨头已经开展了区块链技术研发并已经有了相关的应用探索，顺丰借助区块链技术打造了梅州柚项目农产品数据联盟链。

7.3.1　阿里巴巴区块链技术研发及应用案例

1. 技术研发进展

在区块链专利的申请数量上，阿里巴巴连续 3 年领跑全球，分别于 2017 年、2018 年及 2019 年在区块链技术领域申请了 90、155 和 1005 项专利。阿里巴巴区块链专利基本来自支付宝的蚂蚁金服区块链团队，区块链已经成为蚂蚁金服具有世界级竞争力的王牌技术。阿里巴巴区块链技术研发历程如图 7-5 所示。

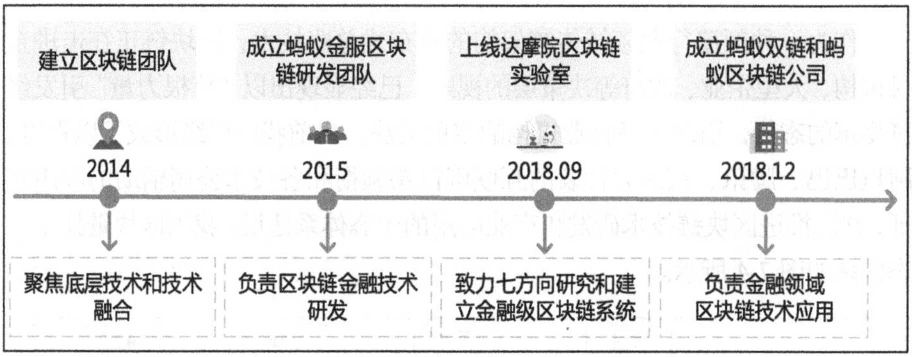

图 7-5　阿里巴巴区块链技术研发历程

阿里巴巴的区块链专利主要集中于区块链的底层技术，如共识机制、平台架构、隐私保护和智能合约等；从应用场景来看，阿里巴巴的区块链专利多围绕服务数据展开，关键词出现次数较多的有服务请求，共识算法、智能合约、资源平台，流程策略等，专利的内容也主要围绕登录、业务数据处理、交易验证、数据处理、身份验证、资产转移、档案管理、产品加密和物流应用等方面展开。

2. 平台架构

阿里云以 BaaS 平台的形式为用户提供企业级区块链开发平台，可帮助用户快速构建更稳定、安全的生产级区块链环境，减少在区块链部署、运维、管理、应用开发等方面的挑战，使用户更专注于核心业务的创新，并实现业务快速上链。阿里区块链平台技术架构如图 7-6 所示。

该平台由基础设施层、云资源层、平台服务层和应用层等部分组成。

（1）基础设施层：支持公共云，未来将进一步支持私有云、混合云等部署形态。

（2）云资源层：包含区块链服务及上层应用所需要的云基础资源。

（3）平台服务层：构建于阿里云容器服务集群之上，实现了资源创建、管控运维、安全治理等基础服务，区块链引擎支持 Linux 基金会旗下的超级账本项目，以及蚂蚁金服旗下的蚂蚁区块链。

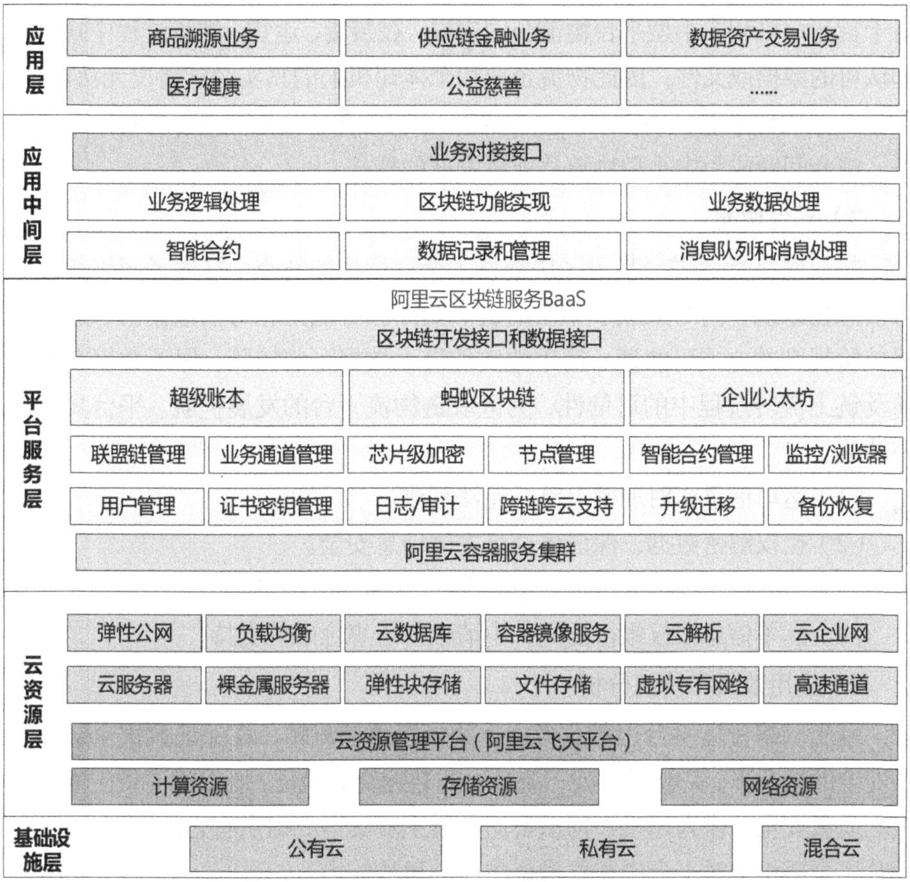

图 7-6　阿里区块链平台技术架构

（4）应用中间层：主要实现 BaaS 平台与业务的对接。

（5）应用层：基于上述的平台产品服务层，通过连接应用中间层在商品溯源、供应链金融、数据资产交易、医疗健康、公益慈善、版权保护、互助保险、税务发票和租赁存证等业务上向用户提供可信，安全和快捷的区块链应用。

3．典型案例—网络货运平台

阿里巴巴基于阿里云智慧解决方案，辅以车联网核心数据资源，优化整合运输工具与装备、基础设施、从业人员、信息、资金等各类物流资源，旨在打造中国领先的云端网络货运平台系统，推进网络货运平台生态化建设。

1）应用场景

对于货主来说，整个货运流程处于封闭状态，难以把握货物的运输轨迹；

对于货运司机和中小型平台物流公司来说，在装货、运货、卸货过程中缺乏外部认可的票据或文件，因此物流企业和个体司机们的真实经营情况无法自证；对于金融机构来说，小微企业很难拥有足够的信用去获得金融与其他相关服务，资金问题成为中小型物流从业者发展的桎梏。

2）平台功能

蚂蚁网络货运平台基于区块链技术全程留痕的特点，打通了网络货运平台信息化系统，同时集成了丰富的链下数据服务能力和可信数据源，通过配置校验规则的方式可快速、简单地实现链上数据可信核验，保证数据在上链前及链上流转过程中的可信性，为区块链物流平台的发展护航。平台具有以下功能。

（1）运单信息实时加密上链，无法篡改。

（2）授权解密数据，保证各交易主体信息安全。

（3）协同链上数据和链下可信数据源，实现可信核验。

（4）运单信息授权银行访问，申请银行普惠金融的支持。

3）应用效果和价值分析

基于网络货运平台上各业务主体的信息可信流转，在保证数据全链路隐私安全的情况下，完成了物流三流合一的数据交叉验证，既保障了货主物流全流程质量安全，也为司机、物流公司、货主真实情况提供有力的第三方佐证，提升了金融机构对平台中需要融资主体的风控能力。

在实际应用方面，网络货运物流平台自 2019 年 9 月 25 日上线后，截至 2019 年 10 月 31 日，累计上传运单超 34 万份，运费金额超过 5 亿元，目前日均上链订单 1 万份左右，显示出了良好应用效果。

7.3.2 京东区块链技术研发及应用案例

1. 技术研发进展

基于区块链的技术难度高、现阶段联盟链网络难以规模化及部分企业数字化能力尚在构建的背景，京东与国内外知名区块链相关研究机构开展广泛的接触和合作，通过组建联合实验室，推进开源社区建设和技术应用标准制定等工作。目前京东已经拥有相当规模的技术创新，在底层架构、积木化定制、隐私保护、多链协同、成本维护、数据治理和跨云组网等方面对区块链实现了技术创新与集成。京东区块链技术研发历程如图 7-7 所示。

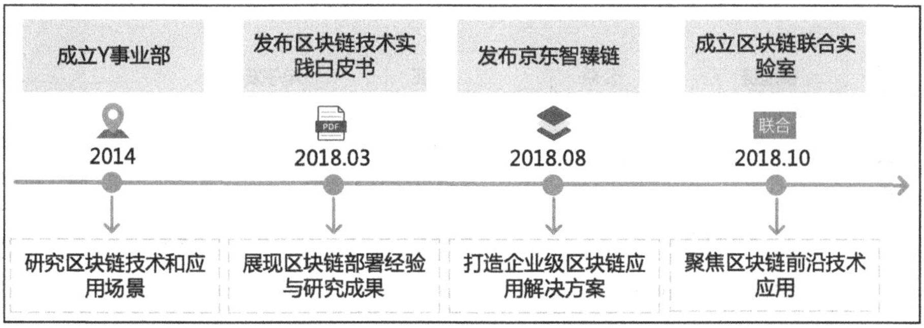

图 7-7　京东区块链技术研发历程

随着应用场景的日益丰富，2020 年 3 月，区块链联合实验室正式更名升级为 JACOBI 区块链创新实验室。未来，京东将通过 JACOBI 区块链创新实验室，以提高现有区块链技术的效率、稳定性和安全性为重点，以拓展区块链创新应用场景为工作目标，专注于共识协议、隐私保护、智能合约等区块链底层技术的研究及应用，打造最易用的企业级区块链技术平台，围绕可信数据网络共建区块链应用生态，服务社会数字资产的高效流动与价值创造。

2. 平台架构

京东推出 JD BaaS 平台（区块链即服务平台），它的目标是提供灵活易用和可伸缩区块链系统管理能力，简化区块链系统入门难度，作为连接企业与区块链技术的桥梁，降低企业应用区块链的技术及人力成本，提供“开箱即用”的区块链服务，促进应用落地。京东区块链平台技术架构如图 7-8 所示。

JD BaaS 平台充分考虑对区块链底层技术的最优封装，采用层级架构，各层级分工明确，互相协同，它由以下五个层次组成。

（1）资源层：通过支持多种类型的基础资源，JD BaaS 平台支持企业级用户在公有云、私有云及混合云上协同部署区块链。

（2）区块层：为满足企业对不同区块链底层技术的需要，JD BaaS 平台支持多种区块链底层技术，供企业根据业务场景自由选择，每种区块链底层技术各有特点，JD Chain 作为京东自主研发的区块链底层技术平台，适用于定制化的区块链底层应用场景；Fabric 是 Linux 基金会所主导的 Hyperledger（超级账本）的项目之一，因其拥有通用的数据存储格式，能够满足大多数企业应用的需求；Stellar 是一个基于区块链的支付协议，具备很强的金融属性，因此适合金融业务场景。

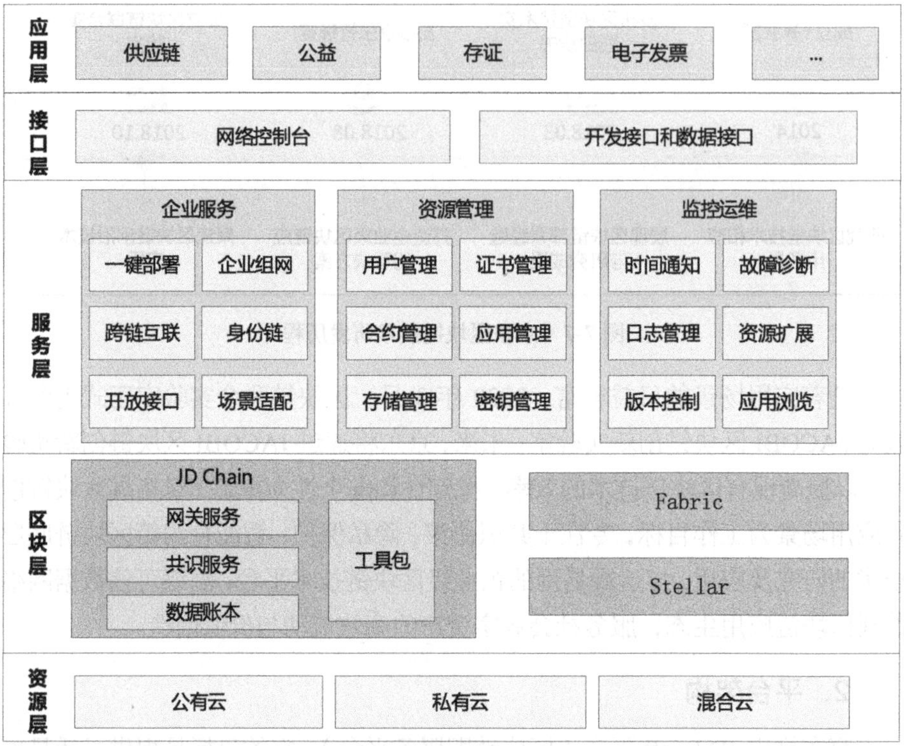

图 7-8　京东区块链平台技术架构

（3）服务层：JD BaaS 平台依托底层区块链的支持，抽象封装了一系列服务模块，总的来说包括企业服务、资源管理及监控运维三个种类。企业服务组件主要帮助企业快速部署区块链技术和降低企业对区块链的入门门槛；资源管理服务主要对 JD BaaS 平台中的用户及证书进行管理；监控运维主要是在平台与区块链网络运行的过程中实时监控数据，帮助运维人员及时发现并解决问题。

（4）接口层：为满足不同用户群体的差异化需求，JD BaaS 平台同时提供网络控制台、开发接口和数据接口。

（5）应用层：应用层通过接口层与 JD BaaS 平台解耦，基于 JD BaaS 平台提供的丰富的服务接口，使得平台可以支持多种业务场景，以此满足各个企业的需求。

3. 典型应用案例—防伪追溯平台

近年来，我国食品安全信任危机频发，消费者对于商品品质的追求越来越高，国家对重要产品追溯体系的建设愈发重视，这迅速推动了溯源行业的发展。2018 年 8 月，京东区块链防伪溯源平台正式上线，京东防伪追溯平台应用场景和应用价值如图 7-9 所示。

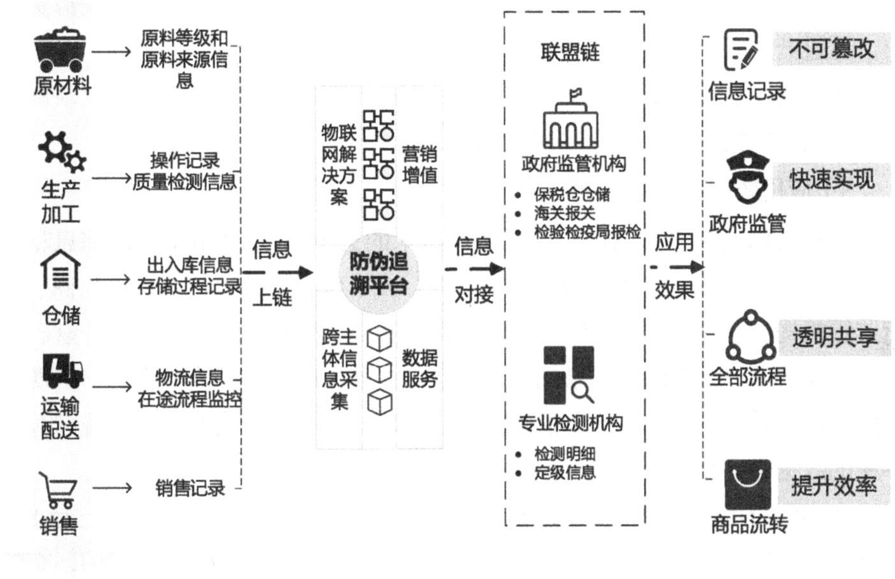

图 7-9　京东防伪追溯平台应用场景和应用价值

1）应用场景

使用区块链技术来实施追溯，可以实现供应链行业多主体参与和跨时空流转，从而实现真正的全链条溯源。京东拥有业内领先的现代化供应链物流基础设施和服务能力，数字化程度很高的供应链使得上链信息采集的边际成本极低，同时自身万亿规模的零售业务带来的供应链上下游紧密协同的业务关系，也为联盟链的成功搭建和管理创造了组织管理层面的便利。

2）平台功能

该平台利用自身在产品防伪领域和全程追溯体系丰富的业务经验，记录每个商品从原材料采购到售后的全生命周期中每个环节的重要数据。融合物联网和区块链技术，结合大数据分析处理能力，与监管部门、第三方机构和品牌商等建立了高效、互信、安全的追溯信息管理体系和数据应用体系，其主要实现了以下四部分功能。

（1）物联网解决方案。按照统一的编码机制，为每件商品的最小包装赋予唯一的身份标识，使消费者可以在线上验证商品的真伪。

（2）跨主体信息采集。将商品生产、加工、包装、出厂等信息，结合京东仓储出入库、订单、物流等信息，实现商品全程品质信息可追溯。

（3）营销增值。以防伪追溯作为切入点，连接用户，为品牌商聚集消费用户，通过一系列营销宣传和促销活动，扩大商品销量。

（4）数据服务。多项专业报表，为品牌商梳理数据报表，全方位反映商品的防伪溯源状况，量化追溯带来的收益。

3）应用效果和价值分析

京东防伪追溯平台通过利用区块链技术的去中心化、共识机制、信息和数据不可篡改、信息可追溯等特点，在生产厂商、经销商、物流商、零售商、政府监管机构、检测机构等主体之间建立网络节点，借助物联网技术提升赋码与信息采集效率，可以确保记录信息不可篡改、助力政府部门有效监管、实现全程信息透明共享，并串联各个主体以提升效率，从而有效地解决了传统溯源中存在的数据中心化、易篡改、流通环节数据分散、政府监管难等问题，

在实际应用上，截至2019年年底，京东智臻链防伪追溯平台上已有800余家合作品牌商，超7万种入驻商品，逾650万次售后用户访问查询，有超13亿追溯数据落链，覆盖生鲜农业、母婴、酒类、美妆、二手商品、奢侈品、跨境商品、医药、商超便利店等多个业务场景。品牌商使用区块链防伪追溯服务后，商品销量、复购率、访问量等有不同程度提升，在保障商品品质的同时提高了企业营收。

7.3.3 顺丰区块链技术研发及应用案例

1. 技术应用布局

顺丰科技成立于2009年，主要承担研发工作，其业务涵盖大数据分析、区块链、自动化设备、无人机、地图及物流的系统研发等。近年来，顺丰科技利用大数据分析、人工智能、物联网和区块链技术构建物流智慧大脑，其最终目标是实现物流行业业务降本增效，推动产业绿色化。

顺丰科技注重将现有技术和自身业务相融合，利用区块链技术，在食品溯源、医药、跨境这三个领域中都有成熟的应用产品和案例。在食品溯源方面有丰溯溯源平台（以下简称“丰溯平台”）；在医药方面，借助丰溯平台和IOT设备，跟集控、药监部门等合作提供一体化的解决方案；在跨境溯源方面，借助

丰溯平台，实现了从商品进口到产品送达消费者的端到端的溯源。

2．典型案例—梅州柚项目

丰溯平台基于超级账本技术搭建，利用区块链+物联网技术，联合顺丰速运、第三方质检机构、农业部门，共建梅州柚项目农产品数据联盟链，很好地解决了传统溯源的数据中心化存储、产品窜货等难题。顺丰梅州柚项目应用场景和价值分析如图 7-10 所示。

图 7-10　顺丰梅州柚项目应用场景和价值分析

1）应用场景

随着国家加快推动区块链技术和产业创新发展战略的提出，食品安全溯源进入大众的视野。传统溯源链条的数据大多由人工填写，缺乏有效的监管，受人的主观因素影响非常大，无法保证溯源数据填写的及时性和准确性，且优质产品无法自证品质，没有体现出差异化，导致被同类产品混淆，卖不出好价格。作为全国最大的柚子生产基地之一的梅州，其柚子的产销也因此一度不理想。

2）平台功能

丰溯平台采用利用区块链技术和农业物联网，实现柚子农业端到端产业链的数据自动采集，同时联合顺丰速运、第三方质检机构、农业部门共建联盟链。该平台与农产品检测行业权威机构建立了长期合作关系，所有采用丰溯平台的柚子产品均有完整权威的检测报告，这保证了平台信息来源真实、有效杜绝了数据篡改，为保证产品品质和提升消费者信任度提供了强有力支撑。

3）应用效果和价值分析

顺丰梅州柚项目解决了传统溯源中浅溯源、品质无保证、数据可篡改和企业“数据孤岛”等问题。借助区块链技术与溯源产品的有力结合，建立了产品深度溯源、品质有保证、数据不可篡改和政企数据打通的明星产品梅州柚的溯源体系，为每批产品提供唯一的溯源码，全程追踪产品从田间到餐桌的流向，以确保每个环节食品质量安全信息的透明可追溯。

7.4 国内外区块链研究对比分析

尽管全球许多国家都在大力发展区块链技术，但是由于各国政府自然、政治、经济等内外部环境的不同，区块链政策及应用研究侧重点各有不同。本部分将从政府监管、技术研发、行业应用及区块链在物流领域中的应用四个方面分别将国内外主要国家区块链研究现状进行对比。

1. 政府监管

各国政府都鼓励支持区块链技术的发展，但对数字货币的态度各有不同，其中日本的态度最为积极，中、美等国持观望态度。国外发布的相关政策数量较少，而自从中国政府将区块链技术上升为国家战略后，各种扶持政策纷纷出台，居2019年全球各国政策数量之首，为区块链技术发展创造了良好的发展环境。

2. 技术研发

目前，在区块链领域，中国已成为全球申请专利数量的榜首，但大多数专利都是应用层的解决方案，对核心技术研发较为缺乏。中国企业以成员的身份加入了由国外牵头成立的许多国际组织，以此推动建立区块链相关技术标准。

3. 行业应用

多数国家主要将区块链应用在金融领域中，并逐渐向其他领域延伸，其中，中美两国的应用领域最为广泛。中美两国都很重视金融和溯源。总体来看，中国在各行业中推进区块链应用的速度较快。

4. 区块链在物流领域中的应用

通过研究现状和案例分析，国内外一致认为，物流领域已经成为区块链技术最具潜力的应用市场。在运输方面，国外由于自然条件的因素，更注重区块链在海运业的应用，而中国则专注网络货运平台的构建；在配送和仓储环节中的应用案例较少，国外在“最后一公里”配送中有所突破，国内则进行“区块链+云仓”的应用探索；在物流供应链中，流程优化、物流与供应链金融、物流跟踪与商品溯源等都是热门应用场景，国内外对此均有研究。

虽然区块链在物流领域中的应用已经有一定的进步，但是就整个市场而言，还基本处于摸索阶段，要深入探索其他应用场景并加快其落地的速度，以实现规模经济和网络效应。目前来看，学术界和行业内都是单一地提出场景应用，均没有系统地提出区块链在物流领域中的应用方案。

本章小结

本章主要研究区块链在我国的研究进展和应用现状，从政策环境、技术研发和产业应用三个角度进行了分析，对区块链在我国物流领域中的应用状况进行系统总结，选取了我国三个典型企业应用案例进行剖析，最后对国内外的区块链研究现状进行了对比分析。我国区块链产业发展态势良好，相关应用不断落地，政府积极布局，规范和鼓励引导技术发展与落地。阿里巴巴、京东、顺丰等企业对区块链进行积极探索，在物流基础业务和供应链业务应用中取得阶段性成果。从国内外区块链应用的研究和探索情况来看，区块链在物流领域中的应用尚处于摸索阶段，无论是学术研究还是行业应用，都具备较大潜力空间。

第四部分

智慧物流区块链平台构建

区块链在物流行业中的应用价值逐渐凸显，区块链与物流行业的碰撞也将为智慧物流发展带来新的机遇。本部分将基于对区块链与智慧物流的认知，借鉴国内外物流领域区块链应用案例，从智慧物流区块链生态体系和智慧物流区块链平台总体架构两方面展开，阐述智慧物流区块链平台构建方案，为智慧物流领域中的相关企业提供区块链技术的应用思路。

第 8 章

智慧物流区块链生态体系构建

智慧物流区块链生态体系构建的核心问题包括区块链技术应用的总体框架研究，以及基于区块链平台而形成的智慧物流生态体系的构成。智慧物流区块链应用的总体框架主要包含应用指导思想和应用思路；智慧物流区块链生态体系框架主要包括生态主体、业务体系、技术支撑等要素。区块链通过五全基因赋能物流产业升级、通过数据共享助力物流产业重构、通过信息透明强化物流生态网络。区块链技术与物流应用场景结合，根据业务核心问题提供解决方案，实现区块链的应用价值与效果。随着区块链技术的深度融合，将逐渐形成以区块链平台为核心，以数字化技术融合为支撑，以物流企业为主体，以业务体系为基础的智慧物流区块链生态体系。

8.1 智慧物流区块链应用总体框架

8.1.1 智慧物流区块链应用指导思想

结合本书第一部分提出的新时期智慧物流业务体系——微观层面的业务链体系、中观层面的供应链体系和宏观层面的产业链体系的核心需求，综合区块链核心技术特点和服务功能，通过区块链与数字化技术融合实现物流产业重构。在此基础上提出智慧物流区块链应用指导思想，如图 8-1 所示。

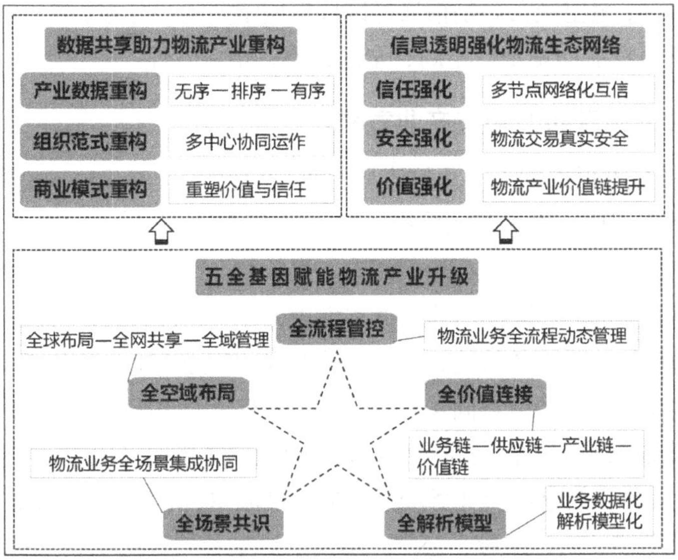

图 8-1　智慧物流区块链应用指导思想

区块链通过全流程管控、全价值连接、全解析模型、全场景共识、全空域布局五个维度对智慧物流产业进行赋能升级。通过物流产业数据有序、组织范式革命及商业模式创新来助力物流产业智慧化重构，最终通过信任、安全与价值的强化实现智慧物流产业生态网络的互联协同、透明一体。

1. 区块链五全基因赋能物流产业升级

区块链作为新兴数字化技术，具备颠覆传统经济，赋能产业升级的五全基因——全流程、全价值、全解析、全场景和全空域，五全基因与智慧物流行业相结合将被赋予全新而具体的内涵，即全流程管控、全价值连接、全解析模型、全场景共识、全空域布局。

全流程管控是指通过区块链技术与其他数字化技术融合应用，贯穿智慧物流纵向业务环节，实现物流业务全链条全流程的动态管理；全价值连接是指通过集成物流业务链、协调物流供应链、升级物流产业链，最终打通智慧物流价值链，实现智慧物流价值互联；全解析模型是指区块链技术融合物联网、云计算、大数据分析、人工智能等相关数字化技术，对智慧物流体系中的数据实现自动采集、实时共享、自主决策、高效执行，促进物流作业数据化、模型化，进一步提高对物流业务数据的模型处理能力；全场景共识是指区块链技术覆盖智慧物流横向业务场景，促进业务主体多节点共识管理，实现物流业务的多主体协同管理；全空域布局是指通过区块链网络多中心分布、多节点维护的特点，实现智慧物流体系全球布局、全网共享、全域管理。

2．数据共享助力物流产业重构

区块链技术促进物流产业的信息连通、智能作业、深度协同、资源共享，实现产业数据重构、组织范式重构及商业模式重构。

产业数据重构，物流业务场景复杂，业务数据杂乱，区块链技术能实现多节点数据实时共享，让物流产业数据实现由无序到排序，最终到有序的演化过程，充分利用物流数据的价值；组织范式重构，区块链技术可以打破地域空间的束缚，实现跨区域多节点同步管理，创新原有企业组织模式和生产关系，实现物流产业分工和重组，构建多中心协同运作的新型组织范式；商业模式重构，区块链技术在智慧物流业务场景中的深度应用，尤其是区块链的去中心化的特点，让更多的人以平等、公平、透明的方式参与到物流业务的运作中来，促使物流产业在价值发现、价值创造和价值分享方面有更多的进步，降低物流交易成本、重塑物流信任机制，持续优化和创新现有的商业模式。

3．信息透明强化物流生态网络

区块链技术的不可篡改、多方共识、分布存储等特点，可以保障物流业务体系的可视性、可溯性和可控性，从信任强化、安全强化和价值强化三个层面升级构建物流产业生态网络。

信任强化，区块链账本由多个网络节点共建共享，无须相互担保信任或第三方合法信任保证，消除信息黑箱，打破信息壁垒，强化节点间的信任；安全强化，区块链非对称加密和授权技术在保障信息透明共享的同时在个人隐私的保护方面也起到了重要作用，防篡改机制也保证了数据的真实性，强化了物流生态网络交易安全；价值强化，区块链促进物流产业主体之间由弱关系到强连接的转变，物流业务链、供应链和产业链将更加高效地连接在一起，形成全新的物流产业价值链。

8.1.2　智慧物流区块链应用思路

智慧物流区块链应用思路可分为四大步骤：第一步以智慧物流业务体系为出发点，准确识别和把握智慧物流区块链应用场景；第二步分析智慧物流区块链应用的核心问题；第三步结合核心问题与区块链技术的发展水平、政策导向和市场需求，深入挖掘区块链技术的应用价值并总结；第四步总结提出智慧物流区块链的应用效果。智慧物流区块链的应用思路如图 8-2 所示。

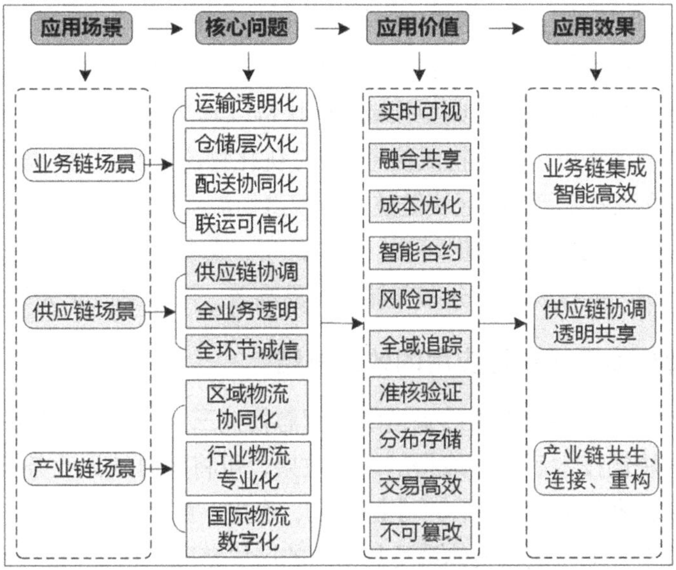

图 8-2　智慧物流区块链的应用思路

1. 智慧物流区块链应用场景识别

智慧物流区块链包含三大应用场景，分别是业务链场景、供应链场景和产业链场景，这是基于智慧物流的三大业务体系产生的。本书的第一部分已建立智慧物流三大业务体系，分别是业务链体系、供应链体系和产业链体系，由此，区块链技术与智慧物流业务链的融合应用产生业务链应用场景，与智慧物流供应链的融合应用产生供应链应用场景，与智慧物流产业链的融合应用产生产业链应用场景。

2. 智慧物流区块链应用的核心问题分析

通过分析智慧物流区块链各个应用场景的核心问题，可知在业务链场景中，运输、仓储、配送及联运是业务链体系的核心业务，当前实现运输透明化、仓储层次化、配送协同化与联运可信化逐渐成为业务链场景的核心问题；在供应链场景中，实现供应链协调、全业务透明和全环节诚信至关重要，因此这三点是供应链场景中的核心问题；在产业链场景中，区域物流协同化、行业物流专业化和国际物流数字化是其核心问题。

3. 区块链应用价值总结

在本书第二部分中，已详细介绍区块链技术的基础理论，包括区块链的内涵、特点、应用价值与领域等内容，其中将区块链的应用价值总结为优化资源配置、创新技术融合、降低信用成本、促进经济共享、实现价值互联五个方面。而智慧物流是区块链应用的典型领域，区块链以其全程可监管、多元化中心、分布式共享的优势可以促进物流信息同步、优化物流资源利用、缩减物流中间环节、提高物流效率等。将区块链技术与智慧物流领域相结合，可以进一步将区块链的应用效果总结为实时可视、融合共享、成本优化、智能合约、风险可控、全域追踪、准核验证、分布存储、交易高效、不可篡改十大具体效果。

4. 智慧物流区块链应用的效果总结

智慧物流区块链的应用效果指的是智慧物流三大应用场景下的三大业务体系融合区块链技术后能够取得的改进效果，可将其总结为业务链集成智能高效，供应链协调透明共享，产业链共生、连接、重构。

以上关于智慧物流三大体系及其相应的区块链应用场景、核心问题、区块链应用效果分析仅仅为简单概述，具体的详细介绍与分析将在本文第五部分展开。

8.2 智慧物流区块链生态体系框架

智慧物流区块链生态体系框架主要介绍与分析智慧物流业务在应用区块链技术过程中涉及的核心要素，主要包括智慧物流区块链平台、平台的建设目标、实施效果、业务体系、生态主体及平台的技术要素。这些要素共同组成的有机整体即智慧物流区块链生态体系。智慧物流区块链生态体系如图 8-3 所示。

智慧物流区块链平台是智慧物流区块链生态体系的核心，智慧物流区块链生态体系是智慧物流区块链平台的生存环境。实现资源整合、达成产业升级、减少交易摩擦是智慧物流领域的发展目标，这三个目标构成了智慧物流区块链平台的建设目标。智慧物流三大业务体系，业务链集成智能高效、供应链协调透明共享、产业链共生连接重构，共同构成了智慧物流区块链平台的实施效果。除此之外，智慧物流区块链生态体系还包含业务体系、生态主体和技术要素等。

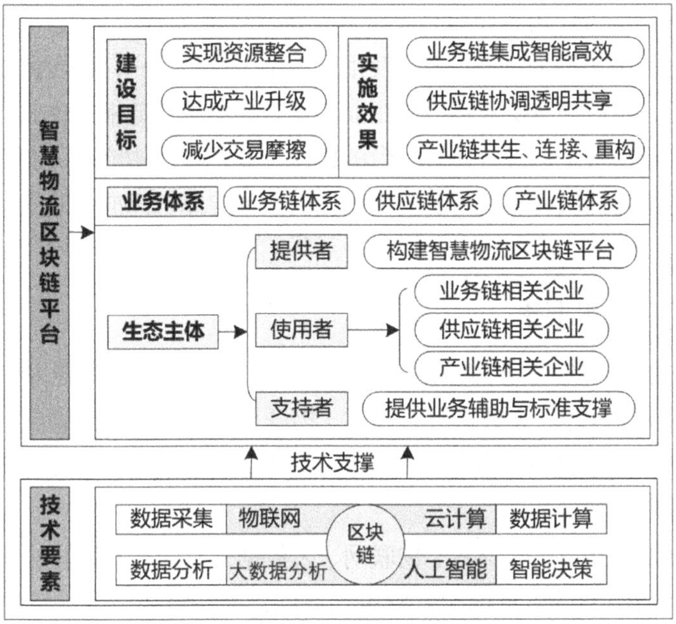

图 8-3　智慧物流区块链生态体系

1. 智慧物流业务体系

智慧物流区块链平台可服务于智慧物流三大业务场景，分别是智慧物流业务链体系应用场景、智慧物流供应链体系应用场景和智慧物流产业链体系应用场景。

智慧物流业务链体系是智慧物流的基础和重点。智慧物流基础业务是在现代物流基础业务的基础上进行延伸和发展的，其主要关注企业内部和各部门之间的数据共享、业务协同，包括运输环节、仓储环节、配送环节、信息管理和包装、流通加工等物流基础业务。智慧物流供应链体系是在智慧物流基础上，建设涵盖从原材料供应企业、生产制造企业、分销企业、零售企业到最终消费者的一条功能网链结构，其主要关注供应链协调、全流程透明、全业务交易、全环节征信和供应链金融等业务。智慧物流产业链体系是指在智慧物流基础上，产业部门间基于一定的技术经济关联，依据特定的逻辑和时空布局关系形成的链条式关系形态，包含区域物流、行业物流和产业物流三个维度。

2. 平台生态主体

智慧物流区块链平台的生态主体可分为智慧物流区块链平台提供者、智慧物流区块链平台使用者及智慧物流区块链平台支持者。

智慧物流区块链平台使用者是使用区块链平台的用户，包含智慧物流业务链相关企业、智慧物流供应链相关企业和智慧物流产业链相关企业；智慧物流区块链平台提供者是建设区块链平台的相关企业；智慧物流区块链平台支持者是为区块链平台提供者和使用者的活动提供业务支撑与标准辅助的相关企业或部门。

3. 平台技术要素

智慧物流区块链生态体系中的技术要素是智慧物流区块链平台的技术支撑，包括区块链技术、大数据分析技术、物联网技术、人工智能技术和云计算技术。其中区块链技术是最核心的支撑性技术，其他技术与区块链技术相融合，也发挥着重要作用。

围绕区块链技术，云计算、物联网、大数据分析、人工智能这四项数字化技术在智慧物流领域里进行融合应用，共同作为智慧物流区块链平台的技术支撑要素。区块链技术在数据全生命周期中保障数据的共享与安全；物联网技术利用各种信息传感设备将运输、仓储、配送等物流业务进程中的物流活动信息和相关物流数据进行有效采集与整合；大数据分析技术进行物流数据的存储、分析；云计算技术进行物流数据的高效计算；人工智能技术用以支持科学的智能决策及业务过程自动高效地执行。

本章小结

本章着眼于智慧物流区块链生态体系的构建，从指导思想和应用思路两个角度对区块链技术应用的总体框架进行研究，同时分析了智慧物流区块链生态体系的构成要素及相互关系。区块链等数字化技术融合发展，支撑智慧物流区块链平台搭建，通过全流程管控、全价值连接、全解析模型、全场景共识、全空域布局五个维度对智慧物流产业进行赋能升级，加强物流主体之间的高效连接，重构智慧物流业务链、供应链和产业链体系，最终形成互联协同、透明一体的智慧物流区块链生态体系。

第9章

智慧物流区块链平台总体架构和实施部署

智慧物流区块链平台是区块链技术在智慧物流领域应用的核心载体，区块链在现代物流领域中应用的最终目标是构建智慧物流区块链服务平台。因此，智慧物流区块链服务平台的设计就成为智慧物流区块链应用最核心的工作。

9.1 平台设计原则

设计原则是进行系统设计和实现的第一价值观，它将指明技术产品的发展方向。本书的智慧物流区块链平台在系统架构设计上，遵循以下几个设计原则。

1. 开源广适

智慧物流应用场景的多样性和复杂性要求系统有良好的广适性，遵循开源广适的设计原则。这要求在确保系统核心逻辑稳定、专注于区块链底层要素和平台服务能力搭建的同时，在多个开源组件的基础上搭建区块链平台，源于开源、优于开源、回馈开源，建立可信的行业区块链解决方案和区块链生态，使之可以应用于各个行业，推进区块链场景落实。

2. 安全可靠

区块链的可信任性需要在系统设计和实现上遵循安全原则和数据可靠原则，以及满足不同地区和场景的标准与要求。在关键领域如共识协议、密码算法、数据存储等方面注重技术积累和自主创新，保障信息处理满足机密性、完整性、可控性、可用性和不可否认性等要求，在完善可靠的网络安全基础能力和运营安全的基础上推出智慧物流区块链服务平台。

3. 简洁高效

智慧物流区块链服务从设计到编码都力求遵循简洁高效原则。在开源组件基础上部署企业级分布式区块链并非易事，不仅需要深入专业的区块链知识，而且需要各种复杂的设计和配置，极易出错。采用简洁的区块链系统模型可以提升可用性并降低分布式系统的实现风险，帮助企业实现自动化配置、区块链应用部署，并提供区块链全生命周期管理，方便客户使用区块链服务平台。此外，在追求提升系统性能的同时，也应注重提升应用开发和方案落地的效能。

4. 统一标准

区块链作为一种点对点的信息和价值交换的“桥梁”，通过定义一套标准的操作接口和数据结构，能够提升多方业务对接的效率，降低应用落地的复杂度。遵循标准化原则，要求在系统设计时数据模型及操作模型独立于系统实现，让数据“系于链却独于链”，可在链下被独立地验证和运用，更好地支持企业进行数据管理，提升区块链平台的灵活性和通用性。

9.2 平台总体架构

基于智慧物流区块链平台功能的分析，结合本书第二部分提出的区块链总体架构，本节将设计智慧物流区块链平台总体架构，该架构划分为基础层、核心层、服务层、接口层、应用层和用户层六个层次。智慧物流区块链平台总体架构如图 9-1 所示。

图 9-1　智慧物流区块链平台总体架构

9.2.1　基础层

基础层是智慧物流区块链平台正常运行所需要的运行环境和基础资源，基础层的资源组件包含计算资源、存储资源、对等网络和云资源。

计算资源包含服务器、处理器和应用集成器，存储资源包括硬盘和云盘，对等网络资源包括配置模式、拓扑结构和技术标准。弹性可扩展的计算资源与存储资源支持动态增加和删除区块链节点，能够满足不断增长的区块文件存储需求，稳定可靠的对等网络方便构建高速稳定的跨企业或机构的互联体系。云资源包含公有云、私有云和混合云资源。可基于公有云、私有云及混合云为上层区块链平台提供各类稳定可靠的企业级基础设施。

9.2.2 核心层

核心层提供区块链底层的核心技术与基础服务，包含共识机制、哈希计算、存储机制、通信协议、数字签名、加密算法、权限控制、隐私保护、智能合约、时序服务、私钥管理、身份管理。智慧物流区块链平台是支持开源的区块链平台，提供深度可定制、可拔插模块化的核心技术与服务，可以满足不同企业的应用需求。

9.2.3 服务层

服务层依托核心层，将核心层功能进行打包，封装成新的服务模块，包含接入管理、账本应用、节点管理、网络管理、联盟管理、多链管理和合约管理等服务功能模块。

接入管理服务模块提供跨进程调用功能，为外部业务及用户提供核心层接入功能，可以进行账户信息查询和事务操作处理，账户信息查询可以为区块链平台客户查询账户相关的基本信息，事务操作处理可以将区块链平台客户提交的特定事务操作请求提交到区块链网络中。

账本应用服务模块通过调用核心层来实现区块链上账本记录的功能，其主要功能包括链上内容的发行和交换、共识前的逻辑验证和共识后的结果验算，以及对特定实时处理进行多签名权限控制设置。

节点管理服务模块支持区块链节点的信息查询、启动与关闭的控制，以此对节点网络中各节点的连接状态进行监控。节点管理服务模块还提供区块链节点的准入/准出配置和节点事务处理及账本查询授权配置。

服务层还包括网络管理、联盟管理、多链管理和合约管理功能模块。其中合约管理模块包含业务链合约服务、供应链合约服务和产业链合约服务。

9.2.4 接口层

接口层构建在服务层之上，为开发者、运维人员和使用企业提供接入功能，包含开发接口、数据接口和业务接口。为方便开发者接入，智慧物流区块链平台支持超文本传输协议的统一应用程序接口（统一 API）、多语言的软件开发工具包（多语言 SDK）；为了方便企业接入，业务接口包含业务逻辑和功能实现。

9.2.5　应用层

应用层面向智慧物流区块链三大业务体系，通过接口层调用服务层的各个服务模块，实现智慧物流区块链三大方面的应用，分别为业务链体系应用、供应链体系应用、产业链体系应用。业务链体系的应用包含透明化运输、分布式仓储、网络化配送、互信型联运和全域式平台；供应链体系的应用包含供应链协调、全流程透明、全业务交易、全环节征信和供应链金融；产业链体系的应用包含区域物流业务的应用、行业物流业务的应用和国际物流业务的应用。

9.2.6　用户层

用户层主要面向各项应用的使用者，包含业务链相关用户、供应链相关用户和产业链相关用户。业务链相关用户包含运输企业、配送企业、仓储企业、综合物流企业及政府监管部门；供应链相关用户包含供应企业、生产企业、零售企业、金融机构、物流服务企业及政府监管部门；产业链相关企业包含区域物流企业、行业物流企业、国际物流企业及政府监管部门。

9.3　智慧物流区块链平台部署框架

立足智慧物流业务链、供应链和产业链三大业务体系，以物流用户需求为导向，结合区块链技术及智慧物流区块链平台具体功能，实现智慧物流区块链平台服务能力的精准匹配。智慧物流区块链平台部署框架如图 9-2 所示。

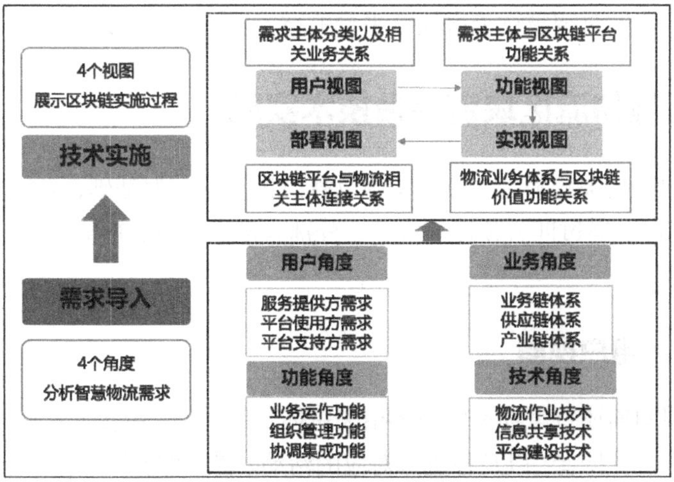

图 9-2　智慧物流区块链平台部署框架

从用户角度、业务角度、功能角度和技术角度分析智慧物流区块链平台需求，通过用户视图、功能视图、实现视图和部署视图具体阐述智慧物流区块链实施架构，形成“需求导入+技术实施”的“4+4”实施部署思想。

1. 平台需求导入

智慧物流区块链平台需求可从用户、业务、功能与技术四个角度进行分析。从用户角度可以将其概括为服务提供方需求、平台使用方需求和平台支持方需求，其中核心需求为平台使用方需求；从业务需求角度分析，可以概括为智慧物流业务体系中的业务链体系需求、供应链体系需求和产业链体系需求；从功能需求角度分析，主要包括物流业务运作需求、企业组织管理需求及企业之间协调集成功能需求；技术角度包括物流作业技术需求、信息共享技术需求及平台建设技术需求。

2. 平台技术实施

本书围绕智慧物流三大业务体系，重点关注智慧物流区块链技术实施，运用四个视图具体阐述智慧物流区块链实施架构，四个视图分别是用户视图、功能视图、实现视图和部署视图。用户视图中描述智慧物流区块链相关主体及其活动；功能视图中描述支撑智慧物流区块链活动的所需功能；实现视图中描述实现服务、基础设施组件内的智慧物流区块链服务所需的功能，展示物流业务体系与区块链价值功能关系；部署视图中描述基于已有或新增的基础设施，对智慧物流区块链服务功能的技术实现，展示区块链平台与物流相关主体连接关系。下面我们对智慧物流区块链平台的技术实施进行详细介绍。

9.4 智慧物流区块链平台技术实施

智慧物流区块链平台的技术实施以智慧物流需求为基础，结合《区块链参考架构》思路，通过四大视图来描述，分别为用户视图、功能视图、实现视图和部署视图。

9.4.1 用户视图

用户视图描述智慧物流区块链相关主体及其活动，包含平台使用者、平台提供者和平台支持者，以及各主体对应的活动。智慧物流区块链平台用户视图如图 9-3 所示。

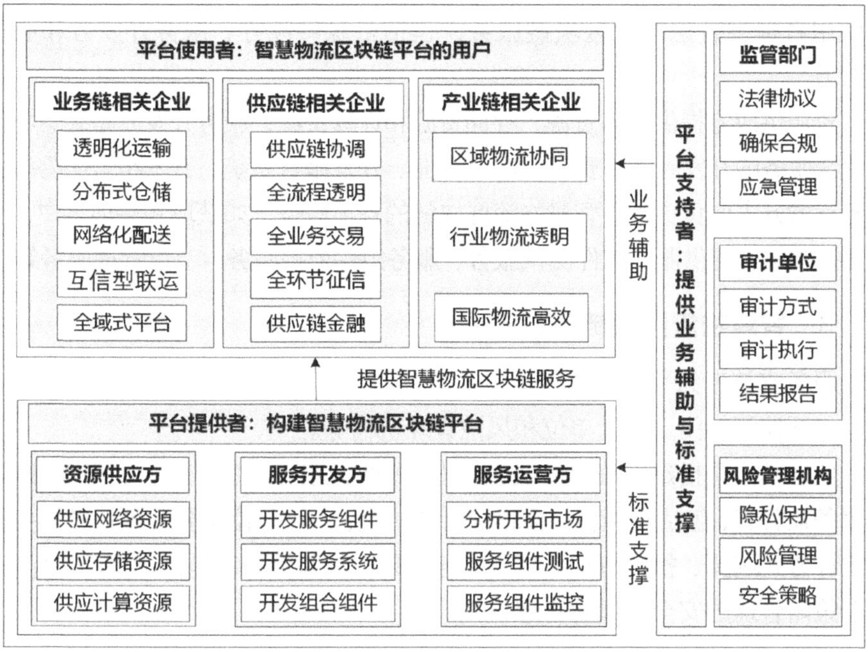

图 9-3　智慧物流区块链平台用户视图

1．智慧物流区块链平台使用者

平台使用者是智慧物流区块链平台的用户，包括物流业务链相关企业、供应链相关企业和产业链相关企业。

业务链相关企业主要提供运输、仓储、包装、装卸搬运、流通加工、配送、物流信息等基础物流服务，其包括运输企业、仓储企业、配送企业、物流信息服务企业和综合物流企业等。业务链相关企业的活动是实现透明化运输、分布式仓储、网络化配送、互信型联运和全域式平台。

供应链相关企业包括原材料供应企业、生产制造企业、分销企业和零售企业，其活动是促进供应链协调、全流程透明、全业务交易、全环节征信和供应链金融。

产业链企业按照业务范围可以分为行业物流企业、国际物流企业和区域物流企业。产业链相关企业的活动是实现区域物流协同、行业物流透明和国际物流高效。

2．智慧物流区块链服务提供者

智慧物流区块链服务提供者是构建智慧物流区块链平台的主体，为平台使用者提供智慧物流区块链服务，包括资源供应方、服务开发方和服务运营方。

资源供应方提供网络资源、存储资源和计算资源；服务开发方是智慧物流区块链服务的开发者，负责开发服务组件、开发服务系统、开发组合组件等；服务运营方主要负责运营智慧物流区块链的各项服务，如获取和评估客户，分析开拓市场，提供服务组件测试服务、服务组件监控服务、节点管理服务等。

3. 智慧物流区块链服务支持者

服务支持者为平台使用者提供业务辅助，同时为平台提供者提供标准支撑，包括监管部门、审计单位和风险管理机构等。

监管部门是指建立法律协议、确保合规性、进行应急管理的智慧物流区块链服务监管者，包括政府和社会物流行业协会；审计单位主要为区块链服务提供审计方式选择、执行审计、报告审计结果；风险管理者是指进行隐私保护、安全策略管理的安全和风险管理机构。

9.4.2 功能视图

功能视图着眼于平台用户活动及业务功能需求，结合区块链平台总体架构，将各主体角色与平台各个层级的功能对应起来。智慧物流区块链平台功能视图如图 9-4 所示。

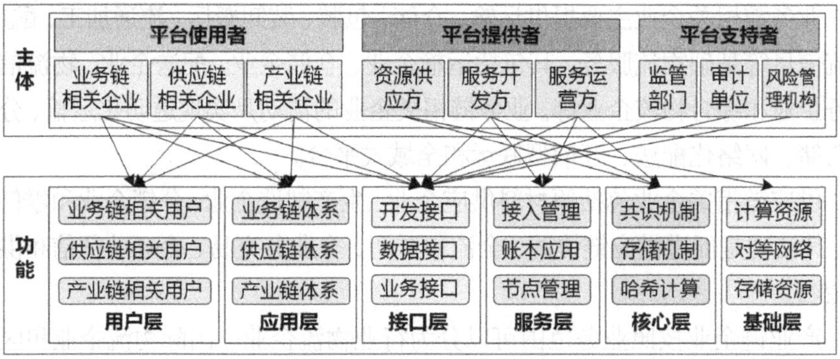

图 9-4 智慧物流区块链平台功能视图

功能视图的主体层包括平台使用者、平台提供者和平台支持者。平台使用者包括业务链相关企业、供应链相关企业和产业链相关企业；平台提供者包括资源供应方、服务开发方和服务运营方；平台支持者包括监管部门、审计单位、风险管理机构。

功能视图的功能层包括用户层、应用层、接口层、服务层、核心层、基础层，每个层次包含的内容参考平台总体框架，这里仅展示部分具有代表性的内容。

智慧物流区块链服务的功能视图及其中主体层和功能层的对应关系如图 9-4 所示。

9.4.3　平台实现视图

实现视图主要阐述智慧物流三大业务体系——业务链体系、供应链体系和产业链体系各自核心业务目标的实现过程，包括业务链实现视图、供应链实现视图和产业链实现视图三部分。智慧物流区块链平台实现视图如图 9-5 所示。

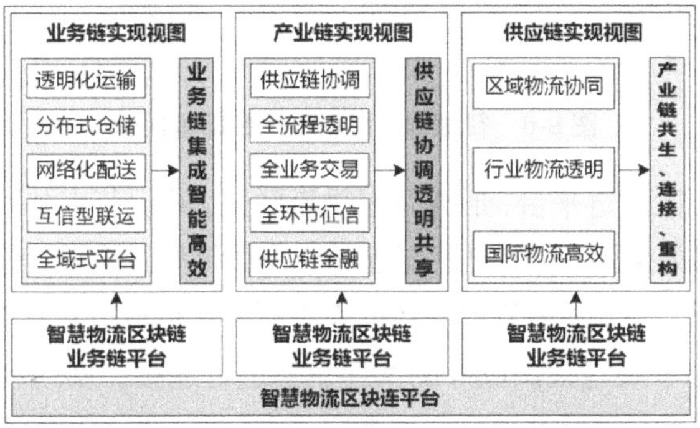

图 9-5　智慧物流区块链平台实现视图

从智慧物流业务链体系的实现视图中可以看出，基于智慧物流区块链平台，在智慧物流业务链场景中，通过实施透明化运输、分布式仓储、网络化配送、互信型联运及全域式平台可以实现业务链集成智能高效；在智慧物流供应链场景中，通过实施供应链协调、全流程透明、全业务交易、全环节征信和供应链金融，可以实现供应链协调透明共享；在智慧物流产业链场景中，通过实施区域物流协同、行业物流透明和国际物流高效，实现产业链共生、连接、重构。

9.4.4　部署视图

部署视图主要展示在区块链平台中各个主体之间的部署连接情况，核心主体包括业务链企业、供应链企业、产业链企业、政府部门、认证机构及合作伙伴，参与区块链共识达成的主体共同构成共识域。智慧物流区块链平台部署视图如图 9-6 所示。

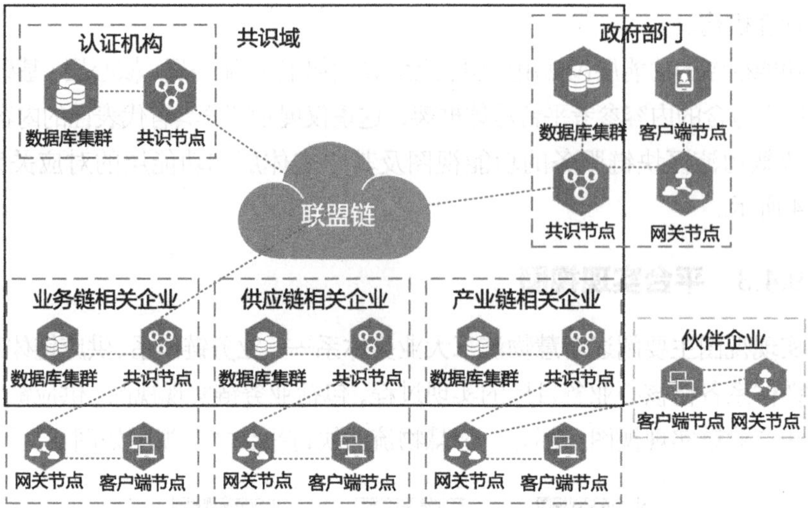

图 9-6　智慧物流区块链平台部署视图

各主体依托区块链平台，形成智慧物流联盟，共识节点共同参与维护联盟链。在业务链相关企业、供应链相关企业、产业链相关企业、政府部门及认证机构中设置共识节点。共识节点与数据库集群相连形成分布式存储，并通过网关节点和客户端节点与共识域外的伙伴企业进行连接，实现区块链网络的拓展延伸。客户端节点包括感知节点和查询节点，感知节点和查询节点是智慧物流平台服务的起点和终点，通过感知终端对物流数据进行采集和传输，在共识域中实现数据上链、共享和存储，平台服务使用者可以通过客户端对物流全程信息进行实时动态查询，伙伴企业也可同步分享相关信息。

本章小结

本章重点设计智慧物流区块链平台总体架构，并通过四个视图阐述了智慧物流区块链平台的技术实施。平台设计以开源广适、安全可靠、简洁高效、统一标准四个设计原则为指导，构建包括基础层、核心层、服务层、接口层、应用层和用户层的平台总体架构。从用户角度、业务角度、功能角度和技术角度分析智慧物流区块链平台需求，通过用户视图、功能视图、实现视图和部署视图具体阐述智慧物流区块链平台技术实施，为智慧物流领域各相关企业提供区块链技术的应用思路。

第五部分

构建智慧物流区块链应用方案

目前区块链在各行业的应用落地步伐逐渐加快，技术普及度不断提升，应用范围也在不断扩展延伸，区块链正在成为智慧物流领域不可或缺的技术。区块链与智慧物流的融合，将助力物流领域朝着协同高效、开放共生的方向发展。本部分旨在构建智慧物流区块链应用方案，探索区块链与智慧物流业务链、供应链和产业链的多元融合突破，打造良好的产业发展生态，以促进区块链技术在物流领域中的创新应用。

第10章

智慧物流业务链与区块链融合实施方案

区块链技术的出现可实现从“互联网+”物流到“价值互联网+”物流的过渡，因此构建智慧物流基础业务区块链服务系统成为业界关注的重点。区块链赋能智慧物流业务，可实现价值互联与物流业务的融合与创新。智慧物流业务链与区块链技术融合实施方案是立足于智慧物流的现有业务，依托区块链技术环境构建智慧物流业务链体系，进而实现数字化技术支撑下智慧物流业务链与区块链的融合。

10.1　智慧物流业务链体系

智慧物流基础业务是智慧物流的基础和重点，其主要包括企业内部和各部门之间的数据共享、业务协同，包括运输、仓储、配送和信息管理等基础核心业务。随着区块链技术的发展成熟，智慧物流业务与区块链融合即将迸发出新的生机，因此需要构建区块链环境下完整的智慧物流业务链体系。

10.1.1　智慧物流业务链认知

1. 智慧物流业务链发展现状

智慧物流业务的发展与物联网、云计算、大数据分析及人工智能等相关信息技术的发展密不可分，在信息技术的推动下，物流业务逐渐由传统的单一化、人工化向智能化、自动化发展。随着新兴数字化技术的到来，物流业务迎来转型升级的新机遇，促使智慧物流向协同共享、信息互通等方向迅猛发展。从整体来看，智慧物流的发展经过如下五个阶段：粗放型物流阶段、系统化物流阶段、电子化物流阶段、智能物流阶段、智慧物流阶段，智慧物流发展阶段如图 10-1 所示。

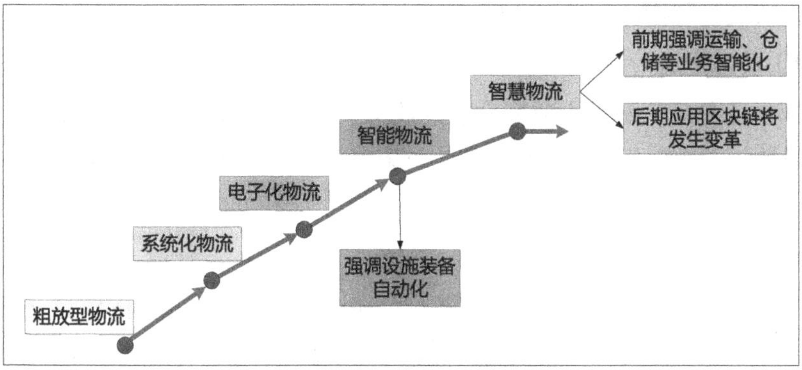

图 10-1　智慧物流发展阶段

如图 10-1 所示，智慧物流发展共经过五个阶段。粗放型物流阶段的物流业务主要集中在生产上，对货物的流通业务关注程度不高；系统化物流阶段的物流行业逐渐从分散、粗放式的管理进入系统管理的时代，对具体的物流业务如运输、保管、仓储管理等，以及从原料采购到产品销售进行统一管理。电子化物流阶段，电子数据传输系统的应用覆盖物流的主要业务，如仓储管理、货物收发管理等。智能物流阶段利用信息技术及智能化装备等手段，对相应物流业务进行智能管理，如智能仓储物流管理、智能采集货物信息。智能物流时期，设施和装备的自动化已经达到一定水平。智慧物流阶段以“互联网＋”为核心，进行智能化业务运营，在应用区块链技术之后，智慧物流将从信息联通、资源共享、协同协作等方面发生根本性的变革，区块链技术将赋予智慧物流新的内涵与生机。当前智慧物流业务包括智能运输、自动仓储、动态配送、信息控制四大业务板块。

1）智能运输

运输业务可联通货主、物流企业、运输企业、货代公司、客户等多方主体，提供铁路、公路、水路、航空、管道等运输服务及其他特色化的运输服务。智能运输通过运输路线追踪等实现运输管理过程的智能管控，在运输计划定案、在途管理、运输配送与运费结算等运输环节中实现更加智能化、线上化的管理，与上下游业务进行资源整合和高效连接。

2）自动仓储

仓储业务环节通过自动分拣、智能化出入库管理、自动盘点、虚拟仓库管理等，实现智慧物流自动化仓储。

3）动态配送

配送业务环节基于大数据分析等技术，对配送过程中用户需求等数据进行信息捕捉并有效反馈，及时采取应对策略，形成动态的配送方案，提高配送效率。

4）信息控制

在信息管控方面，信息技术的发展可促进物流各业务流程的信息交互、信息反馈控制及企业与外部的信息传递，实现物流企业的信息流活动的升级，提高整个物流过程的反应速度和准确度，促进智慧物流服务平台的发展。

2. 区块链环境下智慧物流业务链的重构

智慧物流的基础业务在区块链技术驱动下必将有所发展和演进，通过区块链技术应用助力物流产业智慧化重构，通过信息透明来强化构建智慧物流生态网络。区块链技术在智慧物流业务场景中的深度应用会促使智慧物流业务链重构，最终达到业务协作、信息互联、交易便利、全程管控、集成高效的全新效果。

10.1.2 智慧物流业务链体系

区块链本质上是一个共享数据库，存储于其中的数据或信息具有不可伪造、全程留痕、可以追溯、公开透明、集体维护等特征。本节立足于智慧物流业务链体系的构建，包括核心业务、辅助业务及增值业务三个层次，结合区块链技术的特点及功能，提出区块链环境下的智慧物流业务链体系，智慧物流业务链体系如图 10-2 所示。

区块链环境下的智慧物流业务链体系主要包括核心业务层、辅助业务层、增值业务层。其中核心业务层包括透明化运输、分布式仓储、网络化配送、互信型联运、全域式平台五大业务；辅助业务层包括智能包装、智能装卸搬运、智能流通加工三大业务；增值业务层包括物流系统设计优化、物流状态实时查询等业务。

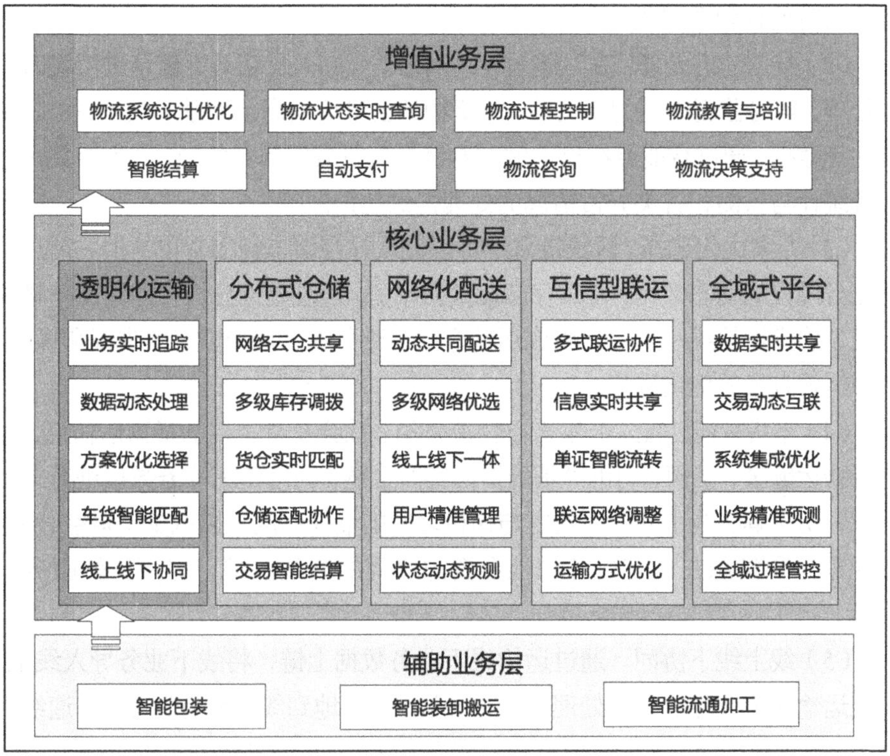

图 10-2　智慧物流业务链体系

1．核心业务层

智慧物流业务链体系的核心业务层是整个体系的核心部分，包括透明化运输、分布式仓储、网络化配送、互信型联运及全域式平台五个方面，通过对核心业务的创新实现业务过程中的信息互联互通、企业协同合作。

1）透明化运输

透明化运输主要面向运输业务环节，区块链赋能运输业务，可实现运输业务中数据传输的实时性、动态性，实现对运输方案的优化选择，切实解决运输主体之间的信任问题，提高协同协作程度。透明化运输包括业务实时追踪、数据动态处理、方案优化选择、车货智能匹配、线上线下协同。

（1）业务实时追踪。区块链时间戳技术确保数据交换及可见性，运用区块链技术使物流车辆、货物及人员信息数据实时上链且不可篡改，保证货物实时可追溯、运输状态实时可视、交易信息可追溯，确保货主、运输企业及监管部门可实时追踪运输业务信息，保证信息的真实性和实时性，实现运输全流程业务的实时追踪和透明化。

（2）数据动态处理。在运输过程中对车、货、人及交易等信息进行实时跟踪处理，实时监测车辆的轨迹信息、货物的温度等信息及驾驶人员的信息，保留动态数据，通过智能合约自动触发对链上大量数据信息的处理，为相关运输业务统计与预测和各类异常情况的处理提供数据保障。

（3）方案优化选择。区块链系统可以记录并存储车辆和货物的相关信息及其业务过程的动态数据，将其存储在数据库里，通过数据分析合理调配车辆及人员，确定运输线路，自动生成运输方案，避免人工选择方案的失误和风险，实现运输方案的优化选择。

（4）车货智能匹配。汇集来自物流公司、社会及货主端的货物运输量，并将货物运输量、车辆、司机等基础资源实时上链，利用链上业务数据进行车货匹配，切实解决线上匹配时货主与司机之间的信任问题，以减少车辆空载率，实现车源和货源在自有资源和社会资源之间的高效匹配，提高运输服务的质量。

（5）线上线下协同。通过运输线下业务数据上链，将线下业务导入线上，实现运输线下业务的线上处理；通过线上业务落地到线下进行运输，打通线下市场。由于数据实时上链，信息的真实性有保证，线上线下可实时共享信息与资源，使运输业务实现全渠道覆盖，促进线上线下的融合与协同。

2）分布式仓储

区块链赋能仓储业务，使仓储节点采用分布式布局，改变传统的仓储管理模式，打通线上线下仓储体系，可实现车、货仓匹配的实时性、交易的智能化及运输、仓储、配送业务之间的高效协作。分布式仓储涵盖网络云仓共享、多级库存调拨、货仓实时匹配、仓储运配协作、交易智能结算五大方面。

（1）网络云仓共享。网络云仓模式是通过区块链技术搭建一个信息平台，使云仓与信息平台相结合，通过区块链技术对区块链信息平台上的消费者输入、搜索及订单信息数据进行分析处理，对各地仓库进行统一监管和合理调度，进行信息和资源的共享，以提高仓储响应速度，减少信息流不对称的情况。

（2）多级库存调拨。仓储节点采用分布式布局，仓储信息实时上传到区块中，形成分布式的仓储网络，当系统收到订单后根据库存情况对不同级的仓库进行货物调拨，提高订单响应的速度。

（3）货仓实时匹配。引入区块链技术，根据实时上链的用户订单中的地址及货物需求智能地将订单匹配给合适的发货节点仓库，仓库接到订单需求后立即发货，实现货物与仓库的实时匹配与高效连接。

（4）仓储运配协作。车、仓、货进行安全协作和数据共享。对运输、仓储和配送业务数据进行全程线上管控，使各节点实时共享数据信息，互联互通，在运输过程中实现智能配载货物可视可控、整合仓储及配送资源，进而由车、仓、货的协作共享达成运、仓、配的共同协作。

（5）交易智能结算。利用区块链智能合约的特性，使用代币支付，交付货物后自动结算，提高交易效率。解决传统交易缺乏公开性、透明性及有效风险管理的问题，实现仓储交易的智能化与自动化。

3）网络化配送

智慧物流中配送业务逐渐向网络化、动态化发展，通过对城市配送订单的线上动态处理、线下企业共同配送来实现配送业务的协同高效发展。通过对用户进行精准管理、对配送订单进行预测来实现配送服务的优化。网络化配送涵盖动态共同配送、多级网络优选、线上线下一体、用户精准管理、状态动态预测五个方面。

（1）动态共同配送。利用区块链技术使电商、商超等城市物流配送企业共享订单和车辆信息，通过网络化配送管理对配送计划、车辆调度等流程进行统一管理，制定动态的配送方案，不同企业之间根据货源进行共同配送，将货物从配送起始点送至目的地，实现配送资源的整合，提高配送效率。

（2）多级网络优选。在配送网络中，根据链中的配送节点成员对不同级别的配送企业进行优选，根据配送订单中的货物种类及数量自动智能地为其选择最合适的配送企业进行配送，实现网络中多种等级配送企业的优化选择。

（3）线上线下一体。配送阶段实现订单的线上处理，订单信息汇集在订单池中，区块链上所有成员均可访问，根据配送路程等条件线上智慧匹配配送企业与订单，线下进行配送，实现配送的线上线下一体化与网络化。

（4）用户精准管理。利用区块链的数字签名和公私钥加/解密机制，充分保证用户的信息安全和货物的交付安全，避免冒领包裹问题的出现，对用户进行精准配送及管理。

（5）状态动态预测。实时监测配送车辆的电量及行驶路线，记录存储车辆、货物及其业务过程的动态数据，通过数据分析对车辆动态和行驶状态进行预测，以便做好风险防控。

4）互信型联运

互信型联运是面向多式联运的业务，旨在通过区块链技术应用解决联运中多主体的信任及协作问题。多式联运是指按照多式联运合同，以至少两种不同的运输方式，由多式联运经营人将货物从发货地点运至交付地点的货物运输。互信型联运包括多式联运协作、信息实时共享、单证智能流转、联运网络调整、运输方式优化五个方面。

（1）多式联运协作。多式联运适用于水路、公路、铁路和航空等多种运输方式。区块链增强各主体之间的信任，电子化单证使联运流程更加便捷，使不同运输方式之间的业务协作更加简洁通畅，通过流程简化来提高多式联运不同运输方式的协作程度。

（2）信息实时共享。区块链利用不可篡改的时间戳技术保证按照时间顺序记录每笔交易的发生、P2P网络通过向全网公开每笔交易保障每笔交易被记录和证明，使交易数据、货物数据、运输数据全程上链，区块链上的多式联运各主体可以实时查看货物运输等信息，实现各主体间信息的实时共享。

（3）单证智能流转。基于区块链技术的电子提单流转业务可支持多式联运运输企业、金融机构、货主、海关、商检等多个参与方，在线协作完成电子提单签发、电子提单转让、货款支付、货物检查等事项，进而完成货物运输整个过程，提高单证流转速度、确保单证信息的真实性，实现单证智能流转。

（4）联运网络调整。通过引入区块链技术使多式联运各主体之间相互信任，通过单据智能化和电子化、集装箱标准化促使多种运输方式协作通畅，使传统多式联运网络发生调整与变革，构建出衔接通畅的多式联运网络。

（5）运输方式优化。区块链系统可以记录并存储多式联运业务过程的动态数据，通过数据分析自动生成合理的多式联运方案，对运输方式实行优化选择。通过各主体之间的协同协作和设施设备标准化实现多种运输方式的合理衔接，最终实现联运方案的优化选择和不同运输方式的通畅衔接。

5）全域式平台

区块链技术赋能智慧物流信息平台，通过对平台数据的管理解决数据共享困难、数据可追溯性和安全性差等问题，实现信息的互联互通与系统的集成管控。全域式平台包括数据实时共享、交易动态互联、系统集成优化、业务精准预测、全域过程管控五个方面。

（1）数据实时共享。利用区块链的共识机制，实现信息平台的信息共享，链上平台的不同用户均可访问链上数据，从而解决“数据孤岛”问题，实现信息的互联互通和数据共享。

（2）交易动态互联。对物流信息平台的信息进行监管，提升物流信息平台交易的安全性，平台上企业及个人的交易数据均可通过部门间的信息联通进行交换，保证交易进度的可追踪状态及各交易主体之间的互联互通。

（3）系统集成优化。把不同来源、格式、特点、性质的数据在逻辑上或物理上有机地集中，实现各区域的信息整合，使平台数据信息从碎片化向集成化、系统化转变。

（4）业务精准预测。根据上链的大量数据进行信息整合，进行智能业务预测，数据的真实性和丰富性可保证业务预测的精准性，为仓储管理系统等信息平台提供真实有效的业务信息，方便相关企业进行准确的业务需求预测，提高企业在市场中的竞争能力和抗风险能力。

（5）全域过程管控。利用区块链及相关智能技术对物流信息进行安全传输和智能控制，通过信息集成实现物对物的控制，从而实现从物流信息管理到物流信息全域控制的飞跃，为企业、客户提供全域过程管控。

2. 辅助业务层

在智慧物流业务链体系框架中，辅助业务层的主要功能是配合核心业务完成物流服务功能。辅助业务层包括智能包装、智能装卸搬运和智能流通加工。

1）智能包装

智能包装可根据物品的属性、客户要求及包装成本等因素自动选择包装容器、包装材料和包装技术，提高操作效率，减少包装材料的浪费。并可利用包装对产品进行溯源，保障产品安全。

2）智能装卸搬运

智能装卸搬运是指通过利用输送机、智能穿梭车等设备，结合智能装卸搬运信息系统、通信系统、控制系统和计算机监控系统等系统，将运输、仓储、包装、加工等物流活动无缝衔接，保证物流业务链条连接畅通。

3）智能流通加工

智能流通加工主要包括智能贴签、智能配货、智能挑选混装等，提高物流运作效率。标签上记载着货物的大量信息，将物流信息及时上链存证，可以保证数据的真实性。

3. 增值业务层

增值业务层主要利用区块链技术获取更加实时、真实准确的物流信息，这些信息有助于物流业务管理更加智能化和高效化，利用区块链智能合约、信息不可篡改等特性，对这些信息进行深层挖掘，可以拓展物流增值业务的范围，提高物流服务水平。智慧物流业务链体系中的增值业务层主要包括物流过程控制、物流决策支持、物流状态实时查询、智能结算、自动支付、物流系统设计与优化、物流咨询等。

10.2 智慧物流业务链平台应用思路

智慧物流业务链平台应用思路立足于业务链的五大基础业务，切实解决智慧物流业务链现存短板，推动智慧物流业务的发展变革。在区块链与智慧物流业务链融合应用过程中应先找到基础业务在应用场景中存在的核心问题，再结合区块链的发展水平及外部环境分析区块链赋能业务链的应用价值，最终推动实现区块链与智慧物流业务链平台融合应用效果。智慧物流业务链平台应用思路如图 10-3 所示。

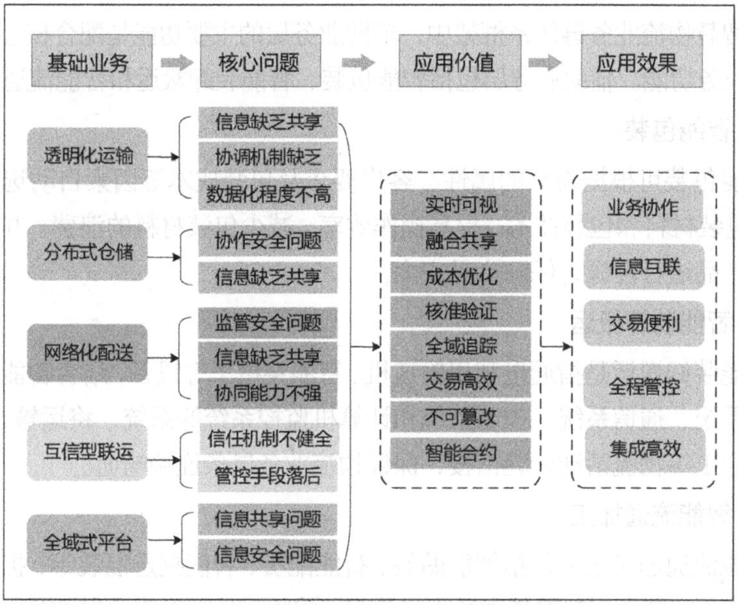

图 10-3 智慧物流业务链平台应用思路

如图 10-3 所示，智慧物流业务链平台应用思路是结合应用场景对智慧物流中不同基础业务的核心问题进行分类，与区块链的应用价值相匹配，最终归纳总结出应用效果。本节主要分析应用思路中的核心问题与应用效果。

10.2.1 核心问题

智慧物流业务链体系中的基础业务包括透明化运输、分布式仓储、网络化配送、互信型联运、全域式平台，其存在的核心问题集中在安全保障、信息共享、协同协作等方面。

在业务过程中应保障货物的安全以及信息数据的安全，目前信息平台中发布的信息存在缺乏有效审核、监管的问题，货物运输中存在货物追溯难的问题，信息的安全性没有保障；信息共享方面，企业与企业之间、部门与部门之间的作业数据、决策支持数据之间存在共享壁垒，信任机制并不健全，信息的共享程度不高，信息在业务链中的流转不通畅；协同协作方面，多式联运的运输方式衔接、仓储业务中共享云仓及配送业务中的共同配送等业务在目前依然存在协同化程度不高的问题，需要各企业、各部门之间的业务流程和信息系统进行高效协作对接。

10.2.2 应用效果

区块链赋能智慧物流业务链，利用实时可视、融合共享、成本优化、核准验证、全域追踪、交易高效、不可篡改、智能合约等应用价值，对接物流五大基础核心业务板块，相互融合达到业务协作、信息互联、交易便利、全程管控、集成高效的五大应用效果，构建出安全透明的物流生态网络。

10.3 区块链环境下智慧物流业务链平台实施方案

区块链环境下的智慧物流业务链平台实施方案，包括基于区块链的智慧物流业务链平台技术架构及平台应用实施两部分。在构建平台技术架构后，分析业务链平台用户及用户活动，进行节点部署，最终达到区块链环境下智慧物流业务链平台的应用实施效果。

10.3.1 基于区块链的智慧物流业务链平台技术架构

基于区块链的智慧物流业务链平台技术架构主要包括基础层、核心层、服务层、接口层、应用层和用户层六大层次，技术架构中包含支撑区块链活动所需的功能、相关主体及业务等内容，为业务创新提供高效、灵活、安全的解决方案，如图 10-4 所示。

图 10-4　基于区块链的智慧物流业务链平台技术架构

遵循面向业务、简洁高效、模块化、标准化的原则，构建基于区块链的智慧物流业务链平台技术架构。智慧物流业务链平台技术架构分为基础层、核心层、服务层、接口层、应用层、用户层。其中，基础层、核心层、服务层、接口层以区块链功能为依托，应用层从实际的应用场景出发，面向运输、仓储、配送和信息等核心业务；用户层作为平台技术架构的顶层，包括相关的用户主体。基础层、核心层、服务层和接口层的相关介绍见本书第四部分第 9 章，本节重点分析智慧物流业务链平台技术架构的应用层及用户层。

1．应用层

基于区块链的智慧物流业务链平台技术架构主要应用在透明化运输、分布式仓储、网络化配送、互信型联运和全域式平台五方面。应用层依托基础层、核心层、服务层、接口层，将现有智慧物流业务与区块链技术深度融合，搭建智慧物流业务链平台中的核心应用。

2．用户层

基于区块链的智慧物流业务链平台技术架构的用户层包括智慧物流业务链上的各类参与主体，主要有运输企业、仓储企业、配送企业、货代企业、政府部门和物流客户，用户层为用户提供服务管理等业务。

10.3.2　平台应用实施

基于区块链的智慧物流业务链平台在应用实施中应构建出用户视图、功能视图、部署视图、实现视图共四大视图，本部分主要讨论用户视图、部署视图及实施效果。智慧物流业务链平台应用实施主要通过建立信息平台来实现，本节从用户视图出发，针对不同业务链的用户主体，分析主体的角色及活动，根据部署视图设计不同规模和不同业务主体的部署方案，最终总结区块链环境下智慧物流业务链平台实施方案的实施效果。

1．平台用户视图

基于区块链的智慧物流业务链平台的用户视图主要描述涉及区块链的主要角色、子角色及区块链活动所产生的效果，区块链应用实施中的相关角色都是区块链系统的利益相关者。结合智慧物流业务链的基础业务，构建透明化运输、分布式仓储、网络化配送、互信型联运和全域式平台五大用户视图。

1）透明化运输用户视图

透明化运输的用户主体主要有运输企业、物流客户、货主及监管、卫生等政府部门，其以运输透明化为共同关注点，实现全域追踪、动态处理及全线协同的效果。透明化运输用户视图如图 10-5 所示。

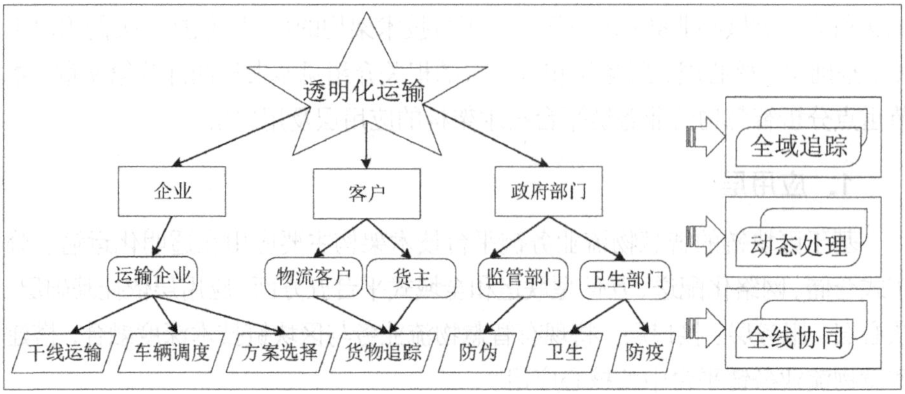

图 10-5　透明化运输用户视图

在透明化运输用户视图中，运输企业通过干线运输、车辆调度、运输方案选择等活动完成运输任务，物流客户与货主进行货物追踪活动，政府部门中的监管部门保证监管货物的真伪，卫生部门负责卫生和防疫，各主体角色相互协作，实现货物全域追踪、信息动态处理及线上线下全线协同的效果。

2）分布式仓储用户视图

分布式仓储用户主体主要有运输企业、仓储企业、配送企业、金融公司及监管、环保等政府部门，其着眼于仓储节点的分布式布局，旨在实现数据共享、运仓配协作及智能结算的实施效果。分布式仓储用户视图如图 10-6 所示。

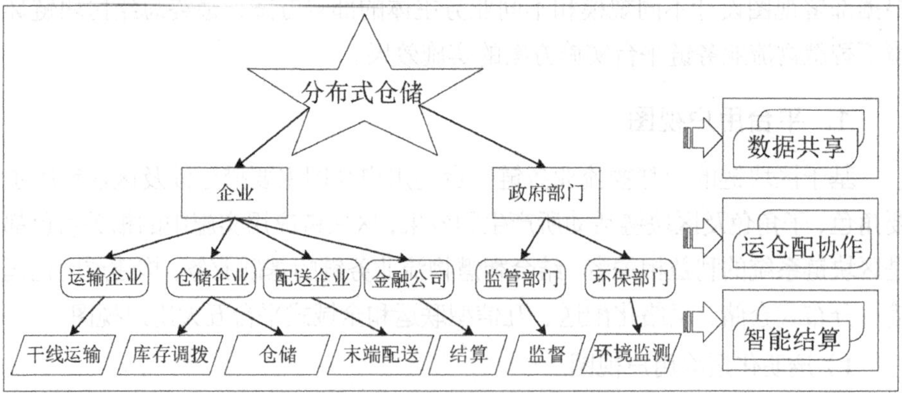

图 10-6　分布式仓储用户视图

在分布式仓储用户视图中，运输企业、仓储企业、配送企业协同协作，相互配合，运输企业通过干线运输将货物运输到下级节点，仓储企业负责库存调拨和仓储，配送企业负责末端配送，金融公司负责账款结算。监管部门对于货物和交易信息进行监督和审查，环保部门进行环境监测。在政府部门的保障下最终实现仓储业务中各主体信息共享，运仓配协作、交易智能结算的应用效果。

3）网络化配送用户视图

网络化配送用户视图中用户主体主要有大型和小型多级配送企业、物流客户和监管、环保等政府部门，其以配送协同化、网络化为共同关注点，最终实现协同配送、网络优化和用户精准管理的效果。网络化配送用户视图如图 10-7 所示。

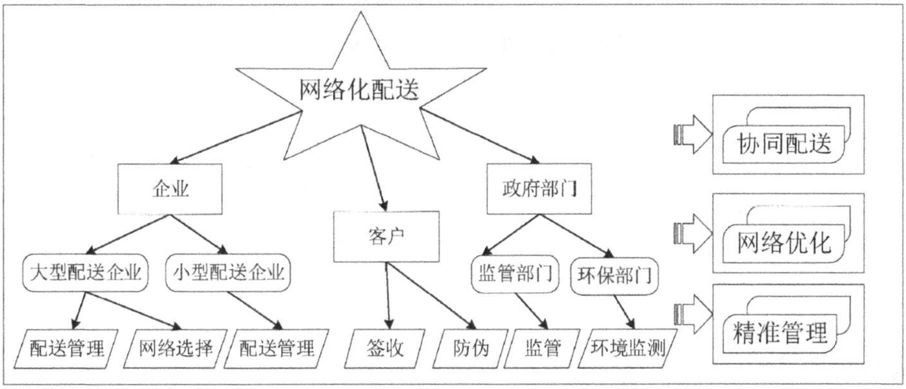

图 10-7　网络化配送用户视图

大型、小型配送企业根据订单的需求量等特性进行多级配送网络优选，并进行配送管理，打通线上线下业务，客户利用公钥、私钥签收货物并检验货物的真伪。由监管部门对业务及交易信息进行监管，环保部门进行环境监测，配送企业线上线下协同，实现配送网络的优化及对用户的精准管理。

4）互信型联运用户视图

在互信型联运用户视图中有运输企业、货代企业、物流客户、货主、监管部门和海关等用户主体，其着眼于联运可信化目标，旨在实现全域追踪、信息共享和协作优化的实施效果。互信型联运用户视图如图 10-8 所示。

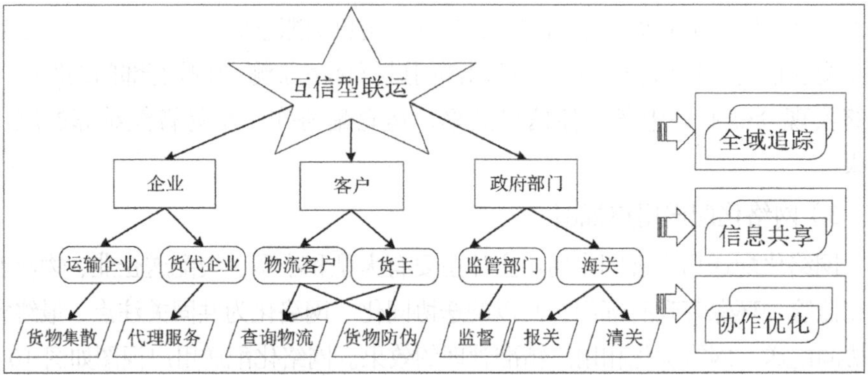

图 10-8　互信型联运用户视图

在互信型联运用户视图中，运输企业对货物进行发运、集散等活动，货代企业提供代理服务，物流客户和货主实时追踪查询物流，检验货物的真伪。政府部门中监管部门负责业务监督，海关负责商品检验、通关单颁发及货物进出业务，各用户主体通过区块链平台共享数据，对货物进行全域追踪，并实现多式联运主体协作优化的效果。

5）全域式平台用户视图

全域式平台用户主体有信息平台、物流企业和监管部门，其以平台全域化为共同关注点，旨在实现全域管控、系统集成及数据共享的效果。全域式平台用户视图如图 10-9 所示。

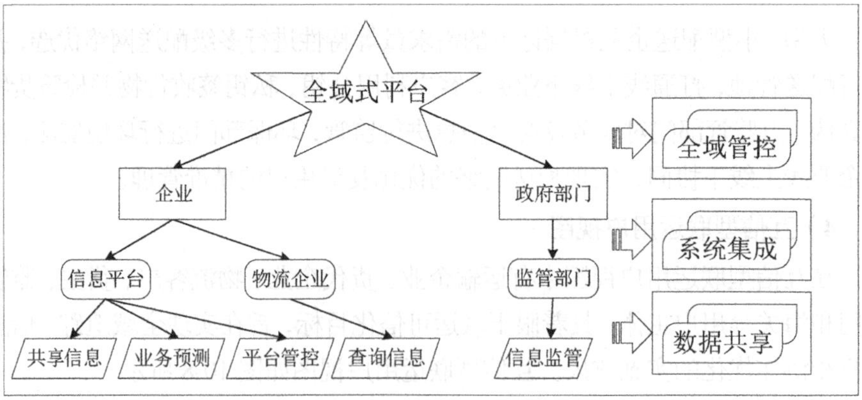

图 10-9　全域式平台用户视图

在全域式平台用户视图中，信息平台作为用户主体，为区块链中平台各成员提供信息共享服务，并根据平台中收集的数据信息对业务进行精准预测，利用区块链及相关智能技术对物流信息进行安全传输和智能控制，实现从物流信息管理到物流信息全域控制的飞跃，为企业、客户提供全域过程管控。平台中的物流企业可以查询物流信息及交易信息，监管部门对信息平台进行监管，实现信息全域管控、系统集成和数据共享的效果。

2. 平台部署视图

区块链部署模型是根据不同的应用场景和设计体系，采用不同的开放共享式的节点权限方案对区块链进行组织的方式。在部署视图中区块链通过节点实现信息交互，不同类型的节点如运输节点、仓储节点等可以在同一物理服务器上部署运行。智慧物流业务链平台部署视图如图 10-10 所示。

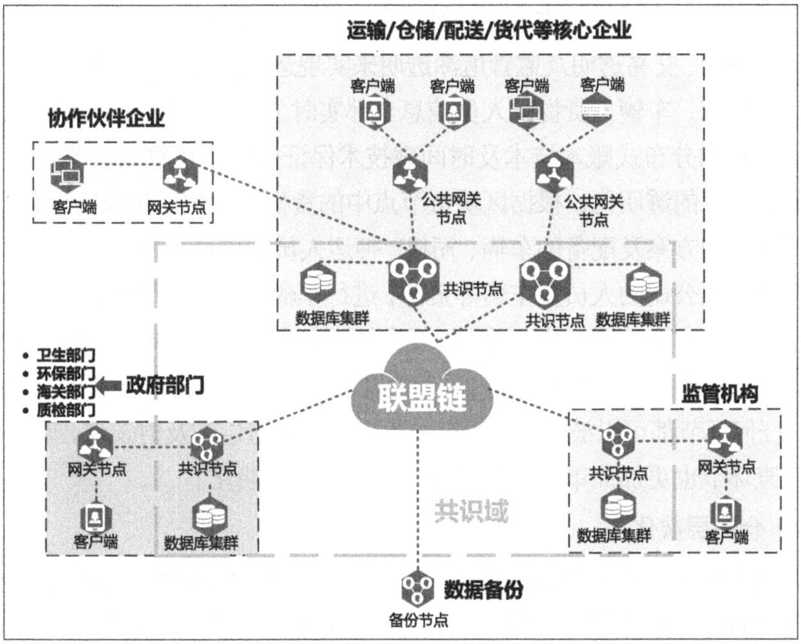

图 10-10　智慧物流业务链平台部署视图

区块链中有三种不同类型的节点：客户端、网关节点和共识节点。客户端进行区块链上层应用的操作；网关节点提供网关服务，用于连接客户端和共识节点；共识节点是共识协议的参与方，可产生一致性账本。由于业务链涉及的用户主体较多，业务级别比较庞大，随着对数据存储的需求越来越大，每个共识节点均采用数据库集群的存储方式来实现扩展，支持交易级别将达到十亿元甚至更多。运输、仓储、配送等核心企业与它们的协作伙伴企业通过共识节点连接并共享信息，通过备份节点进行数据备份。

3. 平台实施效果

区块链技术将重构智慧物流业务链体系，其分布式存储、不可篡改等技术特性与透明化运输、分布式仓储、网络化配送、互信型联运、全域式平台等业务紧密结合，可实现主体之间的业务协作、信息互联、交易便利、全程管控、集成高效等实施效果，宏观上将对智慧物流产业进行赋能升级，通过数据共享助力实现物流产业的智慧化重构，最终构建信任、安全的智慧物流生态体系。本节从五大核心业务角度描述智慧物流业务链平台的实施效果。

1）运输透明化

区块链环境下的智慧物流业务链平台，其运输业务可通过数据信息透明、业务方案透明、交易透明及监管追溯透明来实现运输透明化的效果。在运输过程中，将物流、车辆、货物及人员信息全部实时上传到智慧物流业务链平台，利用区块链的分布式账本技术及时间戳技术保证数据不可篡改，实现运输过程中数据信息的透明化；根据区块链节点中的货物信息生成相应的运载方案，然后将所有的方案及配备的车辆、司机、押运人员的信息上链，在运输过程中可以动态调配公司的人员及车辆等资源，进行车辆和货物的智能匹配，实现运输过程中业务方案的透明化；利用智能合约进行自动交易，减轻结算中心的压力，实现交易及资产的透明化；由于运输过程中的实时数据都会被记录到区块链上，任何环节都可以被追溯，所有的违规操作都可以被及时发现，事后的举证和追查环节也更加简单，以此实现监管追溯的透明化。

2）仓储层次化

在基于区块链的智慧物流业务链平台中，平台可根据链上的仓储订单信息对各地各级仓库进行统一调度与管理，构建多级仓储节点，实现仓储层次化。仓储节点采用分布式布局，将信息实时上传到区块中，改变传统的仓储管理模式，根据实时上链的用户订单中的地址及货物需求智能地给订单匹配合适的发货节点仓库，实现货物与仓库的实时匹配与高效连接；利用区块链智能合约技术，使用代币支付，提高交易效率，解决传统交易缺乏公开性、透明性及有效风险管理的问题，达到仓储交易智能化与自动化的效果；利用智慧物流业务链平台打通线上线下仓储体系，整合仓储资源，实现线上线下仓储协同、多级仓储动态调拨的仓储层次化效果。

3）配送协同化

区块链技术应用在智慧物流业务链中的配送领域，可以促进协同配送的发展，便于对配送作业和车辆进行管理。平台通过实时上链的订单数据制定动态的配送方案，不同企业根据货源及配送路程进行协同配送，实现配送企业之间的协同；通过对订单池中的订单信息进行线上动态处理、线上智慧匹配企业与订单，之后由线下企业共同配送，来实现配送业务线上线下的协同；在派送签收过程中利用区块链的数字签名和公私钥技术，防止货物被代签或被偷盗，充分保证用户的信息安全及货物安全，提高服务质量，使配送业务更加安全化、协同化。

4）联运可信化

区块链技术应用面向多式联运，可解决联运中多主体的信任及协作问题，实现联运可信化的实施效果。利用区块链的时间戳技术按照时间顺序记录多式联运交易信息，利用 P2P 网络面向全平台公开交易，实现多式联运主体之间的信息共享，保证信息的真实性，增强各主体之间的交易信任；海关、商检、运输企业等多个参与方利用区块链平台协作完成电子提单签发、转让等业务，保证电子单证的真实性，实现单证可信化；区块链技术赋能使不同运输方式之间的业务协作更加简洁通畅，提高多式联运不同运输方式之间的协作程度，实现不同运输方式的通畅衔接，强化交易主体之间的信任程度。因此，基于区块链的智慧物流业务链平台可为多式联运营造安全透明、公平公正的交易环境，实现联运可信化的实施效果。

5）平台全域化

将区块链技术运用到信息平台管理领域，能够减少物流信息平台的错误、保护客户隐私，通过对数据、交易等的实时监控与分析，实现对智慧物流业务链平台的全域监管。利用区块链的共识机制，链上平台的不同用户均可访问链上数据，解决信息壁垒问题，实现信息全域共享；平台可以记录货物运输信息及交易信息，确保信息的可追踪性，平台上的企业及个人的交易数据均可通过各节点进行访问，实现交易主体的全域互联；对物流信息平台的信息进行监管，将各区域的信息进行整合，使平台数据信息更加集成化、系统化，实现从物流信息管理到物流信息全域控制的飞跃，达到平台全域化的实施效果。

本章小结

本章立足于对智慧物流业务链的认知，结合区块链技术的特点及功能，提出区块链环境下的智慧物流业务链体系。通过分析基础业务、核心问题、应用价值与应用效果来构建区块链环境下的智慧物流业务链平台，搭建基于区块链技术的智慧物流业务链平台技术架构，并从用户视图、部署视图、实施效果三方面详细阐述平台应用实施方案。随着区块链技术与智慧物流业务链融合应用的不断深入，智慧物流业务链将更加集成、智能和高效，智慧物流将发生全新变革，最终构建出信任、安全的智慧物流生态体系。

第11章 智慧物流供应链与区块链融合实施方案

智慧物流供应链与区块链技术的融合实施方案，是基于供应链的流程、业务、交易、协调和金融等业务要素，在准确分析新时期供应链发展现状和难点的基础上，结合区块链技术特性，将区块链技术应用到智慧物流供应链领域，实现“双链”融合应用。

11.1 智慧物流供应链体系

对于智慧物流供应链的认知，是研究供应链与区块链融合应用的基础和前提。本节先从智慧物流供应链的发展现状入手，总结智慧物流供应链的不同发展阶段及其特点；然后以智慧物流供应链活动的角度，从采购、生产、销售三个环节着力，研究分析区块链环境下智慧物流供应链的业务体系演化与重构效应。

11.1.1 智慧物流供应链认知

1. 供应链发展现状

智慧物流供应链的认知是从供应链的发展阶段、核心业务环节进行分析，深耕供应链链条全过程，剖析业务环节和发展历程，深入探讨供应链业务环节及其发展瓶颈，有助于深刻把握智慧物流供应链。

1）供应链发展阶段

供应链的发展经历了四个阶段：企业内部资源整合阶段、企业外部资源整合阶段、价值链协作阶段、智慧物流供应链阶段。智慧物流供应链发展四阶段如图 11-1 所示。

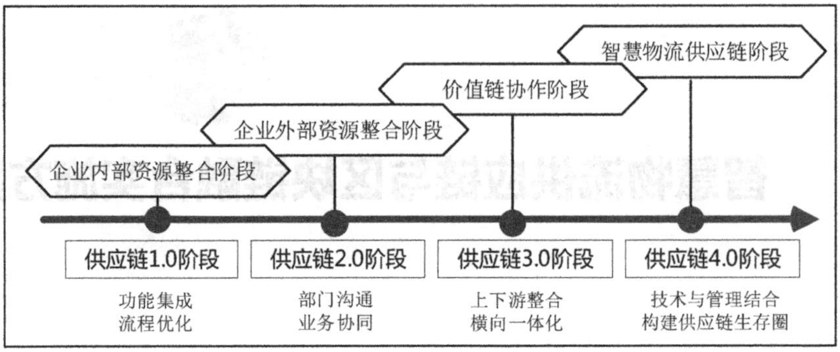

图 11-1　智慧物流供应链发展四阶段

（1）供应链 1.0 阶段。供应链 1.0 阶段是企业内部资源整合阶段，本阶段的特点是企业关注内部功能的集成、内部流程的优化，增强企业一体化管理。将原材料采购、库存控制集成为物料管理功能；将送货、分拣、拣选集成为配送功能。

（2）供应链 2.0 阶段。供应链 2.0 阶段是企业外部资源整合阶段，这一阶段企业重点关注部门之间的沟通和业务协同。通过加强沟通和密切合作，实现技术共享，有效利用企业资源，以获得市场的支配地位。

（3）供应链 3.0 阶段。供应链 3.0 阶段是价值链协作阶段，这一阶段企业重点加强与供应商和客户的协作，同时整合本企业的上下游企业，将上游供应商、下游客户及服务供应商、其他中间商等进行横向一体化的整合，构建一个价值链网络。

（4）供应链 4.0 阶段。供应链 4.0 阶段是智慧物流供应链阶段，这一阶段的特点是将互联网、大数据分析、云计算、人工智能等技术运用到供应链管理中，使供应链组织形态更加扁平。通过技术与管理有效结合，最终形成更加高效、智能的供应链生态圈。

2）供应链核心业务环节

智慧物流供应链是指将物联网、云计算、大数据分析、人工智能等数字化技术与手段应用到供应链领域中，助力智慧采购、智慧生产、智慧销售，实现供应链协调发展。智慧物流供应链业务环节如图 11-2 所示。

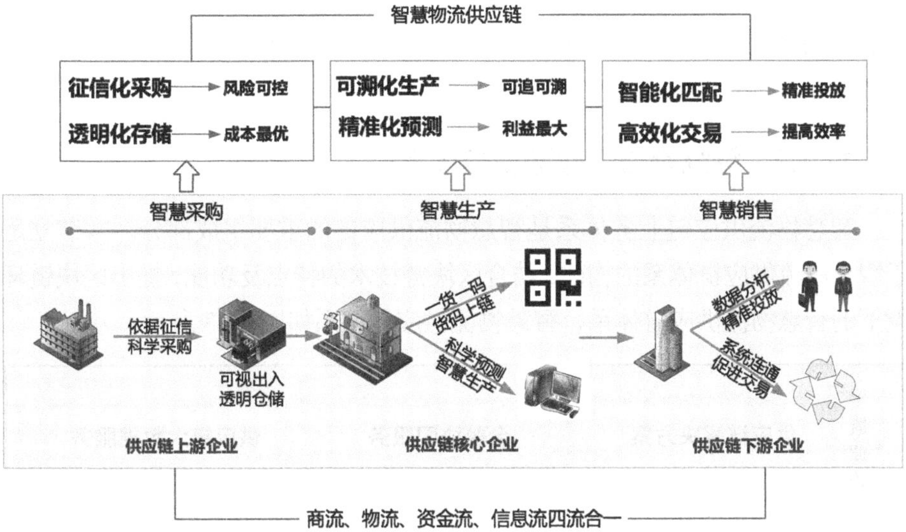

图 11-2　智慧物流供应链业务环节

如图 11-2 所示，智慧采购、智慧生产、智慧销售是供应链的三大核心环节，其中智慧采购是基础，智慧生产是核心，智慧销售是目的。

（1）智慧采购。智慧采购是将新型数字化技术运用到采购环节中，体现在稳定合理库存、降低货源风险、采购过程透明等环节。智慧采购的核心是通过信息系统的应用，确保采购与库存数据准确及时地呈现。

（2）智慧生产。将新型数字化技术运用到生产环节的过程称为智慧生产，这一过程包括智慧研发、自动生产、智能仓储等诸多环节。智慧生产的核心是利用新技术，改变传统生产方式，提高企业生产效率，增强市场竞争力。

（3）智慧销售。智慧销售是指运用新型数字化技术，结合传统的销售环节，通过市场分析挖掘客户，通过数据分析匹配客户，从而获得新的市场需求。智慧销售的核心是依托大数据，深耕海量数据下的潜在规律，从而挖掘市场新的需求点，并精准匹配目标用户，完成从传统销售向智慧销售的转变。

2．区块链环境下的供应链体系重构

智慧物流供应链业务在区块链技术驱动下必将得到提升与发展，区块链技术的应用也必将驱动智慧物流供应链业务的智慧化重构。区块链技术在智慧物流供应链中的应用将会深入到各个业务场景与环节，最终实现供应链交易透明化、数据可追溯、平台可共享、信用可保障、金融可信赖的全新效果。

11.1.2 智慧物流供应链业务体系

智慧物流供应链业务体系是智慧物流供应链的重要组成部分。本节立足于智慧物流供应链体系的构建，结合区块链技术的特点及功能，提出区块链环境下的智慧物流供应链体系，智慧物流供应链体系如图 11-3 所示。

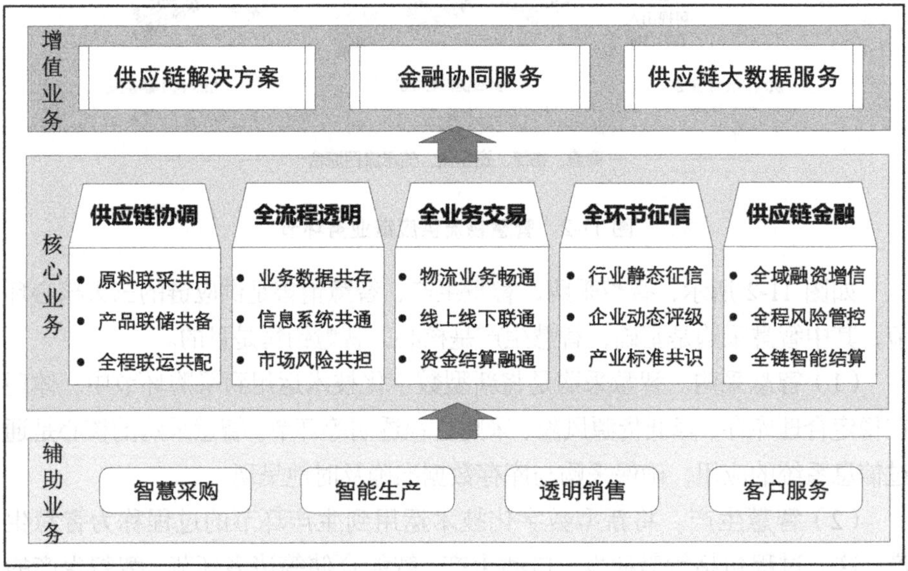

图 11-3 智慧物流供应链体系

区块链环境下的智慧物流供应链体系主要包括核心业务层、辅助业务层、增值业务层。其中核心业务主要有供应链协调、全流程透明、全业务交易、全环节征信、供应链金融；辅助业务主要有智慧采购、智能生产、透明销售和客户服务；增值业务有供应链解决方案、金融协同服务、供应链大数据服务。

1. 核心业务层

1）供应链协调

供应链协调的重点是把握企业之间采购、生产、销售等重要环节，通过开展原料联采共用、产品联储共备、全程联运共配等业务，推进供应链中企业的协同合作。

（1）原料联采共用。整合供应链多家企业采购需求，对产品或原材料进行联合采购，统筹使用。企业将采购产品的品类、数量等信息记录上链，链上数据不可篡改，进而确保信息的安全和准确，为企业降本增效，促进供应链协调。

（2）产品联储共备。供应链上多家企业对采购的产品或原材料进行联合储存、共同储备。共同储备能够极大地降低企业库存成本，同时利用区块链技术的数据实时可视，对出入库产品的种类、数量进行准确实时的把控，从而维持健康合理的库存。

（3）全程联运共配。多家客户联合，共同由一个指定的第三方物流服务公司来提供配送服务。联运共配有助于推动供应链协调，它通过对多客户进行统一管理，进而提高产品配送的时效，降低企业配送成本。

2）全流程透明

智慧物流供应链的全流程透明是结合区块链技术，将供应链全流程数据上链，且链上数据不可篡改、可享可用，实现数据共存、信息共享的目标。通过实施业务数据共存、信息系统共通、市场风险共担等举措，促进链上数据公开透明，助力供应链全流程透明。

（1）业务数据共存。利用区块链去中心化的结构储存企业数据账本，在分布式数据账本中，区块链用户都拥有数据账本的副本，根据智能合约中的内容，区块链用户不能对数据账本进行更改，以保障业务数据真实性，提高数据的透明可信度。

（2）信息系统共通。基于区块链技术，打造统一化资源管理系统，包括企业内部系统集成和企业间的系统连通。信息系统共通有利于打破交易阻碍，规避数据鸿沟，规范交易过程，实现过程透明。

（3）市场风险共担。通过将供应链全流程数据上链，分析海量业务、财务数据，将市场风险最小化并分担到每个供应链链条企业上，实现市场风险共担。

3）全业务交易

智慧物流供应链的全业务交易是指以物流畅通为基础，以系统连通为保障，以资金流通为支撑，结合区块链技术在金融、物流领域中的应用，助力供应链业务全方面、全场景、全时段进行，实现供应链全业务交易。

（1）物流交易畅通。物流交易畅通是指将物流业务数据上链，最终实现物流服务提供方与物流服务需求方的信息精准匹配。物流交易畅通是全业务交易的基础。这一过程主要利用链上数据实时可视且高度可信的特点，通过搭建物流交易信息平台，减少交易摩擦，实现车与货、货与仓的精准链上匹配。

（2）线上线下联通。线上线下联通是全业务交易的保障，通过线下业务线上化，实现双交易渠道服务模式。将业务数据上链，从而将线下的业务交易、业务过程延伸到线上，拓宽交易渠道，促进交易多样化，提高交易效率；同时线下交易有力支撑线上交易，通过线上线下联通实现双交易渠道协调并进、联动发展，促进供应链全业务交易。

（3）资金结算融通。资金结算融通是全业务交易的支撑，其基于智能合约的自动执行，保证供应链条上资金流的协同与稳定。将融资企业信用上链，解决链条企业融资难、融资贵的问题；同时，发挥区块链在促进交易高效方面的显著作用，加速资金流通，助力全业务交易的良好发展。

4）全环节征信

在智慧物流供应链中，全环节征信是指利用链上数据信息透明和不可篡改的特性，依据历史交易数据和动态交易指标，对链条企业的信用进行征信和评级，规避高风险交易，维系供应链健康发展；同时制定征信评级行业标准，实现科学化、规范化征信评级。

（1）行业静态征信。链条企业的信用评级是以该企业历史数据为主，结合企业在供应链上下游交易的信用表现，采用行业现行的评级标准，对供应链企业进行资质背书与征信。

（2）企业动态评级。通过智能合约将多方共同参与的评级机制嵌入区块链中，基于系统中信用数据的动态性和智能合约的自动执行性，使系统在无人为干预的情况下自动识别供应链企业动态信用趋势，实时调整信用评级机制。

（3）产业标准共识。运用区块链共识机制，将征信体系发展成为一套全面、客观、公正且操作性强的评级机制，并且在各征信机构之间形成共识，使得信用评级过程遵照统一行业标准，且不同征信机构在信用评级过程中保持独立性，使评级结果具有公正性、客观性和权威性。

5）供应链金融

在智慧物流供应链中，供应链金融是指银行将供应链核心企业和上下游企业紧密联系，通过提供金融产品和服务而形成的一种融资模式。

（1）全域融资增信。供应链链条上的中小微企业获得核心企业的授信，通过信用传递，获得信用背书，进而获得银行等金融机构的融资支持；区块链征信评级助力多方式融资，促进融资多样化，改善中小微企业融资难、融资贵、融资乱的局面。

（2）全程风险管控。基于区块链的征信特性，结合供应链金融业务，可有效加强信用风险、市场风险、操作风险等方面的监管与控制，通过链上数据实时追踪和共享，运用评价模型，分析金融环境，减少人为操作的失误，从源头遏制风险产生。

（3）全链智能结算。对于上链的企业交易数据，依托区块链链上数据不可篡改的特性，在交易达成后，智能合约自动触发，系统实行智能结算。

2. 辅助业务层

智慧物流供应链体系的辅助业务主要有智慧采购、智能生产、透明销售和客户服务。辅助业务是智慧物流供应链的基础业务，同时也是智慧物流供应链业务体系的支撑和保障。依托物联网、大数据分析、云计算技术，结合物流信息化平台，实现采购过程智慧化、生产过程智能化、销售过程透明化，为实现智慧物流供应链提供支撑。

3. 增值业务层

增值业务主要包括智慧物流供应链解决方案、金融协同服务、供应链大数据服务等。通过区块链技术与供应链业务场景的深度融合，将供应链部分业务作为增值业务，以助力链条企业在物资管理、战略规划、金融支持方面的科学发展，为企业和用户提供信息、管理、技术等方面的支持。

11.2　智慧物流供应链平台应用思路

智慧物流供应链平台应用思路立足智慧物流供应链五大业务场景，在准确把握供应链业务场景的核心问题后，结合区块链技术的发展现状，深入挖掘区块链技术在智慧物流供应链中的应用价值，实现区块链技术与智慧物流供应链业务场景的深度融合应用。智慧物流供应链平台应用思路如图 11-4 所示。

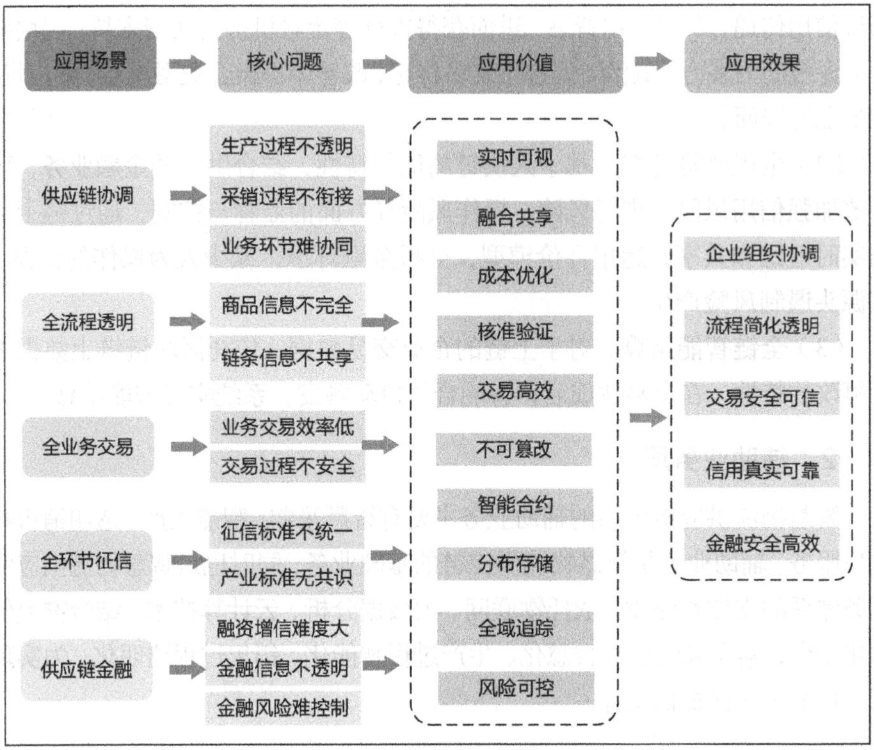

图 11-4　智慧物流供应链平台应用思路

智慧物流供应链平台应用思路是通过对不同供应链业务场景的核心问题进行分类，与区块链的应用价值匹配，最终归纳总结出“双链”融合应用效果。本节侧重分析智慧物流供应链平台应用思路中的核心问题与应用效果。

11.2.1　核心问题

在供应链协调方面，目前供应链中各企业之间的协同合作有待加强，采购、生产、销售等环节的信息流通存在一定障碍，供应链整体联动优势尚未充分发挥。在全流程透明方面，一是商品信息记录不全，信息链长度未能覆盖供应链全流程，导致信息丢失；二是链条信息不共享，“信息孤岛”等问题严重，各企业各自为政、自我发展，导致融资、交易、物流等过程的效率低下。在全业务交易方面，一是交易过程涉及众多纸质运单，人工输入错误率高，且存在信息记录不完全、信息被篡改等问题；二是供应链主体企业间各系统连接率低，对接度差，进而导致运输、仓储、交付、结算等过程效率低下；三是在供应链的跨境交易过程中，常常会出现因境内外的法律法规差异问题造成供应链交易纠纷。在全环节征信方面，由于各权威机构和第三方背书机构用于信用评级的数据存在记录不完全的情况，因此征信结果可信度低；且目前行业中征信背书机构繁多，导致行业缺乏统一的管理机制，征信乱象时有发生。在供应链金融方面，中小微和民营企业要想通过银行等金融机构获得贷款非常难；供应链核心企业数据单边化、私有化、分散化、封闭化等问题仍然普遍存在，且缺乏统一的金融信息服务平台。

11.2.2　应用效果

区块链赋能智慧物流供应链，利用实时可视、融合共享、成本优化、核准验证、全域追踪、交易高效、不可篡改、智能合约等应用价值，对接智慧物流供应链五大业务场景，相互融合达到企业组织协调、流程简化透明、交易安全可信、信用真实可靠、金融安全高效五大应用效果，构建安全、透明、可信的智慧物流供应链组织形态。

11.3　区块链环境下智慧物流供应链平台实施方案

区块链环境下的智慧物流供应链平台实施方案，包括基于区块链的智慧物流供应链平台技术架构及平台应用实施两部分。首先合理设计平台技术架构，其次将供应链主体用户考虑在内，进行网络节点部署，最终达到区块链环境下智慧物流供应链平台的应用实施效果，实现“双链”的融合应用。

11.3.1　基于区块链的智慧物流供应链平台技术架构

智慧物流供应链与区块链技术的融合应用构建智慧物流供应链平台，平台技术架构设计包含六个层次，从下到上依次为基础层、核心层、服务层、接口层、应用层和用户层。基于区块链的智慧物流供应链平台技术架构如图 11-5 所示。

平台技术架构由基础层、核心层、服务层、接口层、应用层和用户层六个层次组成，平台技术架构自下而上、由底层到顶层搭建，为基于区块链的智慧物流供应链平台方案的实施提供良好保障。其中基础层、核心层、服务层和接口层的相关介绍见第四部分第 9 章，本节重点分析平台技术架构的应用层及用户层。

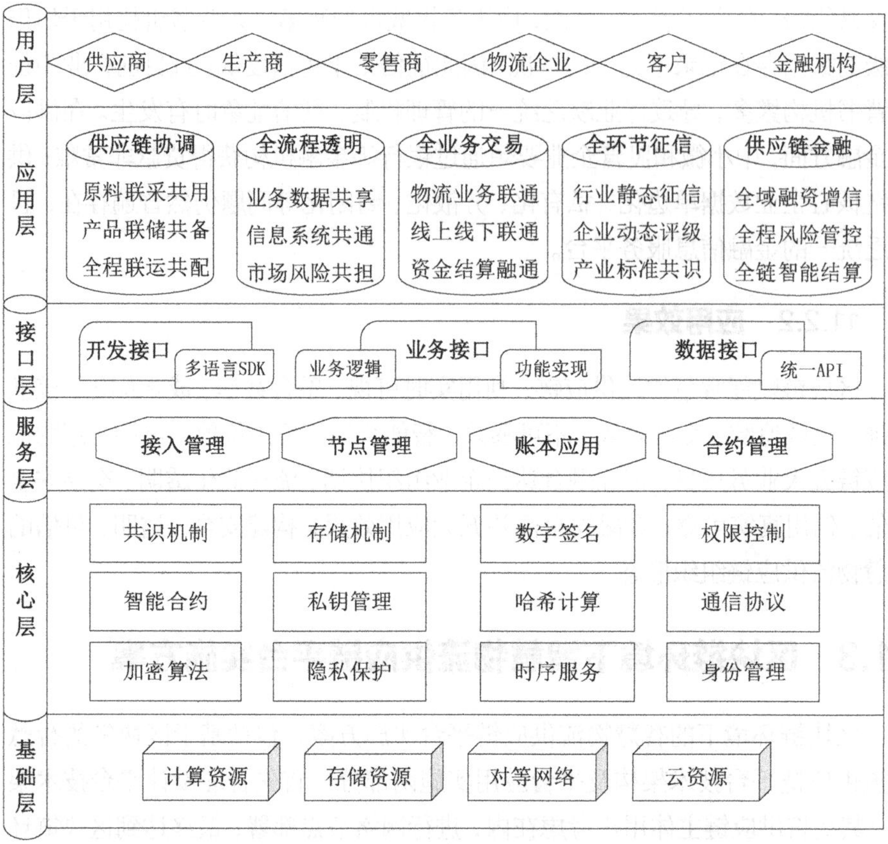

图 11-5　基于区块链的智慧物流供应链平台技术架构

1. 应用层

平台应用层主要应用在供应链协调、全流程透明、全业务交易、全环节征信、供应链金融五大业务场景。结合区块链技术应用特色，通过与数字化技术的融合应用，提升智慧物流供应链的核心竞争力。

2. 用户层

平台用户层包括供应链链条上的各类参与主体，主要有供应商、生产商、零售商、客户和物流企业，也包含银行、信托等金融机构。

11.3.2 平台应用实施

平台的应用实施主要描述用户视图、部署视图、实现视图三方面。从用户视图出发，厘清供应链主体，并分析支撑供应链主体的活动和功能，并针对企业、金融机构、信托公司，规划各自的部署视图，最终在区块链技术的应用下，将实施效果展示出来，形成实现视图。

1. 平台用户视图

基于区块链的智慧物流供应链平台的用户视图主要描述供应链环节中的主要角色、子角色及应用区块链活动所产生的效果，区块链应用实施中的相关角色都是区块链系统的利益相关者。基于智慧物流供应链的业务场景，构建供应链协调、全流程透明、全业务交易、全环节征信和供应链金融五大用户视图。

1）供应链协调用户视图

供应链协调场景下的用户视图主要包括供应链各个主体企业、企业内部的部门和平台。以供应链协调为导向，通过各级用户相互合作，最终实现信息互通、成本可控和信息共享的实现效果。供应链协调下的平台用户视图如图 11-6 所示。

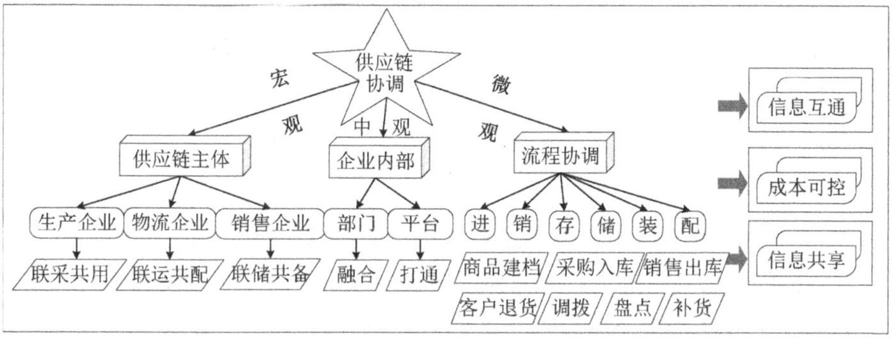

图 11-6　供应链协调用户视图

在供应链主体企业中，生产企业、物流企业、销售企业通过联采共用、联运共配、联储共备等业务活动，从宏观角度促进供应链企业之间的协调；企业内部的业务部门和业务平台之间的融合互通，从中观角度上促进供应链企业内部的协调；企业进、销、存、运、仓、配等业务环节的一体化，从微观角度促进供应链业务流程的协调。各主体层次分明、互相合作，共同促进信息互通、成本可控、信息共享，实现供应链协调。

2）全流程透明用户视图

全流程透明场景下的用户视图主要包括生产企业、物流企业、零售企业等供应链主体企业，以及海关、质监部门、卫生部门等政府部门。全流程透明场景下的用户主体着眼于供应链全流程的数据透明，旨在实现全域追踪、全程透明、数据完整。全流程透明下的平台用户视图如图 11-7 所示。

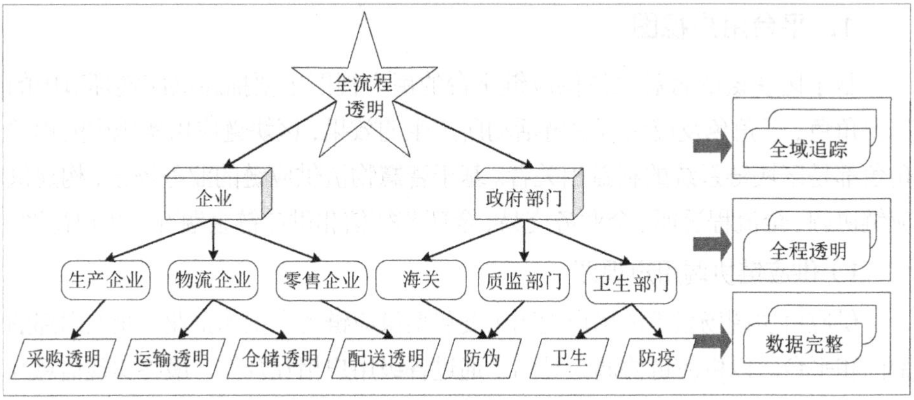

图 11-7　全流程透明用户视图

区块链技术下的全流程透明助力生产企业、物流企业、零售企业，实现采购、运输、仓储过程透明；海关部门和质监部门负责商品的防伪；卫生部门负责卫生检查和卫生防疫。区块链在全流程透明业务场景中的使用，旨在实现全域追踪、全程透明、数据完整的效果。

3）全业务交易用户视图

供应链全业务交易用户视图主要包括国际物流公司、国际贸易公司、海关、监管部门等。供应链全业务交易用户视图以全业务交易为实现目标，基于区块链技术，旨在实现交易高效、成本优化、风险可控。全业务交易下的平台用户视图如图 11-8 所示。

跨国企业与政府部门协同合作，实现供应链全业务交易。其中国际物流公司负责货物收发；国际贸易公司完成电子单据收发及财务清算；海关负责报关清关；监管部门负责对交易活动进行监管。利用区块链技术实现全业务交易高效、成本优化、风险可控的效果。

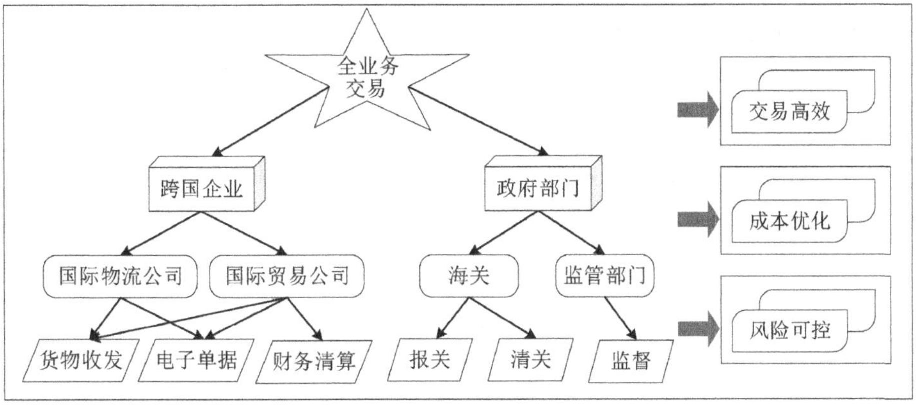

图 11-8　全业务交易用户视图

4）全环节征信用户视图

供应链全环节征信的用户主体有融资企业、服务企业、金融机构、背书机构等，通过将上述企业征信评级结果上链，从而实现供应链主体用户的信用透明。全环节征信下的平台用户视图如图 11-9 所示。

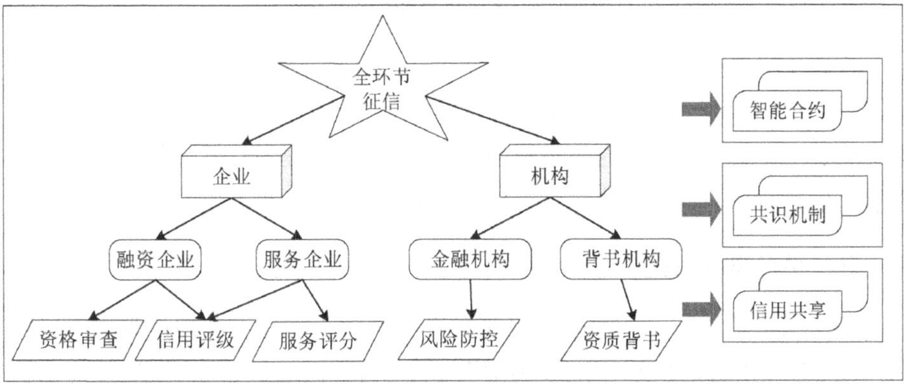

图 11-9　全环节征信用户视图

供应链上的融资企业，通过将企业资质信息上链，加强资格审查和信用评级，保证企业融资材料真实、可靠；供应链上的服务企业，凭借区块链的不可篡改性保证其信用评级和服务评分的真实性；金融机构利用区块链技术，获得可信的企业财务数据和真实的信用评级，极大地降低金融机构运营风险；背书机构将数据从源头上链，保证数据不被篡改，并且利用智能合约自动为企业进行背书评级工作。

5）供应链金融用户视图

供应链金融的用户视图主要针对中小微企业的实际需求，通过银行、信托公司、保险公司等金融机构，实现为中小微企业提供融资、风控、贷款、授信等服务。基于智能合约的自动执行，依托共识机制，实现供应链金融的良好运作。供应链金融下的平台用户视图如图 11-10 所示。

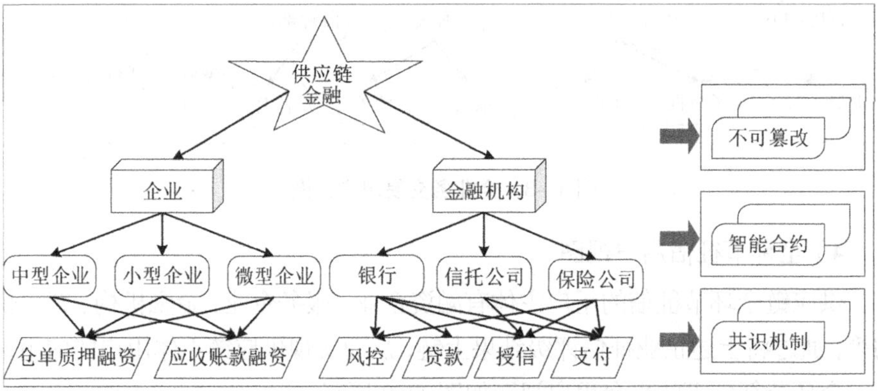

图 11-10　供应链金融用户视图

如图 11-10 所示，供应链上中小微企业通过将业务数据、财务数据上链，确保数据不可篡改，增加其信用基础，进一步拓宽企业融资渠道，包括仓单质押融资、应收账款融资在内的多种融资方式；银行、信托公司、保险公司利用高度可信的数据，为其提供风控、贷款、授信、支付等金融服务。

2. 平台部署视图

基于区块链的智慧物流供应链平台部署视图，是建立在用户视图的基础上，通过合理搭建网络架构，实现用户与联盟链之间的科学组织方式。平台部署视图如图 11-11 所示。

平台部署视图主要针对企业、政府部门、金融机构、征信机构，为其接入联盟链提供架构部署解决方案。用户通过客户端连接网络节点，再通过共识节点接入联盟链。各类企业通过连接网络节点和共识节点来实现业务数据上链；政府部门通过共识节点，对联盟链的数据进行监管和追溯；金融机构除了将数据上链，还可通过数据库集群对企业数据进行备份；征信机构通过共识节点访问链上可信数据，从而增强背书的可信性。

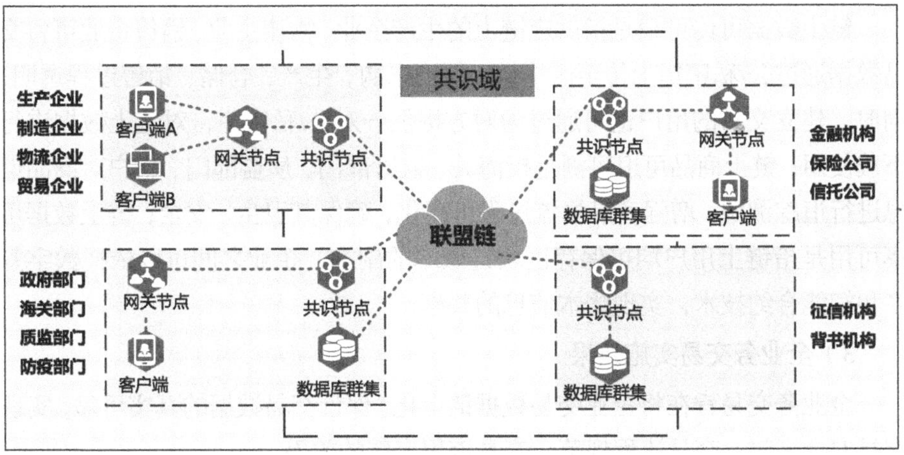

图 11-11　基于区块链的智慧物流供应链平台部署视图

3．平台实施和效果分析

利用区块链技术的分布式存储、不可篡改、全程追溯的技术特性，与供应链各相关业务紧密结合，切实解决供应链协调、追溯、透明、征信、金融方面存在的问题，实现企业组织协调、流程简化透明、交易安全可信、信用真实可靠、金融安全高效。本节从用户视图出发，结合五大业务场景，分析平台实施效果。

1）供应链协调实施效果

供应链协调重点关注采购、生产、销售等重要环节的联动，以及商流、物流、资金流、信息流的融合，促进企业之间、企业内部及业务环节三个层面的协调，实现企业合作协同化、部门协作一体化、业务环节集成化。

企业合作协同化是指通过开展原料联采共用、产品联储共备、全程联运共配等业务，将环节数据上链，促进供应链企业之间的协同合作；部门协作一体化是指通过将企业内部各部门打通，打破信息壁垒，增加业务流转效率，促进交易流程高效；业务环节集成化是基于供应链运、销、存、储、装、配等业务，对商品进行商品建档、采购入库、销售出库、调拨、盘点、补货、退货等活动，从基础业务环节促进供应链协调。

2）全流程透明实施效果

全流程透明重点关注区块链技术在供应链数据处理方面的应用，通过链上数据的不可篡改性，并基于区块链共识机制，实现供应链数据在区块链上的上传下载、信息追溯、共享使用的效果，实现数据高度透明。

链上数据可传可载是指供应链上的生产企业、物流企业、销售企业可将交易数据通过公/私密钥上传至区块链，促进采购、生产、仓储、销售过程透明；同时，建立交易的用户也可通过为对方提供一对公/私密钥，对链上数据进行下载使用；链上商品可追可溯是指海关、监管部门、质监部门、用户对商品信息进行追踪溯源，增强商品物流过程可视化，确保其卫生、安全；链上数据可享可用是指链上用户均可保存区块链账本的副本，企业之间可以依托数字签名和智能合约技术，实现账本信息的共享。

3）全业务交易实施效果

全业务交易旨在将企业交易数据链上化，保证交易数据的真实可靠，实现交易安全高效、交易流程规范、交易流程完整的效果。

交易安全高效是指贸易企业的互联互通，实现企业内部系统集成、企业外部系统对接，打破传统交易壁垒，节省双方交易耗时，使业务安全高效地完成；交易流程规范是指在国际贸易中，物流企业将交易过程中各类物流纸质票据链上化、数字化，从而规范物流流转票据，保证交易信息记录安全且不易丢失；交易流程完整是指将交易数据链上化，海关部门负责报关报检，政府部门负责卫生审查，监督部门负责监督。

4）全环节征信实施效果

全环节征信关注企业信用数据的真实性和信用多级传递两个层面，通过应用区块链技术，实现供应链链条企业的信用数据真实可信、去中心化信用传递。

信用数据真实可信是基于区块链上数据的不可篡改性，实现信用数据多方共同维护，将供应链企业的信用数据、资产数据、交易数据、融资数据上链，依据智能算法，将企业订单、合同、票据等纸质凭证转化为数字资产，促进企业资质背书、融资贷款的高效实现；去中心化信用传递是指供应链核心企业利用其较高的信用评级，对上下游企业进行信用多级传递，使上下游中小微企业依托链条核心企业的高信用背书，获得高信用企业的金融福利。

5）供应链金融实施效果

在供应链金融领域中应用区块链技术，可以实现提升监管水平、保障信息安全、优化金融中介等效果。

提升监管水平是指银行等金融机构，凭借区块链数据的可追溯性，在出现风险时，利用数据的反向追溯，遏制风险的发生，从而提升金融监管水平；保障信息安全是指银行等金融机构，利用分布式系统中各节点之间可以进行权限管理的特点，将个人隐私和匿名性应用到用户信息系统的设计当中，只有通过授权才可以进行登录和访问相关信息，从而保证信息安全；优化金融中介是指金融机构通过非对称加密算法，为交易双方建立信用基础，促使交易双方达成共识，此种模式既不需要依靠第三方机构的担保，也不需要明确对方的资金信息，便可以直接进行业务交易。

本章小结

本章首先总结智慧物流供应链发展历程，详述供应链基本流程，在此基础上，提出基于区块链的供应链业务体系重构；其次把握供应链发展瓶颈，深耕区块链应用价值，构建区块链技术与智慧物流供应链融合应用思路；最后搭建区块链环境下的智慧物流供应链平台，从平台的用户视图、部署视图、实现视图层面表述平台实施效果。

区块链作为一项新兴的集成化技术，在国内外金融领域的应用建树颇丰，而在物流供应链领域的落地实施仍处于起步阶段，尚未形成体系。因此，推进区块链技术与物联网、大数据分析、云计算、人工智能等数字化技术在供应链上的融合应用，成为物流供应链领域亟待突破的重中之重。基于区块链的技术特征，切实改善供应链业务环节，实现供应链流程良好运转，打造智慧物流供应链网络与数字化技术协调发展的生态体系。

第 12 章

智慧物流产业链与区块链融合实施方案

本章着重关注区块链技术的应用价值在智慧物流产业链中的实际应用，致力于构建区块链技术赋能下的智慧物流产业链业务体系，搭建基于区块链技术应用的智慧物流产业链服务平台，提出具体的产业链与区块链融合实施方案，实现智慧物流产业链的全链条打通及业务的协同运营，促进产业链的共生、连接、重构。

12.1 智慧物流产业链体系

智慧物流产业链是在业务链和供应链基础上拓展起来的，是智慧物流产业发展的最高层面。本节主要是在目前对智慧物流产业链认知的基础上，深挖区块链技术在智慧物流产业链中的应用场景，实现对智慧物流产业链体系的具体构建。

12.1.1 智慧物流产业链认知

1. 发展现状

智慧物流产业链是指以智慧物流为基础，以物流行业为核心，辐射相关上下游产业聚集而成的一种链条式关系形态。目前智慧物流产业链在数字化技术的驱动下正进行横向扩展和延伸，致力于攻克区域和行业界限，实现由本区域到跨区域、由运输仓储业到各行业物流、由国内业务到国际业务的跨越，形成以区域物流、行业物流和国际物流为主要类别的物流产业链形式。智慧物流产业链业务发展现状如图 12-1 所示。

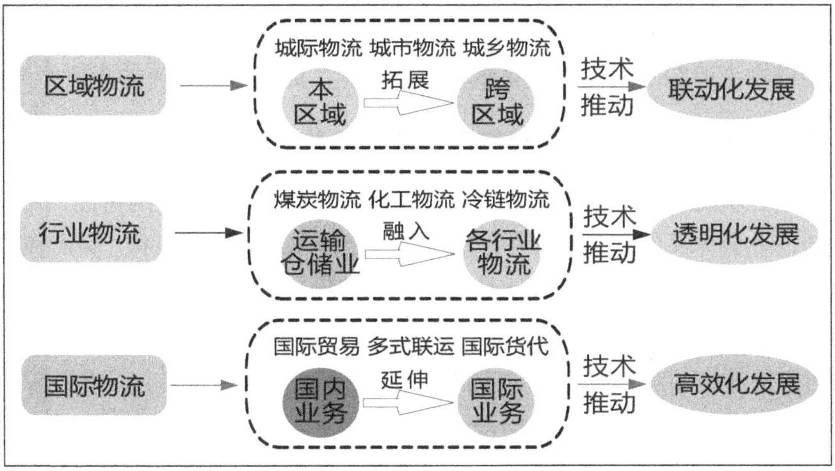

图 12-1　智慧物流产业链业务发展现状

智慧物流产业链包括区域物流、行业物流和国际物流中的各项业务，同时伴随着新数字化技术的赋能，智慧物流产业链正逐渐朝着区域物流联动化、行业物流透明化及国际物流高效化的方向演进。

1）区域物流

区域物流是指区域内部及区域之间的物流活动，主要包括城际物流、城市物流和城乡物流。区域物流强调物流网络畅通、资源合理分配及信息高效交互。目前借助大数据分析和互联网等数字化技术，在精准定位区域物流闲置资源的基础上，促进线上化、数据化信息的共享，进而实现配送网络布局优化、物流运作流程重构、产品供给需求匹配、线上线下交易同步，助力区域物流业务协同发展。

2）行业物流

行业物流是指行业内部发生的物流活动。目前主要形成以煤炭物流为主的大宗商品物流、以化工物流为主的危险品物流和以医药物流、农产品物流为主的冷链物流三大特色化行业物流。目前基于智能化技术，可实现各行业物流的多主体信息互通、全运输环节可视、多货品信息可溯，推动全链物流环节的透明衔接。

3）国际物流

国际物流是指在两个或两个以上国家或地区之间所进行的物流活动，重点关注国际贸易，辅之以国际多式联运、国际货运代理等业务。目前利用集成性智能化技术，可实现全流程电子单证交换、全业务订舱协同、全环节通关协作及全链物流追踪四大对外贸易核心业务功能，促进国际物流的高效便捷。

2. 区块链环境下的智慧物流产业链重构

基于区块链技术共享的潜力、不可篡改的架构、高度透明的特性，赋能智慧物流产业链体系的变革，助力智慧物流产业链体系的升级重构。深入智慧物流产业链各业务环节，挖掘区块链技术在区域物流中的网络布局、供需匹配、信息互联等应用场景；行业物流中的储配协同、交易透明、风险管控等应用场景；国际物流中的联运协同、交易简化、全域追踪等应用场景，以实现智慧物流产业链与区块链技术的深度融合。

12.1.2 智慧物流产业链业务体系

区块链技术作为一种安全高效的多方信息交换方式，具有全流程管控、全价值连接、全解析模型、全场景共识及全空域布局的价值。本节立足于智慧物流产业业务核心层、辅助层及增值层三大业务层次，构建区块链技术赋能的智慧物流产业体系，结合区块链技术应用价值，推动智慧物流产业链体系优化。智慧物流产业链体系如图 12-2 所示。

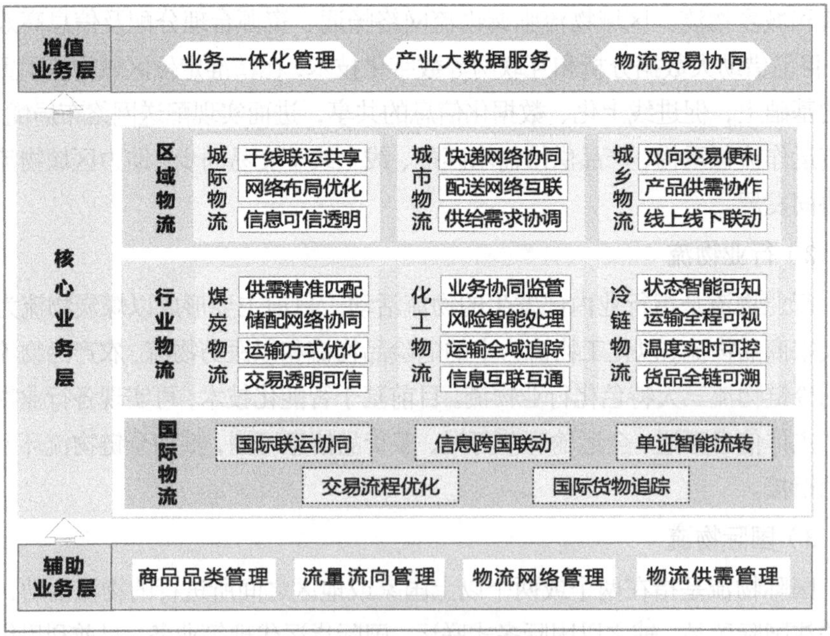

图 12-2 智慧物流产业链体系

智慧物流产业链体系主要有核心业务层、辅助业务层及增值业务层三个层次。其中核心业务层包含区域物流、行业物流和国际物流中的各项业务；辅助业务层包含商品品类管理、流量流向管理、物流网络管理及物流供需管理；增值业务层包含业务一体化管理、产业大数据服务及物流贸易协同。

1. 核心业务层

基于智慧物流产业链业务体系，核心业务层主要包括区域物流、行业物流和国际物流的各项业务，旨在借助区块链技术实现智慧物流产业链的业务协同与价值升级。

1）区域物流

在智慧物流产业链体系下，区块链技术在区域物流中的应用场景主要有城际物流、城市物流和城乡物流，旨在实现区域物流协同化。

（1）城际物流。城际物流是指跨区域进行的物流活动，其发展主要由需求和价值驱动。区块链技术赋能城际物流的业务设计，旨在实现多方参与主体协同、多级网络节点布局，以促进城际物流向高效化、协同化和智慧化方向演进。城际物流业务包括干线联运共享、网络布局优化及信息可信透明。

① 干线联运共享。区块链与大数据技术融合，可整合市场干线运输需求资源及相关信息，通过链上化透明存储，有效促进不同干线运输方式间的信息共享，简化单证审批流程，优化联运组织，提高联运衔接效率，实现干线运输的货运通畅、集散高效。

② 网络布局优化。区块链技术可实现运输需求的流量流向及节点布局信息的资源整合，并依据智能化算法进行分析决策，完善网点布局，重构物流网络，以满足物流市场需求与网络节点在空间、时效等维度的精准对应，推动城际物流运输网络结构的优化。

③ 信息可信透明。区块链技术利用巧妙的技术设计和数据管理方式，可以为城际物流中的多方参与者提供信任基础，实现信息的实时交互与安全传递，促进各主体之间由弱关系到强连接的转变。

（2）城市物流。城市物流是指货物在城市内部流动的过程。借助区块链技术可驱动城市物流创新，整合城市物流资源，协调货物流通渠道，提高货运量的装载程度及实现跨组织合作，助力城市物流升级。城市物流业务体系主要包括快递网络协同、配送网络互联、供给需求协调。

① 快递网络协同。通过多中心化的点对点通信，可打破企业间的信息传

输壁垒，促进快递企业间节点通道的资源共享，进而消除不必要的重复网点建设，提高物流资源利用率，实现快递物流资源互通、网络协同、优势共享，提高整个快递网络的服务能力。

② 配送网络互联。区块链准许的多方共同参与，可实现配送企业间的信息互通，公有资源的透明共享，同时利用时间戳技术实时共享包裹和车辆信息，掌握包裹动态的流量流向，进而发展联合配送，相互协作，解决各配送企业自建网点的问题，实现配送网络的高效互联。

③ 供给需求协调。利用区块链的点对点传输，精准对接供给主体与需求主体，实现生产端和消费端的数据交互及全链各阶段供需信息的链上存储，进行资源整合，促进供需快速匹配及产销协调运转，实现社会资源的高效合理配置。

（3）城乡物流。城乡物流聚焦于城市与农村间的中转配送问题，注重加强货物流通衔接、产品供需匹配，基于区块链技术赋能，构建城乡一体化的物流体系。城乡物流业务包括双向交易便利、产品供需协作、线上线下联动。

① 双向交易便利。利用区块链技术可将双向产品流动信息存储在区块中，并向全网进行同步广播，整合上下游产品、运输资源，明确产、供、销信息，打通城乡双向物流网络，实现物流运作由单行向双向的转变。

② 产品供需协作。区块链技术分布式存储的特性，可完善智慧物流产品供给需求体系，打通城乡物流生产生活物资流通信息堵点，实现生产资料与生活用品的供需匹配。

③ 线上线下联动。通过搭建城乡物流产业全链条的高效信息区块链平台，可统计整合线下产品的价格、质量等相关信息，进行线上化处理，基于智能合约构建可信交易环境，扩大产品的消费通道，实现线上线下的联动销售。

2）行业物流

在智慧物流产业链体系中，区块链技术在行业物流中的应用场景主要有煤炭物流、化工物流和冷链物流三大特色化物流，旨在实现行业物流透明化。

（1）煤炭物流。煤炭物流致力于为客户提供综合产品管理与一站式服务。区块链技术可强化煤炭物流的全链条管理，促进煤炭物流的产业化和集约化，加速煤炭物流体系升级。煤炭物流业务包括供需精准匹配、储配网络协同、运输方式优化及交易透明可信。

① 供需精准匹配。区块链分布式存储可连通煤炭开采端至消费端用户的供给需求数据，明确煤炭供给需求的真实信息，实现煤炭资源的精准化对接，

保证煤炭物流全链条供需的快速匹配。

② 储配网络协同。通过将煤炭物流各节点信息公开上链，明确煤炭生产开发和消费布局，打通煤炭物流园区储配业务间的阻塞盲点，完善煤炭运输通道，实现储煤配煤网络的协同。

③ 运输方式优化。区块链技术可支持运输企业及货主等各参与方在线协作，完成电子提单签发、转让和修改等操作，促进不同运输方式间的协同衔接，高效实现公铁联运和铁水转运的转化，优化运输方式。

④ 交易透明可信。基于区块链中的时间戳技术及智能合约自动化执行的特点，可在实现煤炭运销全流程监测跟踪的基础上，进行交易业务的真实核查，明确交易的价格成本，促进价格透明、实现可信交易。

（2）化工物流。区块链技术可助力化工物流业务升级，实现化工企业对化学品及物流设备的全时空、全过程、全状态的多维度感知和透明化管理，进而降低安全风险。化工物流业务包括业务协同监管、风险智能处理、运输全域追踪及信息互联互通。

① 业务协同监管。基于区块链分布式点对点的网络结构，连通监管部门与物流企业，实现化工物流各节点信息高效传输，实现监管信息的跨主体共享，结合区块链防篡改的特性，保证上链数据存储的安全可靠，促进跨区域的监管互信，实现多主体、各部门的业务共同监管。

② 风险智能处理。基于智能合约的验证功能，结合化工物流环节进行风险预测，制定风险处理的相关准则。利用物联网技术实时感知化学品储运状态，依据既定程序快速进行运输环节风险预测的条件判断，并做出风险处理的下一步回应，及时采取补救措施，保障运、仓、配各环节化学品的安全。

③ 运输全域追踪。化工物流多为危险品运输，可通过广泛互联区块链平台对物流流程进行管理，利用时间戳技术全面掌握化工产品的物流动态，实现对化工品运输过程中的港、船、车、人、货的全面感知，促进运输全流程业务的实时追踪和透明化管理。

④ 信息互联互通。区块链可打通化工物流从生产至销售各业务环节的信息流，基于加/解密技术实现信息的点对点传输，促进物流信息的跨主体传递，促进业务的撮合与执行，实现整个化工物流链条上信息的互联透明。

（3）冷链物流。区块链技术赋能冷链物流业务体系，助力冷链物流全流程动态管理，全数据实时共享，实现冷链物流的透明化和可视化。冷链物流业务包括状态智能可知、运输全程可视、温度实时可控、货品全链可溯等。

① 状态智能可知。将时间戳技术与物联网技术结合，可实现冷藏车温度、湿度及车辆空间位置的实时更新。基于共识开放功能，存储链上数据，进行全网广播，利用区块链防篡改的特性，保证数据传输的真实可靠，促进全链货品温度、湿度、位置空间等信息的共享，实现货品状态的智能感知。

② 运输全程可视。基于区块链共识开放及多方共同参与，可实现全流程车辆行驶轨迹、货物温度和湿度等信息的链上化处理；利用时间戳保留动态数据，分布式存储可实现各节点参与者对冷链物品的整个生命周期的掌握，实现运输全过程的透明化管理。

③ 温度实时可控。智能合约可在冷链运输过程出现问题时，自动对异常情况进行预警，并依据智能合约中的执行原则采取相关的防范措施，保证冷链过程温控不断链，实现全链的温度控制。

④ 货品全链可溯。基于区块链系统的分布式网络，存储冷链品全链流程相关数据，实现端到端的全程自动化及数字化的检测跟踪，做到整个冷链物流货品全流程可视，促进货品来源可追溯、品质可保障。

3）国际物流

区块链技术可有效赋能国际物流中的电子合同管理、贸易流程改善，实现国际物流体系升级。国际物流业务主要包括国际联运协同、信息跨国联动、单证智能流转、交易流程优化及国际货物追踪，旨在实现国际物流高效化。

① 国际联运协同。通过构筑区块链平台可实现多式联运、信息共享，使物流公司、金融机构、客户、商检等多个参与方在线协作，完成电子提单安全流转，简化联运单据的审批环节，加快联运方式对接，促进联运环节的协同运作，提高整个多式联运过程的效率。

② 信息跨国联动。通过区块链技术可挖掘并提升信息价值，构建精确完整的数据库系统，提供精细化的信息服务，借助区块链端到端的价值传递，实现信息远程交互，促进各责任主体的联动，解决传统业务操作过程中的“数据孤岛”问题。

③ 单证智能流转。基于电子签名技术，可使所有贸易合同、业务单据等文件都可以在区块中实现数字化、模块化的安全存储，保证其不可篡改，并在有公/私钥加密的情况下实现客户、码头、堆场、供应商、政府监管部门等物流参与方间单证的安全流转与核验。

④ 交易流程优化。智能合约可保证在满足交易条件的情况下，自动触发交易执行过程，结合电子单证公开透明、链上存储，简化传统国际贸易业务模

式中待确认业务单据、交易信息等在不同参与机构间频繁传输的过程，重塑贸易结算体系，提高交易处理的效率。

⑤ 国际货物追踪。区块链与物联网技术融合，可实现节点网络间数据的智能化传输，减少人为因素的参与，提高货物流通全流程中信息的安全性与透明性。利用区块链时间戳技术，准确判断货物所处的状态和环节，对货物进行有效管理，实现货物的实时追踪。

2. 辅助业务层

在智慧物流产业链体系中，辅助业务包括商品品类管理、流量流向管理、物流网络管理和物流供需管理，旨在通过对物流商品进行品类分析，对流量流向进行量化管理，以顾客需求为中心协调物流网络建设，实现社会资源的高效合理配置。

3. 增值业务层

区块链技术可实现核心业务与辅助业务的高效集成，进一步拓宽业务范围与服务能力，增值业务层主要包括业务一体化管理、产业大数据服务及物流贸易协同，旨在实现智慧物流产业链的业务升级与价值提升。

12.2　智慧物流产业链平台应用思路

本节主要基于区块链技术赋能下的智慧物流产业链体系，结合区块链技术十大应用价值，解决智慧物流产业链业务面临的难点，以促进智慧物流产业链升级重构，最终实现应用优化的效果。具体的智慧物流产业链平台应用思路如图 12-3 所示。

智慧物流产业链平台应用思路是结合应用场景对智慧物流产业链中不同业务的核心问题进行分类，并与区块链的应用价值匹配，归纳总结应用效果。本节主要分析应用思路中的核心问题与应用效果。

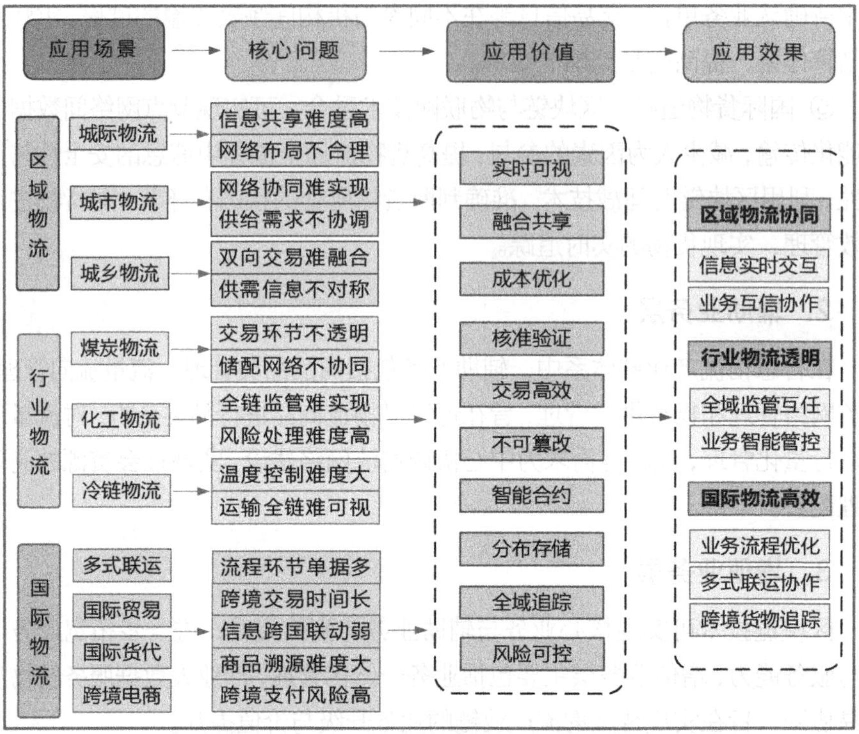

图 12-3　智慧物流产业链平台应用思路

12.2.1　核心问题

基于智慧物流产业链业务体系及区块链技术应用场景，进行核心问题分析。目前区域物流主要在网络布局和供需匹配等方面存在问题，这些问题制约着区域物流业务的协同发展；行业物流主要在信息共享及风险防控等方面存在问题，这些问题阻碍着行业物流透明的实现；国际物流主要在资源整合及流程复杂等方面存在问题，这些问题遏制着国际物流高效的发展。

12.2.2　应用效果

基于区块链技术十大应用价值赋能，可促进智慧物流产业链各应用场景下的业务优化，在宏观上实现区域物流协同、行业物流透明及国际物流高效。具体应用效果包括信息实时交互、业务互信运作、全域监管互任、业务智能管控、业务流程优化、多式联运协作及跨境货物追踪。

12.3　区块链环境下智慧物流产业链平台实施方案

本节主要介绍基于区块链技术的应用，构建基于区块链的智慧物流产业链平台技术架构，针对区块链平台中的用户进行具体的视图部署，实现区块链与智慧物流产业链的融合联动发展，提升智慧物流产业链的应用价值。

12.3.1　基于区块链的智慧物流产业链平台技术架构

基于区块链搭建的智慧物流产业链平台技术架构旨在为智慧物流产业链中的区块链用户提供切实解决其业务核心问题的技术方案。通常平台技术架构主要有六个层次，分别为基础层、核心层、服务层、接口层、应用层和用户层。基于区块链的智慧物流产业链平台技术架构如图 12-4 所示。

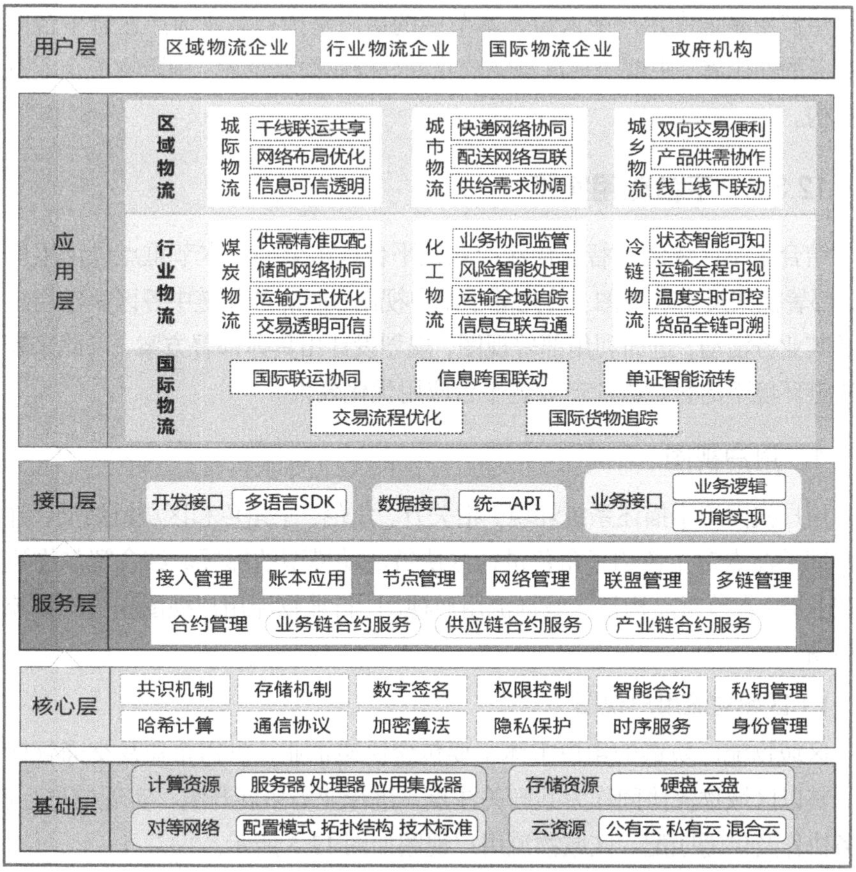

图 12-4　基于区块链的智慧物流产业链平台技术架构

基于区块链的智慧物流产业链平台技术架构主要有六个层次，分别为基础层、核心层、服务层、接口层、应用层和用户层。其中基础层、核心层、服务层和接口层的相关介绍见本书第四部分第 9 章，本节重点解释产业链平台技术架构的应用层及用户层。

1. 应用层

应用层是基于业务方开发的各种区块链应用场景，在服务层多链交互，相互联动的基础上实现的具体应用。智慧物流产业链区块链应用场景主要包括区域物流、行业物流和国际物流三个大方面，目的是实现区域物流协同，行业物流透明和国际物流高效，进而为用户层中的用户提供高品质的服务。

2. 用户层

用户层是面向用户的入口，本节中的用户是指智慧物流产业链平台区块链服务的使用者，主要包括区域物流企业、行业物流企业、国际物流企业及政府机构。

12.3.2 平台应用实施

结合基于区块链的智慧物流产业链平台技术架构，本节重点讨论用户视图，部署视图及实现视图。首先基于用户视图，明确产业链中各区块链用户主体及其业务活动，进而利用部署视图，规划设计出具体部署方案，以此来实现区块链环境下的智慧物流产业链平台应用优化效果。

1. 用户视图

用户视图用于描述系统环境、相关方、角色、子角色和区块链活动，并基于共同关注点对角色和子角色进行区块链活动模型的部署。结合智慧物流产业链业务，本节重点构建区域物流用户视图、行业物流用户视图和国际物流用户视图。

1）区域物流用户视图

区域物流区块链的用户主体主要包含快递企业、供需企业及交通管理部门，其以区域物流协同作为共同关注点，进行业务拓展升级，实现信息互通、业务协作及供需匹配。区域物流用户视图如图 12-5 所示。

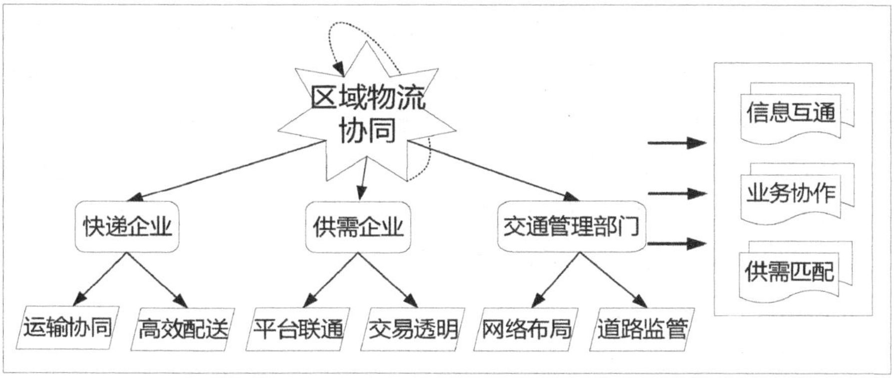

图 12-5　区域物流用户视图

基于区块链公开透明的特性，快递企业可以实现运输业务协同及高效配送；利用分布式存储及智能合约，供需企业间可实现信息平台联通，促进交易透明；借助区块链与物联网技术融合，交通管理部门可实现网络布局优化及道路实时监管。

2）行业物流用户视图

行业物流区块链的用户主体主要包括行业物流企业及政府行政机构，其以行业物流透明作为共同关注点，进行业务升级重构，实现储配协同、监管可视及风险可控。行业物流企业主要包括生产、仓储、配送、运输及销售企业，政府机构主要包括监督部门及环保部门。行业物流用户视图如图 12-6 所示。

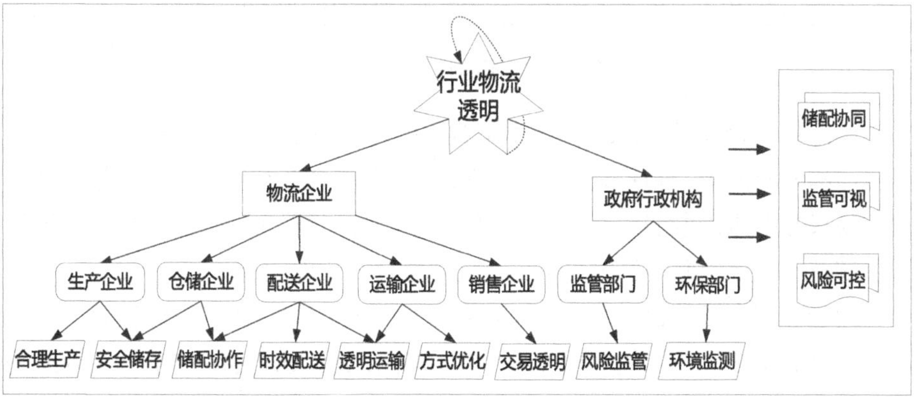

图 12-6　行业物流用户视图

生产企业可在供需端精准对接的情况下实现合理生产，结合仓储企业实现安全储存，通过优化网络布局，实现仓储企业与配送企业互联，进行储配协作；运输企业利用区块链实时可视的应用价值，进行透明化运输和时效性配送；销售企业利用智能合约，可实现交易链条的安全透明与真实可靠。

监管部门利用智能合约进行风险防控，实施全链风险监管；环保部门利用区块链传播机制，可实现对环境监测数据的链上共享，避免化工物流货品泄露的环境污染及冷链物流配送车辆温控失调。

3）国际物流用户视图

国际物流区块链用户主体主要包括跨国企业及政府机构，其以国际物流高效作为共同关注点，进行业务拓展延伸，实现实时追踪、流程优化及联运协同。跨国企业主要包括国际物流企业，国际贸易企业及国际货代企业，政府机构主要包括海关及商检部门。国际物流用户视图如图 12-7 所示。

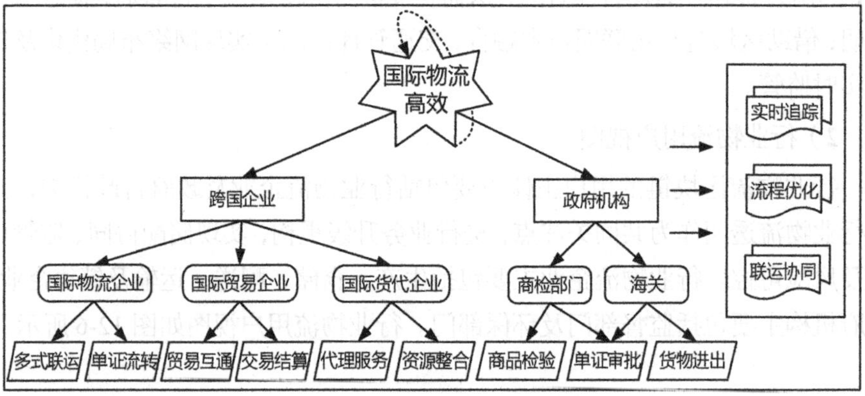

图 12-7　国际物流用户视图

国际物流企业基于区块链技术融合下的电子单证，可实现运输方式间信息传递的无缝衔接，加速多式联运进程；国际贸易企业利用点对点传输机制联通贸易双方主体，进行贸易互通及交易结算；国际货代企业通过大数据分析与区块链技术融合挖掘信息优势，进行资源整合及代理业务。

商检部门在区块链技术全域追踪价值下可进行商品质量来源检验，基于不可篡改的特性，结合海关部门进行单证审批，无误执行货品放行，实现通关流程优化。

2．部署视图

部署视图主要是基于联盟链，在共识域中定位区块链用户主体的过程。通常部署视图一般包括认证机构、政府部门、区块链相关使用方及伙伴企业四部分，智慧物流产业链平台部署视图如图 12-8 所示。

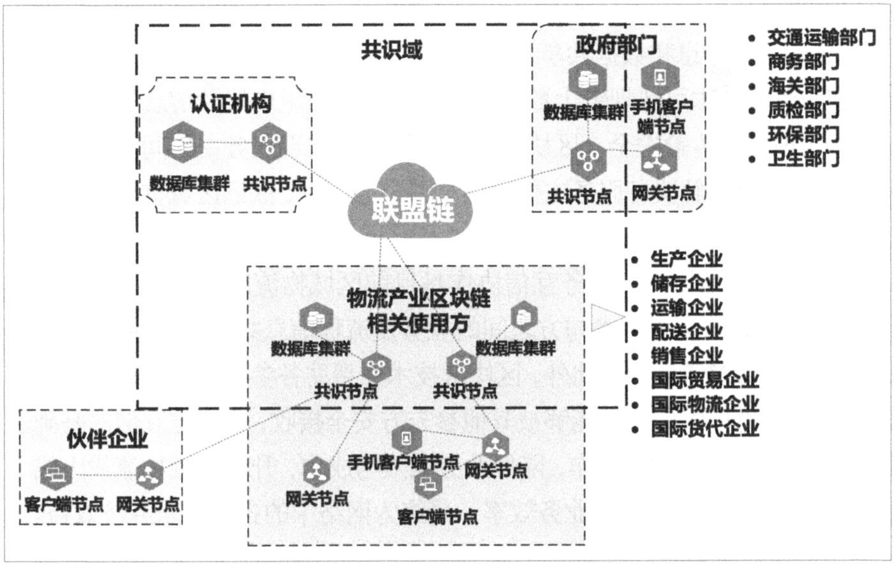

图 12-8　智慧物流产业链平台部署视图

认证机构完全在共识域中，通过数据库集群和共识节点来完成其功能；政府部门包括交通运输部门、商务部门、海关部门、质检部门、环保部门及卫生部门等，通过共识域内的网关节点、共识节点及共识域外的手机客户端、数据库集群来完成其功能；已经通过认证的企业包括物流产业区块链的相关使用方，主要有生产企业、储存企业、运输企业、配送企业、销售企业及国际贸易企业、国际物流企业、国际货代企业等，通过共识域内的网关节点、共识节点及共识域外的手机客户端、数据库集群来完成其功能；未认证的伙伴企业在共识域外，通过数据库集群和共识节点来完成其功能。

3．平台实施效果

基于区块链技术应用价值，结合智慧物流产业链体系，构建产业链区块链平台，重塑价值与信任，升级产业链生态体系，在宏观层面实现区域物流协同、行业物流透明及国际物流高效。

1）区域物流协同

区块链技术与区域物流业务紧密结合，赋能城际物流、城市物流及城乡物流业务优化，实现信息实时交互及业务互信协作。

（1）信息实时交互。区块链技术不同于中心化的数据存储，区块中的信息都会通过点对点公开的形式分布于每一个节点，通过全网见证实现所有信息的如实记录。基于其去中心化的分布式存储特点，可以打通区域物流部门间的数据壁垒，实现信息和数据共享，结合多方共识，提高信息可信度。此外利用区块链加/解密技术可实现链上数据安全存储，帮助用户保障信息隐私，通过公/私钥实现信息传输安全。区块链的技术运用可实现业务主体间的信息共享和实时同步，有效解决各服务主体间信息孤立的问题，保证区域物流中跨部门业务协同、供需快速匹配。

（2）业务互信协作。业务互信协作是目前区域物流所追求的目标。区块链技术的运用，可促进各参与方之间的业务及流程信息共享，实现多方协同，达成业务合作及效率提升。此外，区块链技术在帮助各参与方保护自身数据隐私的基础上，也可保证数据能够被其他参与方安全接收，在多方互信的基础上实现资源聚合，促成业务合作，降低业务风险与成本，升级区域物流线上线下联动、业务协同运作、提升业务效率，最终为网络中的各方带来经济效益。

2）行业物流透明

区块链技术与行业物流业务紧密结合，赋能煤炭物流、化工物流及冷链物流业务优化，实现全域监管互任及业务智能管控。

（1）全域监管互任。区别于传统的政府机构监管模式，基于区块链技术的多中心协同运作，可联通行业物流各部门节点，共享监管信息，实现物流链条上各参与方的共同监管。同时利用区块链多方共识维护的特性，使参与数据存储的节点间相互监督和管理，降低数据信息被篡改的风险，保证数据真实可靠，从而构建出动态化和精准化的监管体系。物流企业和监管机构可准确掌握运输行驶路线、运输货物状态、运输资质证明等，做到全域监管、信息互任。

（2）业务智能管控

利用数字化技术融合，实现业务全流程的数据采集，实时掌握货品的动向和状态，分析全链潜在的风险。依据智能合约制定风险执行准则，实现交通安全、隐患管理等应急处理措施链上存储。基于区块链系统完成对合约执行条件的自动判断，在满足既定条件时合约自动触发和执行，从而实现智能的风险识别与事故处置。

3）国际物流高效

区块链技术与国际物流业务紧密结合，赋能多式联运、国际贸易业务优化，实现业务流程优化、多式联运协作及跨境货物追踪。

（1）业务流程优化。基于区块链技术，从跨境贸易订单生成环节就开始进行信息上链，通过信用主体无纸化签收，生成区块链赋能下的电子运输结算凭证。利用防篡改特性，保证承运过程中信息流与单据流的一致性，为贸易提供真实准确的运营数据。通过智能合约完成自动对账，并对异常调账过程进行查验，保证整个贸易过程的高度智能化和可信化，促进贸易的高效达成，实现贸易流程的优化。

（2）多式联运协作。以集装箱为载体，联结多种运输方式。基于区块链与大数据分析技术的融合，整合包括箱源、货源及车源在内的多种运输资源，推进物流信息共享，打通各种运输方式承运商之间的信息壁垒，促进资源共享，提高资源利用率。通过全网广播及多方共识，进行电子提单核验与流转，为多式联运提供高效协同的运作环境，加强业务双方的协同合作，重塑价值链条，促进各种运输方式的有效衔接，实现多式联运协同，降低物流成本。

（3）跨境货物追踪。通过物联网和区块链技术融合，可将全链条的关键业务数据上链处理，主要包括出厂信息、国际运输信息及国内配送信息等。基于时间戳技术，可记录每次货物流转的时间信息，根据业务发生的先后顺序依次存储在区块中，实现商品从需求提报至接取送达全流程的透明化，做到源头可溯、去向可查，促进跨境全程物流追踪服务的实现。

本章小结

本章主要研究区块链技术与智慧物流产业链的融合应用。首先，基于区块链技术的应用价值，重构智慧物流产业链业务体系。其次，通过把握产业链核心问题及区块链应用效果，构建具体应用思路。最后，搭建区块链环境下的智慧物流产业链平台，并从三大视图着手，明确智慧物流产业链平台具体实施方案。通过区块链技术与智慧物流产业链业务的深度结合，可实现智慧物流产业链的价值提升，促进智慧物流产业链智慧化与协同化发展，升级智慧物流产业链生态体系。

第六部分

创新智慧物流区块链应用模式

区块链技术的发展促使全球范围内各行业开展技术研究与应用探索，其天然的技术结构特性可为各领域多方协作提供信任基础，将促使组织模式、业务模式等新模式形成，是各行业解决发展瓶颈、迸发经济新活力的突破口。本部分通过分析现有各领域区块链应用，探究总结三大主要应用模式，并创新探究区块链融合行业应用模式。在明确区块链行业应用模式的前提下，结合智慧物流发展现状，通过梳理智慧物流区块链应用驱动模型，探索智慧物流区块链平台合理组织模式、科学服务模式、创新商业模式，剖析研究区块链技术与智慧物流的高效应用方式。

第 13 章

区块链行业应用模式

区块链技术不断发展，与各行业的融合应用日益加强，目前在金融、司法及供应链管理等领域的应用较为广泛。区块链应用模式多元，在系统开发、落地部署、平台管理及应用场景多方面存在较大差异，目前形成了三类主要应用模式：公有链应用模式、私有链应用模式及联盟链应用模式，同时呈现融合应用的发展趋势。区块链应用模式分析如图 13-1 所示。

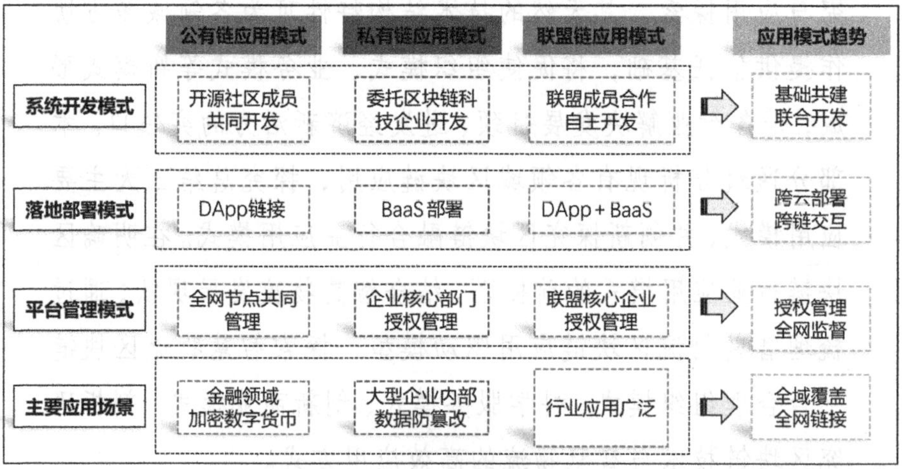

图 13-1　区块链应用模式分析

公有链模式的典型应用场景是金融领域，尤其是加密数字货币领域，系统开发模式是由开源社区成员共同开发，通过 DApp 进行落地部署，全网节点共同维护管理区块链平台；私有链模式主要应用于大型企业内部，用于数据防篡改等业务场景，区块链系统委托其他企业开发，通过 BaaS 方式落地部署，由企业内部核心部门进行授权管理；联盟链模式应用场景较为广泛，可以应用于透明监管、安全交易、高效协同等业务场景，一般由联盟成员企业进行开发，并通过 BaaS 及 DApp 等方式实现落地部署，授权联盟部分企业进行维护管理。三种应用模式逐渐走向交叉与融合，系统开发逐渐走向基础共建、联合开发模式，落地部署逐渐走向跨云部署、跨链交互模式，平台管理逐渐走向授权管理、全网监管模式，主要应用场景逐渐趋于实现各行业全域覆盖、全网连接。

13.1　区块链主要应用模式

13.1.1　公有链应用模式

公有链作为一个任何人都可读取、可发送交易且交易能够获得有效确认的共识区块链，主要应用于金融领域，尤其是加密数字货币等去中心化需求强烈的行业场景。公有链验证节点遍布世界各地，结合其公开透明特性，所有人可共同参与记账，进行区块链上交易数据的读取和维护，不受任何单个中央机构的控制，充分保证了数据去中心化、链上共识的实现。公有链在行业中的应用模式如图 13-2 所示。

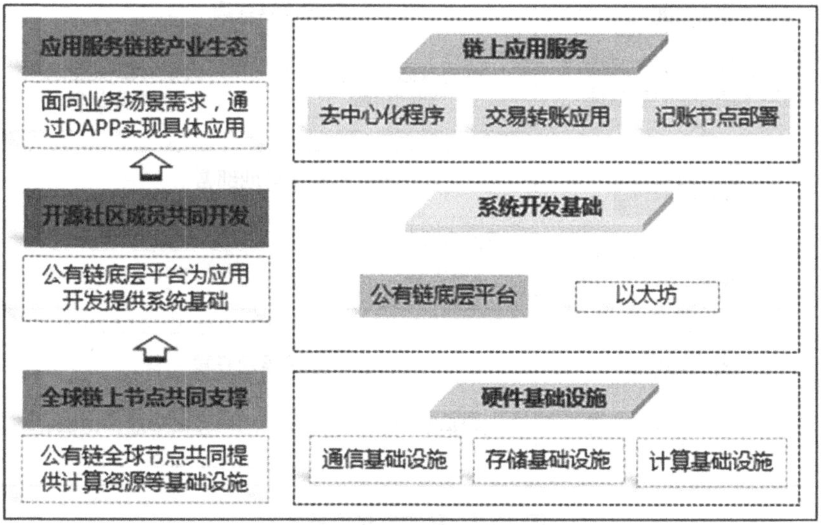

图 13-2　公有链应用模式

在公有链应用模式中，全球节点共同提供计算、存储和通信等基础设施资源支撑；同时基于全球公有链底层平台如以太坊为区块链应用开发提供系统基础，为行业应用提供模块化开发服务；开源社区成员在此基础上，面向各领域业务场景需要，提供去中心化程序应用开发、交易转账应用及记账节点部署等区块链服务；最终通过区块链 DApp 实现具体应用，将产业生态体系连接成一个整体。

13.1.2　私有链应用模式

私有链主要面向大型企业内部管理应用，适用于数据管理、审计等场景。在私有链的应用中，可以依托区块链防伪、防篡改、不可逆的特性，保障大部分资料信息的完整性和一致性，保护客户重要信息和隐私不被泄露，减少公司损失。私有链在企业中的应用通过将区块链读写权限分布于企业各个部门机构，所有部门数据实时上链进行数据共享来保障信息的透明安全。私有链应用模式如图 13-3 所示。

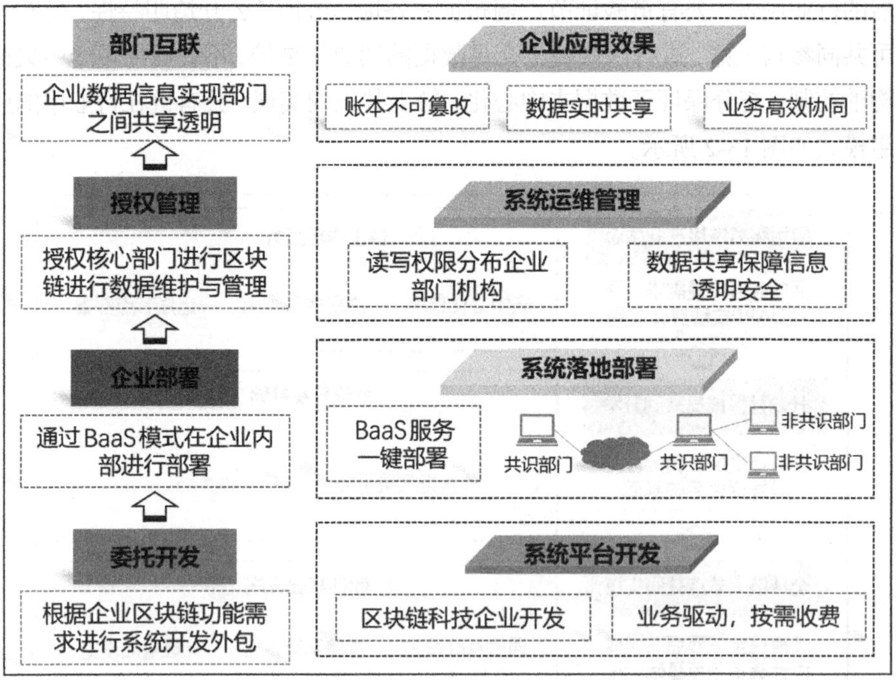

图 13-3　私有链应用模式

在私有链应用模式中，企业一般会根据自身业务功能需求进行系统开发外包，由专业的区块链技术企业进行开发，按需收费；通过 BaaS 模式在企业内部进行区块链系统的部署，在简化部署流程的同时节约开发成本；区块链系统的读写权限分布于指定的部门机构，授权管理，同时保障数据共享、信息透明安全；最终促进各部门互联，实现账本不可篡改、数据实时共享、业务高效协同的应用效果。

13.1.3　联盟链应用模式

联盟链通常应用于政府机构、商业机构和公司之间，多家有共同商业或技术进步诉求的企业机构联合在一起进行区块链开发与应用。联盟链目前在供应链管理、农产品安全流通、国际航运管理等领域应用较为广泛。联盟链在行业中的应用模式如图 13-4 所示。

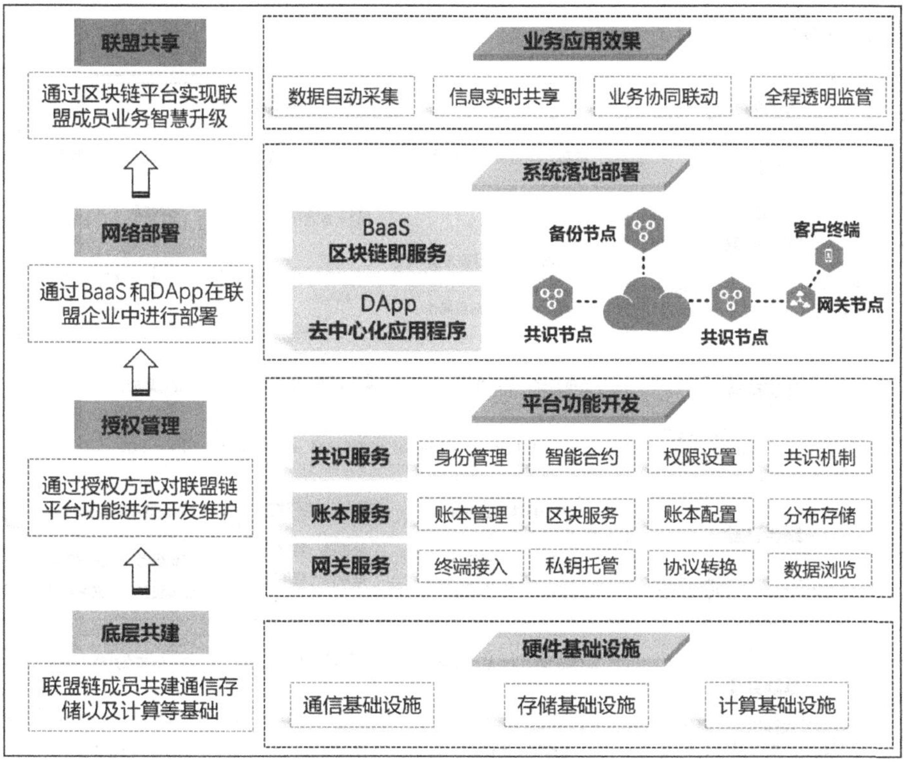

图 13-4　联盟链应用模式

在联盟链应用模式中，联盟内成员共建通信、存储及计算等硬件基础设施；通过授权的方式对联盟链平台进行开发维护，联盟企业机构共同制定区块链应用标准、创新区块链应用技术、开发区块链底层平台，提供共识服务、账本服务及网关服务等；通过 BaaS 及 DApp 等方式将区块链系统部署到企业当中，组建联盟链网络，授权企业节点对网络进行维护管理；最后实现联盟企业机构之间的数据自动采集、信息实时共享、业务协同联动、全程透明监管的应用效果。

13.2 区块链融合应用模式

在目前主要的应用模式中，公有链在应用中重点关注区块链基础平台的搭建，私有链主要面向企业内部应用，联盟链主要面向企业之间的协同，三种应用模式存在一定程度的交叉与互补，公有链与联盟链的联系也将更加紧密。未来区块链应用模式将会逐渐形成融合发展的趋势。区块链融合应用模式如图 13-5 所示。

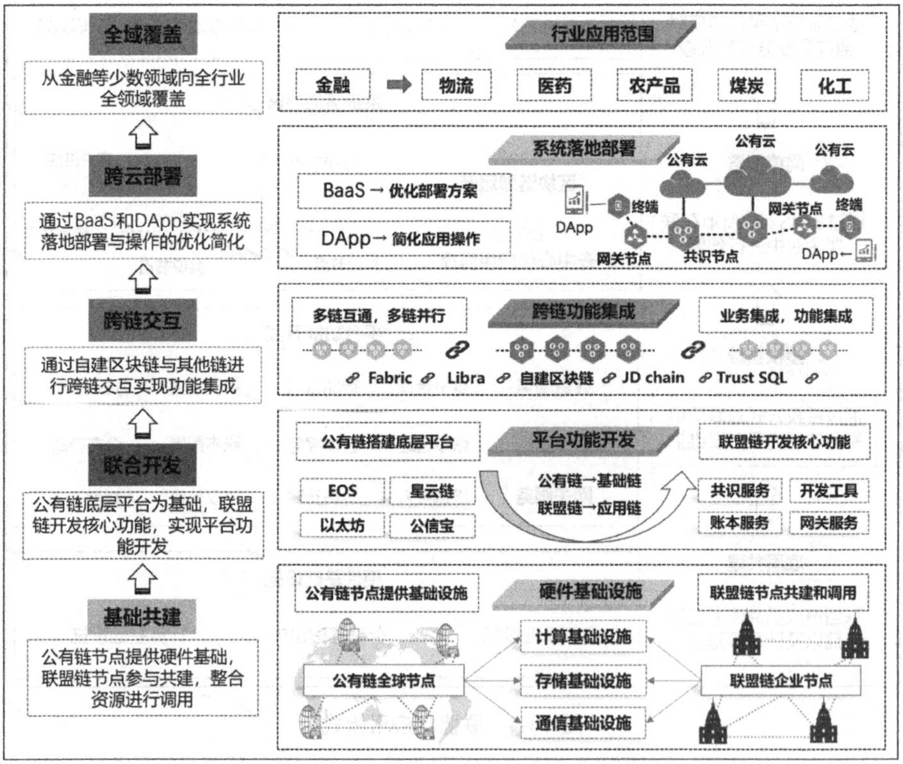

图 13-5　区块链融合应用模式

在区块链融合应用模式中，通过区块链平台的基础共建、联合开发、跨链交互、跨云部署，最终实现区块链服务的全域覆盖。

1. 基础共建

公有链节点遍布全球，数量众多，为区块链系统提供大部分的硬件基础设施；联盟链企业节点共同参与基础设施的建设，并促进计算、存储与通信等基础设施的调配。硬件基础设施的共建共享，将为上层区块链系统与平台的开发应用提供极大保障。

2. 联合开发

在区块链平台功能开发过程中，公有链底层平台，如以太坊，作为开发基础，即公有链作为基础链，提供模块化开发组件；面向应用需求的联盟链作为应用链，在底层平台的支撑下实现区块链平台核心功能开发。

3. 跨链交互

不同区块链的功能各异，通过自建区块链与其他区块链进行多链互通、多链并行，实现业务集成、功能集成，拓展区块链平台服务功能和服务范围。通过自建区块链与 Fabric、Libra、JD Chain 等区块链的交互，实现金融、贸易、物流等业务功能的集成与拓展。

4. 跨云部署

在区块链系统落地并部署的过程中，通过 BaaS 优化部署方案，客户企业不必重复建设区块链基础设施，一键部署、按需收费的方式降低了企业的部署成本；通过 DApp 简化应用操作，客户运用手机、电脑等终端即可使用区块链服务；通过跨云部署提升区块链系统落地部署的效率，支持不同公有云的混合兼容，避免客户因云服务商转换带来的成本，同时提高客户企业对区块链系统的接受度。

5. 全域覆盖

随着区块链功能的集成拓展、落地方式的优化、部署成本的降低、系统操作的简化，区块链的应用领域将由目前的金融等少数行业场景，迅速地向物流、医药、农产品、煤炭、化工等多行业、多领域场景延伸，实现区块链服务的全域覆盖。

本章小结

本章着重研究区块链行业应用模式，结合各领域区块链应用现状，介绍公有链、私有链、联盟链三大主要应用模式，并分析各模式的开发、部署、实现、应用功能特征及适用场景。同时根据区块链应用趋势，创新提出区块链融合应用模式。区块链在各领域应用落地的步伐不断加快，行业应用模式逐渐成熟完善，三种应用模式存在一定程度的交叉与互补，公有链与联盟链的联系将更加紧密，未来区块链应用模式将会逐渐形成融合发展的趋势。在区块链融合应用模式中，通过区块链平台的基础共建、联合开发、跨链交互、跨云部署，最终实现区块链服务的全域覆盖。

第 14 章

智慧物流区块链平台应用模式

智慧物流区块链平台以推动物流产业变革、打通智慧物流价值链为目标，融合应用区块链、物联网、大数据分析、云计算、人工智能、5G 等技术，深耕智慧物流业务链、供应链、产业链三大应用场景，实现物流产业赋能升级。在智慧物流区块链平台的应用中，区块链技术优势是其主要驱动力，区块链平台的组织模式、服务模式、商业模式关乎平台能否发挥功能与实现价值。合理的组织模式是平台管理的核心基础；科学的服务模式有利于提高平台的市场竞争力；平台的商业模式决定平台运作管理、价值创造、服务提供和分配过程能否顺利实现。

14.1　智慧物流区块链应用驱动模型

伴随新技术、新模式、新业态的涌现，智慧物流已经进入新的阶段，降本增效明显。但同时智慧物流的发展也存在信息化平台不完善、规范标准不统一、部门衔接不畅通、信息资源不共享等问题。区块链技术作为信任连接器，将为智慧物流赋能，在智慧物流运营管理、业务运作、空间布局、信息服务四大场景中发挥价值，助推智慧物流的发展。智慧物流区块链应用驱动模型如图 14-1 所示。

区块链技术十大驱动因素可赋能智慧物流业务运营管理，通过智慧物流区块链平台助力，最终实现智慧物流业务链集成、供应链协调、产业链提升的应用效果，拥抱协同共享创新模式，升级产业结构。

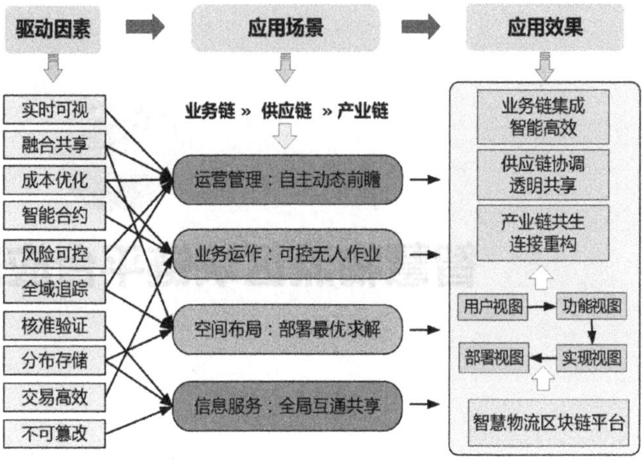

图 14-1　智慧物流区块链应用驱动模型

14.1.1　驱动因素

分析物流行业发展需求、业务场景，结合区块链技术原理、特性及功能可得出十大智慧物流区块链驱动因素，区块链技术将成为未来智慧物流发展不可或缺的技术。

（1）实时可视。智慧物流区块链网络通过终端设备、物联网设备、数据源链接设备实现数据实时上链，并在每个节点上生成相同的网络副本，允许所有网络活动和操作实时审计和检查，使网络平台具有实时透明性。

（2）融合共享。智慧物流区块链网络中存储的信息在参与者之间共享，参与者可从共享的记录系统中访问相关事务数据，进行数据信息分析、辅助决策，实现资源优化调配。

（3）成本优化。智能合约驱动的业务交互有助于形成多供应商的交易环境，区块链技术也使得物流行业对中介的需求降低，从而有效降低交易成本和间接成本。

（4）智能合约。在智慧物流中，为了进行数字供应链交易和文件交换，参与者必须达成共识。智能合约包含了参与者同意的条款，近年电子合同对业务流程产生了巨大的影响，区块链技术的应用将促使其更加深化。

（5）风险可控。物流业务流程中的大多数风险源于付款延迟、低效资产管理和数据虚假威胁。区块链技术使得信息真实可靠，且贸易的最终结算可以在瞬间完成，交易各方不必再担心支付失败或贸易结算延迟。

（6）全域追踪。区块链技术通过在采购、加工、仓储和销售等环节收集、共享、传输真实数据，使得信息可追溯，任何信息都可以通过时间戳追溯到区块链的每个块。

（7）核准验证。区块链是一个可审核、去信任、防篡改、自调节的系统，分散的数据库使得区块链安全无故障，有助于维护、审计、跟踪。

（8）分布存储。区块链数据库是分散的，业务数据不是存储在一台服务器上，分散的数据库可以增强区块链中参与者之间的信任，同时使数据存取效率提高，且易于存储系统的拓展。

（9）交易高效。区块链部署减少物流业务交易结算前置时间，提高业务效率。区块链的引入将合并或删除当前业务交易的后结算流程涉及的不必要步骤，减少繁多冗杂的流程。

（10）不可篡改。对所有历史业务操作进行审计跟踪，确保记录的完整可追溯性，区块技术的分布式本质使得区块链网络对数据操纵和伪造十分敏感，难以篡改。

14.1.2　应用场景

在区块链技术驱使下，智慧物流业务将发生深刻转变，区块链技术应用场景分为业务链、供应链、产业链三个维度下的运营管理、业务运作、空间布局、信息服务四大业务板块。

1．运营管理迈进，自主动态前瞻

智慧物流区块链可为相关物流企业的运营管理打造一个既透明又安全的开放网络，实现数据共享及流程实时可视，同时智能合约的应用使交易快速高效，能够极大地提高业务流程中企业的动态自主性。通过对海量客户数据和商品数据进行客户关系分析、商品关联分析和市场聚类分析，可为智慧物流业务预测和决策提供数据支撑，在数据挖掘的基础上，采用自主动态调度和智能排班等精准的动态前瞻性运营策略，实现资源的协同管理，提高企业的运营效率，降低运营风险。

2．业务运作实现可控无人作业

区块链下智慧物流业务运作主要包括物流基础业务及企业间交易业务，在基础业务流程中，运输、仓储、配送业务运用人工智能、物联网感知、定位

技术与区块链技术进行信息共享实现基础业务自动化与智能化。在交易业务方面，相关的货物信息实时上传到系统平台，系统智能化获取订单，交易双方共享交易数据，货物运输状态实现智能传输，利用智能合约、使用代币支付，交付货物后自动结算，达成物流交易业务智能化、无人化流转。

3. 空间布局促使部署最优求解

依托全域数据追踪、人工智能方法、传统的运筹学优化算法等，实现宏观区块链物流网络中的节点、干线的架构最优化，实现微观物流网络配送路径最优化，达成网络规划布局最优。同时通过区块链网络共享数据，运用智能化信息处理技术对客户需求及销售情况进行分析预测，并制定最优采购计划，更好地组织生产物流及控制生产库存。

4. 信息服务推动全局互通共享

传统物流行业获取信息的渠道多种多样，信息分散无规律，信息服务呈碎片化。智慧物流区块链与互联网技术、大数据分析、云计算等技术深度融合后，可将分散在各个中心孤立的信息系统协同起来，实现区域间信息的集成整合，做到各交易主体之间物流信息互联互通和信息共享的效果，进而实现信息服务向全局互通共享的方向转变。

14.1.3 应用效果

智慧物流区块链应用主要是通过智慧物流区块链平台实现，平台实施架构包括用户视图、功能视图、实现视图和部署视图。用户视图完成需求主体分类及相关业务关系整理，涵盖区块链服务支持方、区块链服务提供方、区块链使用方；功能视图描述支持智慧物流区块链使用方活动所需的业务功能，并将各个角色与其需要的功能相对应；实现视图主要阐述实现智慧物流平台三个维度应用场景中各自核心业务目标的功能要求，包含业务链实现视图、供应链实现视图和产业链实现视图；部署视图在不同的业务需求下选择合适的部署模型进行部署。智慧物流区块链平台设计，结合大数据分析、移动互联网、云计算、人工智能等信息技术，与物流融合后将形成业务链集成智能高效、供应链协调透明共享、产业链共生连接重构的应用服务效果。

14.2　智慧物流区块链平台组织模式

智慧物流区块链平台组织模式是在多变的外部环境与复杂的业务条件下，为了便于区块链平台的搭建与运营而形成的各主体之间特定的组织形式，以表明平台中各主体及相关职能。根据平台主导机构不同可分为政府主导型组织模式及联盟主导型组织模式，在智慧物流领域中，政府与企业联系紧密，政企联合的平台组织模式将成为智慧物流区块链平台应用的主流趋势。

14.2.1　政府主导型组织模式

以政府为主导，联合相关部门、相关物流企业与技术提供企业，明确划分建设、运营、监管权责，形成政府主导型组织模式。政府高度参与并监管，可实现政府对平台各方的管理与引导，政府主导型组织模式的平台功能侧重于实时可视、融合共享、风险管理、不可篡改、核准验证、全域追踪。政府主导型组织模式如图 14-2 所示。

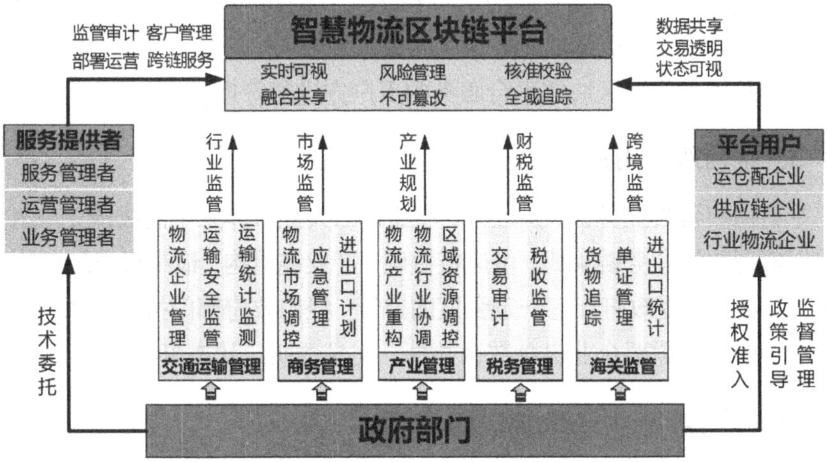

图 14-2　政府主导型组织模式

在政府主导型组织模式中，政府是平台组织的核心也是决策的中心，各部门通过招标等多种方式与技术企业达成合作，为平台提供技术支撑服务，平台用户经由政府政策引导、授权准入进驻平台、享受平台技术服务，同时接受监督管理。

1. 政府部门机构

政府各部门对平台进行相应的职责监管，主要包括交通运输管理、商务管理、产业管理、税务管理、海关监管。交通运输管理主要是对物流企业进行管理，维护道路安全，保障运输安全；对物流行业统计监测，协调各方道路运力。商务管理主要是对物流市场进行监管，负责对物流市场进行宏观调控，对生活必需品供应进行物流应急管理，同时执行对外进出口计划。产业管理负责物流产业规划，制定物流产业发展战略，对物流产业的重构、物流行业协调、物流资源调控等进行宏观计划。税务监管主要是对相关企业进行财税监管，包括交易审计、税收监管。海关监管针对跨境业务进行监管，主要进行货物追踪、数据单证管理、进出口统计汇报。

2. 平台服务提供

智慧物流区块链平台服务提供者根据职责不同，分为服务管理者、运营管理者、业务管理者。服务管理者监控所有与使用平台服务相关的操作流程，并承担平台服务客户与服务提供方之间技术交互的切入点。运营管理者负责运营管理平台功能，包括提供服务组件测试服务、监控服务、节点管理服务。业务管理者负责对使用区块链平台服务的用户方进行管理。

3. 平台服务用户

平台用户包含业务链、供应链、产业链三大业务体系中的物流企业。平台用户以实现物流业务链集成、供应链协调、产业链重构，最终形成智慧物流价值链为目标，接受政府部门一定强度的监管。经由政府部门授权准入，在使用平台功能的同时需要企业自身数据共享、交易透明、状态可视。

14.2.2 联盟主导型组织模式

以一个核心物流企业为主导，联合其他物流相关企业，在政府一定程度的监管、较高自由度的市场下形成联盟主导型组织模式。联盟主导型组织模式下的区块链平台需求明确，同时企业之间信息传递密度与速度增加，利于规避企业及平台运营风险，平台功能侧重于信息的实时可视、数据融合共享、成本可控、交易高效、智能合约、全域追踪。联盟主导型组织模式如图 14-3 所示。

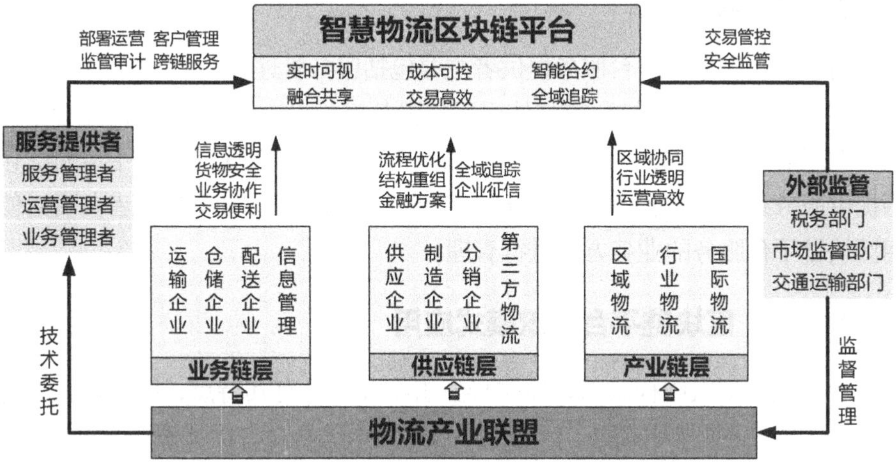

图 14-3　联盟主导型组织模式

物流产业联盟作为智慧物流区块链平台的主体，同时也是平台的主要使用方，主导联盟链的搭建、标准制定及成员管理。联盟根据应用需求，将平台服务进行委托，由服务提供者进行平台开发运营及平台功能实现。

1．物流产业联盟

物流产业联盟作为平台的主体，其需求是平台功能开发的核心，按照智慧物流三大应用场景将需求划分为业务链物流企业需求、供应链物流企业需求、产业链物流企业需求。业务链企业主要包括运输、仓储、配送及信息管理企业，其致力于实现业务链的信息透明、货物安全、业务协作、交易便利。对于供应链企业来说，流程优化、结构重组、金融方案、全域追踪、企业征信是其物流业务进一步发展的必经之路。对于产业链物流企业来说，区域协调、行业透明、国际运营高效的实现可助推物流产业发展。

2．联盟外部监管

在联盟主导型平台组织模式下，物流企业联盟主导平台组织，除联盟组织内部成员之间形成利益共同体，相互监管外，也受到外部环境的监管。税务部门、市场监督部门、交通运输部门依据相关法律、法规，对产业联盟及平台相关业务进行交易管控及安全监管。

3. 平台服务提供

智慧物流区块链平台服务提供者主要包括服务管理者、运营管理者、业务管理者。服务管理者监控所有与使用平台服务相关的操作流程，同时监管审计与产业联盟汇报对接，便于联盟管理。运营管理者负责运营管理平台功能，包括提供服务组件测试服务、监控服务、节点管理服务等。业务管理者负责对使用区块链平台服务的业务方面进行管理。

14.2.3 区块链平台组织模式应用

政府主导型组织模式与联盟主导型组织模式各有其特点，同时在智慧物流中，政府与企业紧密相连，因而在平台开发中结合两者优势来融合应用，明确各方参与者之间的合作、授权关系，平台就能既享有政策便利及有力的开发运营保障，也可以根据企业需求定位平台功能，实现平台高效益、短开发周期、灵活高效运营管理。智慧物流区块链平台组织模式应用如图 14-4 所示。

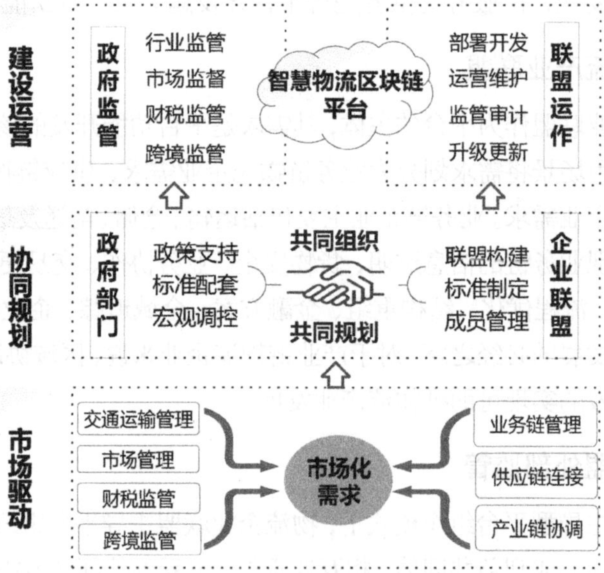

图 14-4　智慧物流区块链平台组织模式应用

组织模式应用的平台主体是政府部门及企业联盟，政府部门与企业联盟的合作紧密，企业之间的联系也更加合理规范。政府与企业共同推进平台的规划、开发、运营，形成“市场驱动—协同规划—建设运营”的应用组织模式。

1. 市场驱动

在市场环境的影响下，以政府市场化需求及企业市场化需求为导向，定位平台功能。政府需求即各部门物流相关职责管理，主要包括交通运输管理、市场管理、财税监管、跨境监管。物流企业需求从三个层面概括为业务链管理、供应链连接、产业链协调。

2. 协同规划

政府部门与企业联盟共同规划智慧物流区块链平台，政府为平台建设实施政策优惠、标准配套、宏观调控，企业联盟在组织规划中，承担联盟搭建、标准制定、成员管理等职责。

3. 建设运营

在运营实施过程中，政府通过行业监管、市场监督、财税监管、跨境监管引导平台合理合法地持续发展，联盟企业负责实际运作。企业联盟吸引区块链技术企业合作开发运营。除负责平台部署开发、运营维护、监管审计、平台升级更新等业务外，企业联盟根据政府与企业的约定，服务提供者根据政府需要，为政府提供端口，政府通过平台端口，在一定程度上获取平台信息，对企业联盟实行一定程度的监管。

14.3　智慧物流区块链平台服务模式

智慧物流区块链平台服务模式主要解决区块链与其他数字化技术在智慧物流领域的融合应用问题，并结合具体的智慧物流业务场景对平台所提供的服务进行功能定位。智慧物流区块链平台服务模式根据平台的技术应用情况、业务需求情况及功能情况，可分成技术驱动型和业务驱动型两种服务模式。技术驱动型服务模式侧重于技术融合应用层面的服务，业务驱动型服务模式侧重于智慧物流业务层面的服务。

14.3.1　技术驱动型服务模式

在智慧物流区块链平台建设过程中不仅强调区块链技术的重要性，还强调区块链与物联网、云计算、大数据分析、5G 及人工智能等技术的深度融合应用。在技术融合应用的基础上，结合智慧物流实际的业务场景，构建技术驱动型的服务模式。技术驱动型智慧物流区块链平台服务模式如图 14-5 所示。

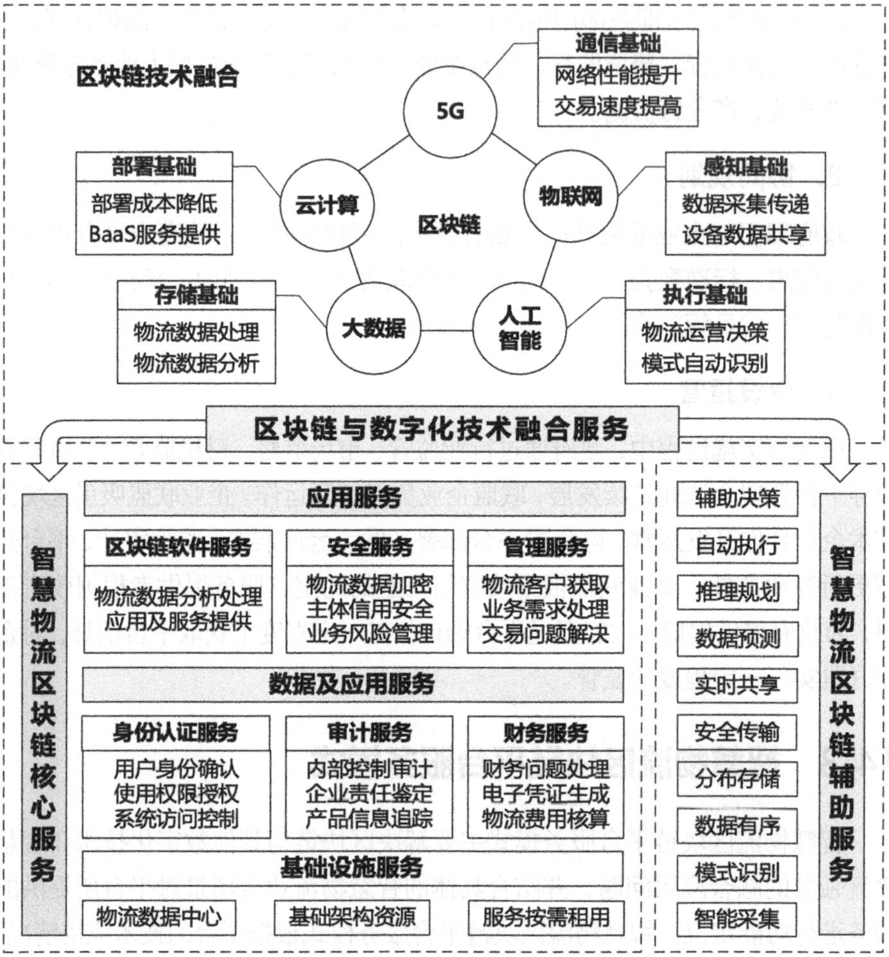

图 14-5　技术驱动型智慧物流区块链平台服务模式

技术驱动型智慧物流区块链平台服务模式是基于智慧物流区块链平台，通过区块链与数字化技术融合应用，构建智慧物流区块链核心服务及辅助服务。核心服务主要涉及基础设施服务、数据及应用服务和应用服务三方面。

1．区块链与数字化技术融合

以区块链技术为核心，融合物联网、云计算、大数据分析、5G 及人工智能等数字化技术，构建高安全、高可靠、高性能的智慧物流区块链平台。在智慧物流区块链平台中，物联网作为感知基础，可解决数据采集传递和设备数据共享等问题；云计算作为部署基础，可降低部署成本并提供区块链云服务（BaaS）；大数据分析技术作为存储基础，可完成物流数据处理及分析；5G 作为通信基础，可提升网络性能进而提高交易速度；人工智能技术作为执行基础，可进行模式自动识别并辅助物流运营决策。

2．智慧物流区块链平台核心服务

结合智慧物流业务需求及应用场景，通过区块链与其他技术的融合可提供三类智慧物流区块链平台核心服务，分别是基础设施服务、数据及应用服务和应用服务。

1）基础设施服务

基础设施服务是指用户可以配置和使用平台的基础设施，也就是平台正常运行所需要的运行环境和基础组件，主要包括计算资源、存储资源和网络资源。计算资源提供平台运行中的计算能力支持，包括容器技术、虚拟机技术及云计算技术等。存储资源提供平台中各类数据的写入及查询功能，包括关系型数据库、键值对数据库、文件数据库等。网络资源主要指分布式对等网络，通过对等网络可完成各个节点间的信息交换。

2）数据及应用服务

数据及应用服务是指平台用户不仅能够使用平台的数据工具，管理、查询和分析客户数据，也可使用平台提供的应用。数据及应用服务主要包括身份认证服务、审计服务及财务服务。

（1）身份认证服务。身份认证服务是指通过建立银行级的账户体系、金融级的核验体系来确认智慧物流区块链平台用户的身份，确定该用户是否具有访问和使用某种平台资源的权限，从而使区块链平台系统访问控制策略能够可靠、有效地执行。

（2）审计服务。审计服务主要满足智慧物流区块链平台系统的内部控制审计、物流企业责任鉴定、产品信息追踪等服务要求，相关部门需要以有效的技术手段，结合物流业务的行业标准进行精确的审计管理。同时，平台之外也需建立完善健全的审计制度，做到事后审计与事前、事中审计的有机结合，建立包含查处违规违纪审计、内控制度审计、绩效审计等维度的内审指标体系。

（3）财务服务。财务服务是指对智慧物流区块链服务中涉及的财务事项进行管理，具体包括智慧物流业务活动中相关财务问题的处理，采购单、出库单、运输单、签收单等电子凭证的生成，以及具体业务过程中客户物流费用的收取及核算等。

3）应用服务

应用服务是指客户能够直接使用平台所提供的区块链应用，主要包括区块链软件服务、安全服务和管理服务三类。

（1）区块链软件服务。区块链软件服务是将区块链应用程序作为服务提供给物流企业及相关用户，用户无须自行投资和建设，而是通过租用智慧物流区块链软件的方式，构建安全、高效、可靠、灵活的智慧物流区块链服务。智慧物流区块链软件服务主要包括物流数据的分析处理及区块链应用和服务的提供。

（2）安全服务。安全服务主要包括平台数据安全服务、参与主体的信用安全服务、业务风险管理。平台数据安全服务要确保存放在区块链计算环境中客户数据的安全性，确保物流数据的加密和完整性。主体信用安全服务是通过智慧物流区块链平台建立物流征信评级标准，保证物流活动各参与主体的信用安全。业务风险管理是对智慧物流业务活动过程中可能出现的各类风险进行管理，确保物流业务顺利开展。

（3）管理服务。管理服务主要是帮助用户部署区块链应用、实现物流业务拓展，提供智慧物流区块链平台全业务流程管理。主要包括生产商、品牌商、分销商、经销商等上下游物流客户的获取，各参与主体不同业务需求的处理及交易过程中出现的问题的解决等。

核心服务功能使智慧物流区块链平台对整个物流信息系统的改变拥有敏锐的嗅觉，能够把分散在各个中心的、孤立的信息系统协同起来，不仅解决了企业与企业间信息流的互通问题，也实现了高可信环境下的价值转移。

3. 智慧物流区块链平台辅助服务

智慧物流区块链平台提供的辅助服务包括智能采集、模式识别、数据有序、分布存储、安全传输、实时共享、数据预测、推理规划、自动执行及辅助决策。这些辅助服务是从智慧物流业务流程中总结提炼得到的，能够与核心服务协同起来为企业提供开放易用、灵活高效的智慧物流区块链服务。

1）智能采集

智能采集是指通过物联网、大数据分析、人工智能等技术，对智慧物流活动产生的商品品类数量、物流网络数据和流量流向数据等进行采集捕捉，实现物流数据采集的智能化，提升最终的工作效率和数据采集的精准度。

2）模式识别

模式识别是对各种形式的物流信息进行分析和处理，并对物流过程中的事物或现象进行描述、辨认、分类和解释。例如，使用图像识别技术实现物流信息自动化录入，利用计算机视觉识别、深度学习等技术提升手写运单机器的有效识别率，采用语音识别技术和视频识别技术优化智能客服系统等。

3）数据有序

数据有序是利用区块链的不可篡改性和链上各方共同参与平台信息维护的特性，保证写入区块链的数据有序。通过区块链平台完备的隐私保护和授权机制，将具有数据量大、增长快速且类型丰富特点的智慧物流大数据有序化，从而提升决策效率、提高服务质量。

4）分布存储

分布存储是指区块链平台中的物流数据通过分布式节点对数字交易记录进行分布式存储，平台的主体参与存储和管理智慧物流区块链数据。分布存储可以实现智慧物流区块链平台中的多个参与方访问和查看记录，同时又能保证记录的安全。

5）安全传输

安全传输是指区块链中所有传输的物流数据都经过加密处理，以防止信息泄露、数据篡改，而且即使出现数据泄露事件也能够准确定责，降低智慧物流数据使用和共享的风险。

6）实时共享

实时共享是指利用区块链无中心化的方式获取实时的物流信息，然后通过智慧物流区块链平台对信息进行实时共享。实时共享的内容主要包括平台数据资源，以及智慧物流前沿动态、智慧物流技术、智能园区等方面的资讯。

7）数据预测

数据预测是指利用大数据分析、云计算及人工智能技术开发预测网络管理程序，对未来的物流业务状况进行统计预测，包括智能排产、库存调整、设备运维预测等，显著改善物流作业的性能。

8）推理规划

推理规划是指利用自动推理技术对智慧物流活动进行智能规划。例如，利用推理控制策略，可以实现物流过程中的实时动态路径规划，优化路径选择，规避车辆拥堵，提高工作效率。

9）自动执行

自动执行是指利用人工智能技术实现物流作业的自动化。例如，通过人工智能算法完成物流产品的分拣，整个智能分拣过程由机械自动执行，完全不需要人的参与，从而解放了劳动生产力，节省企业成本。

10）辅助决策

辅助决策是指利用人工智能技术对物流数据进行深度挖掘，找到数据与任务目标之间的潜在规律，在物流决策执行阶段提供决策优化，如智能选仓、智能分仓、箱型智配等。

14.3.2 业务驱动型服务模式

智慧物流区块链平台是基于智慧物流业务体系，以智慧物流业务链为基础，智慧物流供应链为核心，智慧物流产业链为拓展，通过与区块链技术的融合应用，形成业务驱动型服务模式。业务驱动型服务模式以智慧物流业务链、供应链及产业链三大业务体系为基础，将智慧物流具体业务场景与区块链融合，为客户提供具有鲜明特色的智慧物流区块链服务。业务驱动型智慧物流区块链平台服务模式如图 14-6 所示。

业务驱动型智慧物流区块链平台服务模式面向智慧物流业务链、供应链及产业链，以全程透明化、全域网络化、全链集成化及实时动态化为服务方式，通过区块链与具体业务融合实施，形成以透明化运输、分布式仓储、网络化配送、互信型联运及全域式平台为基础业务的智慧物流业务链体系，构建包括供应链协调、全流程透明、全业务交易、全环节征信及供应链金融五大业务类型的智慧物流供应链体系，打造以区域物流、行业物流及国际物流为核心业务的智慧物流产业链体系。

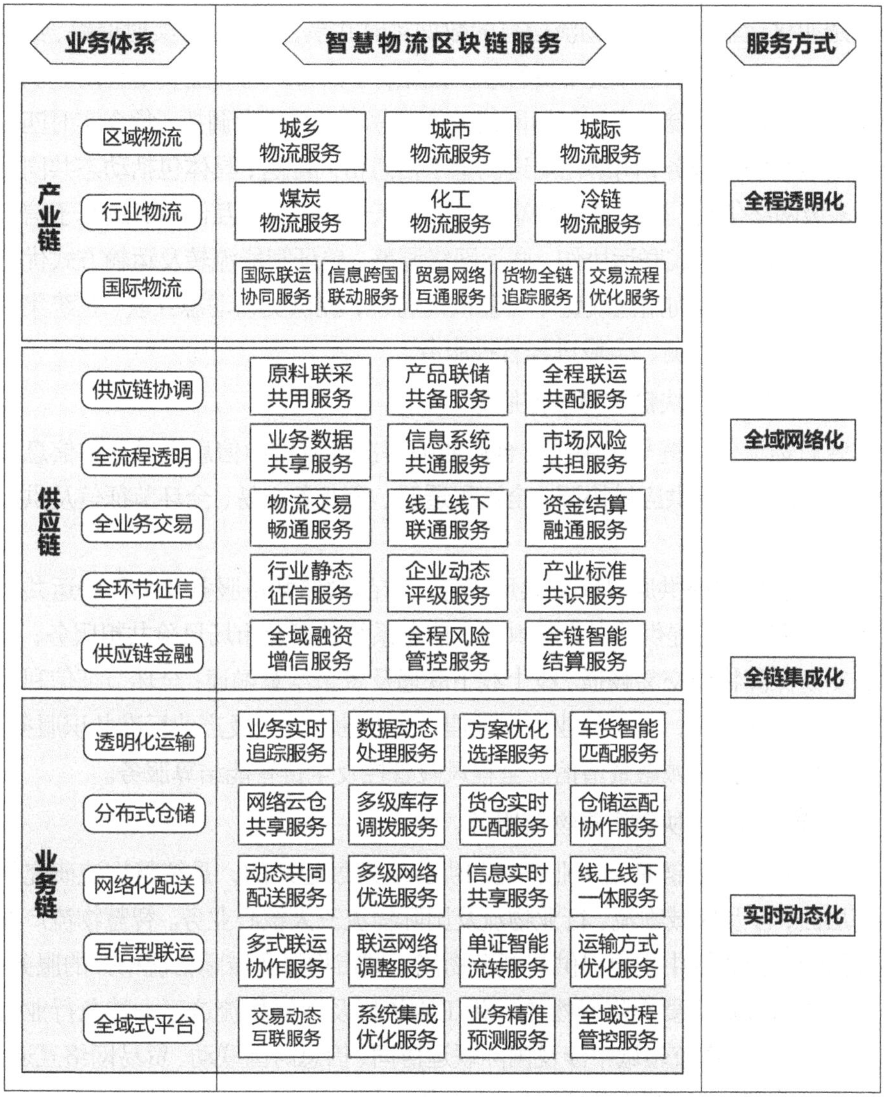

图 14-6　业务驱动型智慧物流区块链平台服务模式

1. 服务内容

1）业务链+区块链智慧物流服务

智慧物流业务链是三大业务体系的基础和重点，是构建供应链与产业链的前提和基础。区块链技术与智慧物流业务的融合，可实现智慧物流业务链体系中的透明化运输、分布式仓储、网络化配送、互信型联运和全域式平台的相关服务。

透明化运输可以保障物流信息的数据实时共享，涉及业务实时追踪、数据动态处理、方案优化选择及车货智能匹配服务；分布式仓储主要是利用区块链分布式计算提供仓储业务，包括网络云仓共享、多级库存调拨、货仓实时匹配及仓储运配协作服务；网络化配送侧重于信息协同配送，具体包括动态共同配送、多级网络优选、信息实时共享、线上线下一体服务；互信型联运基于信任价值体系，涵盖多式联运协作、联运网络调整、单证智能流转及运输方式优化服务；全域式平台利用区块链不可篡改的特性，提供交易动态互联、系统集成优化、业务精准预测、全域过程管控服务。

2）供应链+区块链智慧物流服务

智慧物流供应链与区块链结合后能够解决供应链中信息不对称和信息被伪造的问题，完成供应链协调、全流程透明、全业务交易、全环节征信及供应链金融五大业务。

供应链协调提供原料联采共用服务、产品联储共备服务及全程联运共配服务；全流程透明提供业务数据共享、信息系统共通及市场风险共担服务；全业务交易保障物流交易畅通、线上线下联通及资金结算融通；全环节征信利用区块链的信任机制，实现行业静态征信、企业动态评级及产业标准共识服务；供应链金融包括全域融资增信、全程风险管控及全链智能结算服务。

3）产业链+区块链智慧物流服务

智慧物流产业链是基于业务链和供应链发展起来的，是智慧物流研究的最高层面，涉及区域物流、行业物流及国际物流三大核心业务。智慧物流产业链在区域物流领域中主要提供与城乡物流、城市物流和城际物流相关的服务；在行业物流领域主要有煤炭物流、化工物流以及冷链物流这三大特色行业物流服务；在国际物流领域中涉及国际联运协同、信息跨国联动、贸易网络互通、货物全链追踪及交易流程优化方面的服务。

2. 服务方式

智慧物流区块链平台以全程透明化、全域网络化、全链集成化及实时动态化的服务方式，在智慧物流业务链、供应链及产业链三大业务体系下构建灵活多样、精准高效的智慧物流区块链服务，满足客户在不同业务类型、业务场景中的服务需求。

1）全程透明化

全程透明化是从业务体系横向管理的角度提出的，实现业务链、供应链、产业链各业务体系横向业务资源的透明共享。全程透明化的关键是利用区块链技术开放、共识的特点，保障数据及信息的真实可信，实现业务流程的协同执行，在透明可视的环境下对业务体系运作进行总体设计和管理。

2）全域网络化

全域网络化是从空间网络布局的角度提出的，通过智慧物流区块链平台将分散的客户管理资源、信息资源有效整合，使平台中各用户节点间突破地域的界限，在区块链网络下相互交流、协作，实现优势互补，共建智慧物流区块链应用生态。

3）全链集成化

全链集成化是从业务体系纵向集成的角度提出的，通过智慧物流区块链平台实现业务链、供应链及产业链三大业务体系联通协作，对整个智慧物流业务体系进行集成管控，实现业务链集成智能高效、供应链协调透明共享及产业链共生连接重构的综合化平台服务。

4）实时动态化

全时动态化是从实时动态管理的角度提出的，利用智慧物流区块链平台分布式记账及共识机制等特性，监控平台各节点的运行环境，掌握动态变化的智慧物流信息，实时追踪业务活动当前所属的环节和状态，实现业务体系各环节的实时信息共享和多方协同共赢。

14.4　智慧物流区块链平台商业模式

智慧物流区块链平台商业模式是平台组织管理企业资源、客户资源，形成提供给客户的产品和服务，满足相关利益主体和客户需求的运行形式。智慧物流区块链平台商业模式基于商业模式的四要素进行总体设计，从联盟链管理、物流业务运作及平台服务产品三个方面研究商业模式实施，并且分析平台业务链、供应链、产业链三个维度的实施效果。

14.4.1　平台商业模式总体设计

智慧物流区块链平台商业模式总体设计依据资源生产、价值主张、主体、效益模式四要素，同时分析平台推广优势。资源生产，实现区块链平台业务运作及联盟链管理；价值主张，向客户或消费者提供的平台服务产品；客户主体，即物流商业活动中涉及的服务客户；效益模式，即成本弥补，区块链平台实现价值、达成目标效果的过程。商业模式框架如图 14-7 所示。

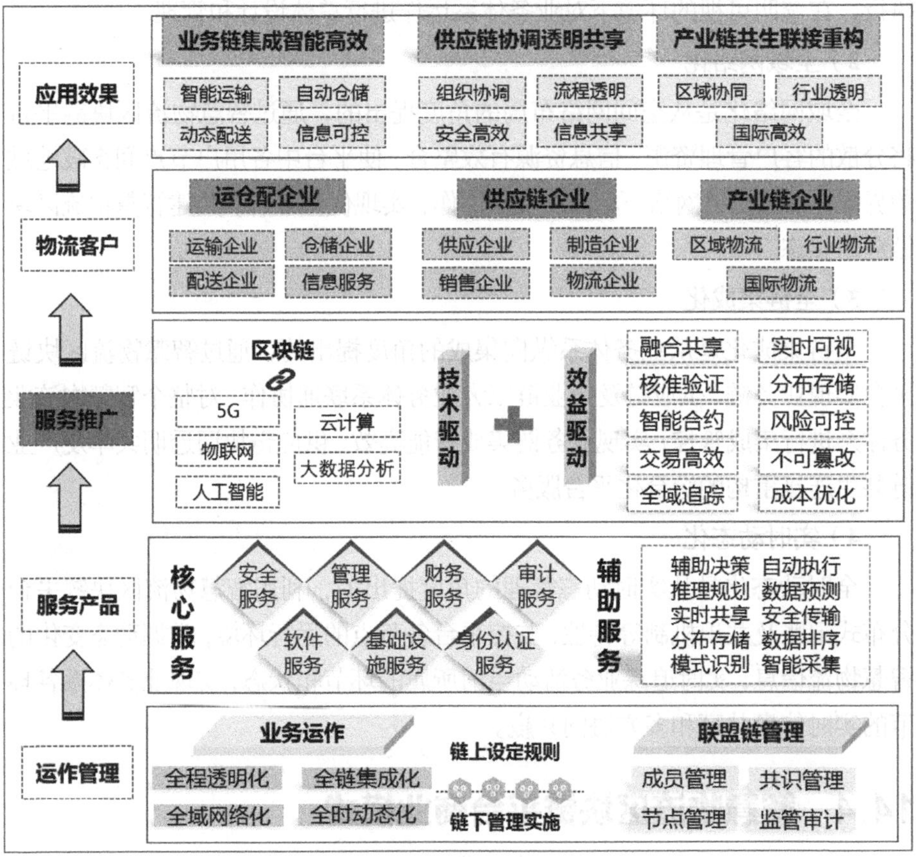

图 14-7　商业模式框架

智慧物流区块链平台商业模式关注运作管理、服务产品、服务推广、物流客户及应用效果几个层面。运作管理是通过链上设定规则、链下管理实施的方式，从业务运作和联盟链管理角度进行平台运作综合管理；服务产品是指平台为用户所提供的服务，包括核心服务和辅助服务两部分；服务推广可以利用区块链及数字化技术等实现技术驱动拓展服务，也可以通过区块链平台提供效益驱动推广服务；物流客户主要指平台所面向的业务链企业、供应链企业和产业链企业；应用效果是平台最终可实现的实施效果。通过对联盟链的科学管理，对业务运作的智慧升级，依托平台打造物流区块链服务产品，并通过多种手段向物流客户进行推广，实现预期的商业效果。

1. 运作管理稳定高效

智慧物流区块链平台运作管理实行“链上制定规则，链下管理实施”，包括平台业务运作及联盟链管理。联盟企业共同制定联盟链规则，包括业务运作规则及联盟管理规则。联盟链管理主要包括成员管理、共识管理、节点管理及监管审计，保障链下企业关系稳定有序。在联盟链稳定运作、区块链技术驱动及联盟企业共同协作的前提下，智慧物流平台业务运作实现全程透明化、全链集成化、全域网络化、实时动态化，支撑平台高效稳定地运作。

2. 服务产品功能完备

融合区块链技术的物流平台是智慧物流平台的进一步升级，其将提供更好的平台核心服务，包括安全服务、管理服务、财务服务、审计服务、软件服务、基础设施服务、身份认证服务。除此之外还能结合物流行业及区块链技术特点为物流平台提供十项重要的辅助功能，形成功能全面稳健的平台产品，十项辅助功能包括辅助决策、自动执行、推理规划、数据预测、实时共享、安全传输、分布存储、数据排序、模式识别、智能采集。

3. 服务推广迅捷有力

区块链平台产品推广主要依靠技术驱动与效益驱动。在技术驱动层面，云计算技术可快速验证概念和模型的可行性，物联网可以获取商品在物流过程中的各项数据，大数据分析技术具备海量数据存储能力和灵活高效的分析能力，人工智能技术将推动物流运营决策的智能化，5G 能够提高区块链性能，产生更多的可上链数据。区块链技术与这些前沿技术不断融合，构建高安全、高可靠、高性能的智慧物流区块链平台，吸引物流行业中的企业加入平台。同时区块链技术的应用，将物流行业向融合共享、实时可视、核准验证、分布存储、智能合约、风险可控、交易高效、不可篡改、全域追踪、成本优化的方向变革，增加多方效益。在技术驱动及效益驱动的助推下，平台将迅速为目标服务客户接受。

4. 客户市场全面广阔

平台依据物流行业三大业务体系，确定业务链、供应链、产业链三个层级的服务对象。业务链层面服务对象包括运输企业、仓储企业、配送企业及信息管理企业；供应链层面服务对象包括供应企业、制造企业、销售企业、物流企业。产业链层面服务对象包括区域物流企业、行业物流企业、国际物流企业。平台服务客户覆盖全面、层级分明，形成了完整的智慧物流区块链平台服务网。

14.4.2 平台商业模式实施

智慧物流区块链平台商业模式以区块链平台为媒介，整合智慧物流行业资源，连接各种商业渠道，打造具有高价值、高效益的全新商业运作机制。商业模式实施时，首先必须明确智慧物流产业联盟链的管理模式及智慧物流区块链平台的业务运作机制，然后推出平台的服务产品，确定客户推广形式。

1. 智慧物流产业联盟链管理与业务运作

智慧物流产业联盟链管理与业务运作包括智慧物流产业联盟链管理和智慧物流区块链平台业务运作两部分。

1）智慧物流产业联盟链管理

智慧物流产业联盟链管理是对联盟链当前和未来运行的一系列流程和规则进行管理和控制，有效地将平台中各相关企业机构联合在一起，推动智慧物流联盟链平台的商业和技术进展。智慧物流产业联盟链管理模式如图 14-8 所示。

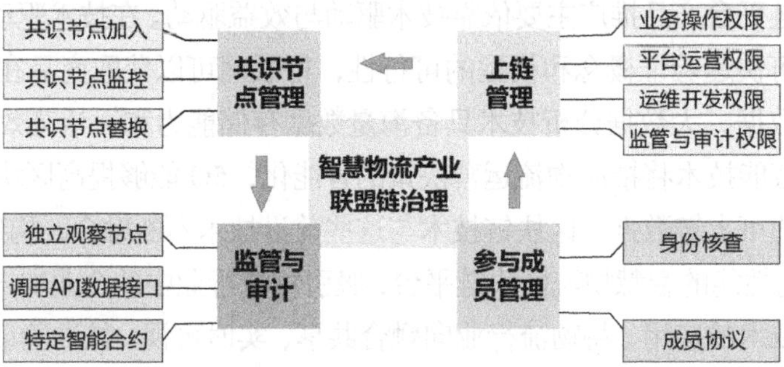

图 14-8 智慧物流产业联盟链管理模式

智慧物流产业联盟链管理按照参与成员管理、上链管理、共识节点管理及监管与审计的顺序依次展开。

（1）参与成员管理。智慧物流联盟链成员的加入具有审核和准入机制，需要经过一定流程的审核。首先是进行身份核查，依据物流行业的监管要求及行业特性，对新加入成员的真实身份进行核查；其次是制定成员协议，新成员在加入联盟链之前，需要签署正式的、具有法律效力的协议。

（2）上链管理。智慧物流联盟链采用面向角色的权限控制，每个参与成员可以拥有多个链上账户，分别对应不同的操作权限。联盟链上链管理主要对四类权限进行管理：一是业务操作权限，包括物流数据的读取和更新权限、应用智能合约的执行权限等；二是平台运营权限，包括链上用户账号管理及权限分配等；三是运维开发权限，主要是技术维护层面的软件发布、参数配置权限等；四是监管与审计权限，包括链上物流业务数据的监察、联盟链运行状态的监控等。

（3）共识节点管理。智慧物流联盟链中仅有部分节点是共识节点，这些共识节点参与共识过程，是联盟链的记账者。对共识节点的管理有以下方面：首先是共识节点的加入，需要开展节点拥有者身份审查、节点安全性评估，并写入全局白名单配置；其次是对共识节点的监控，要监控共识节点的运行状态，包括在线率、软件版本等，及时发现处于异常状态的共识节点；最后是共识节点替换，是指当某个共识节点自愿退出联盟，或者处于异常状态（如节点故障、被黑客劫持、不满足联盟定义的节点规范等），选择一个候选节点进行替换。

（4）监管与审计。智慧物流联盟链需要在运作层面实现可监管和可审计，以达到合规的目的。根据物流行业的监管环境和审计要求，可以通过设置独立观察节点、调用 API 数据接口、部署特定智能合约等方式，对链上活动进行即时监督，对异常活动进行干预，并保存完整的物流数据和日志等资料。

2）智慧物流区块链平台业务运作

智慧物流区块链平台业务运作主要包括智慧物流业务链运作、智慧物流供应链运作及智慧物流产业链运作三大部分。

（1）智慧物流业务链运作。智慧物流业务链运作是从物流基础业务的角度出发，利用区块链与其他数字化技术相融合形成的技术支持，从透明化运输、分布式仓储、网络化配送、互信型联运和全域式平台五个方面构建智慧物流业务链运作体系，实现对竞争环境的分析与决策、物流供给与需求匹配、物流资源优化与配置等物流功能。

（2）智慧物流供应链运作。智慧物流供应链运作是从供应链的角度出发，对整个供应链系统进行计划、协调、操作、控制和优化的各种活动和过程。利用区块链技术防篡改、分布式、非对称加密的特点，保证智慧物流供应链数据的透明可信，具体运作内容包括供应链协调、全流程透明、全业务交易、全环节征信及供应链金融。

（3）智慧物流产业链运作。智慧物流产业链运作是以整个智慧物流产业为主体，聚焦区域物流、行业物流及国际物流三大核心业务，通过开放共享的智慧物流区块链平台和智能终端，使智慧物流产品内容更加多样化、服务更加智能化，简化物流信息传递过程，强化物流资源深度挖掘，解决行业间、企业间的“信息孤岛”和信息不对称的问题，提升产业链的运作效率和服务水平。

3. 智慧物流区块链平台服务产品及客户推广

1）服务产品

智慧物流区块链平台服务产品是将平台服务作为产品提供给客户，满足客户对智慧物流的服务需求，是商业模式实施的最终产物。通过智慧物流区块链应用，推出三大服务产品，分别是智慧物流业务链平台、智慧物流供应链平台和智慧物流产业链平台。

通过区块链与其他数字化技术的融合应用，智慧物流业务链平台为用户提供透明化运输、分布式仓储、网络化配送、互信型联运和全域式平台五大服务；智慧物流供应链平台为客户推出供应链协调服务、全流程透明服务、全业务交易服务、全环节征信服务及供应链金融服务；智慧物流产业链平台为客户提供区域物流、行业物流及国际物流三大领域的相关服务，区域物流服务包括城际物流、城市物流和城乡物流等，行业物流服务以煤炭物流、化工物流及冷链物流服务为主，国际物流服务则涉及国际联运协同、信息跨国联动、贸易网络互通、货物全链追踪及交易流程优化等方面。

2）客户推广

智慧物流业务链平台面向的客户主要是运输企业、仓储企业、配送企业、货代企业、政府部门和物流客户；智慧物流供应链平台面向的客户主要是供应商、生产商、零售商、客户和物流企业，也包括银行、信托等金融机构；智慧物流产业链平台面向的客户主要是快递物流企业、行业物流企业、国际物流企业及监管机构。区块链客户服务推广主要采取技术驱动及效益驱动两种手段，技术驱动是借助区块链与物联网、云计算、大数据分析、5G及人工智能等技术深度融合打造优质的区块链平台，从而拓宽用户市场；效益驱动是利用区块链平台融合共享、实时可视、核准验证、分布存储、智能合约、风险可控、交易高效、不可篡改、全域追踪及成本优化的优势增加各方效益，推动平台稳步发展。

14.4.3　平台商业模式效果

智慧物流区块链平台依据商业模式总体设计思路，执行业务运作机制，针对业务需求客户推出平台服务产品，最终将实现平台商业模式实施价值。从智慧物流三大业务体系出发，可以将商业模式的效果概括为业务链集成智能高效、供应链透明协调共享及产业链共生连接重构。

1. 业务链集成智能高效

基于区块链技术公开透明、去中心化、不可篡改的特性，融合物联网等技术，智慧物流业务链可实现业务全流程追踪，实现商品透明化运输、分布式仓储、网络化配送、互信型联运、全域式平台。智慧物流业务链利用流程间信息的互联互通、交换顺畅，实现平台运营、业务协作、信息互联、交易便利、全程管控、集成高效的应用效果，智能化提升物流作业效率、降低物流成本，实现业务链的集成智能高效。

2. 供应链透明协调共享

智慧物流供应链企业在参与市场竞争的过程中，区块链技术的实时可视、融合共享、不可篡改等特性，使得信息流转透明而安全，增强了物流供应链上下游企业之间的信任，实现了数据共享与流转，减轻了供应链对接工作量，达到企业组织协调、流程简化透明、交易安全可信、信用真实可靠及金融安全高效的应用效果，最终实现供应链透明协调共享。

3. 产业链共生连接重构

在智慧物流产业链的构建与发展过程中，区块链技术的数据融合、公开透明、分布式存储，使得智慧物流平台实现了去中心化。各方在全部参与者的监督下理性地遵守事先的约定，形成了成员自觉守信的模式，弱化第三方中心机构，重构物流产业链结构。企业间协同发展，共同提升，达到区域物流协同、行业物流透明及国际物流高效的实施效果，使得产业链共生连接重构。

本章小结

本章聚焦智慧物流区块链平台应用模式，论述区块链技术于智慧物流发展的驱动能力，研究不同主体主导的平台组织模式的功能侧重与职能分配，分析技术驱动与业务驱动下平台服务的结构及功能特点，并创新设计智慧物流区块链平台商业模式。区块链的去中心化等特性，将使智慧物流各方角色发生本质改变，进一步推动智慧物流平台组织模式、服务模式、商业模式的深刻转变，技术驱动力进而转化为平台组织动力，推动智慧物流平台迸发新的生机，实现产业转型升级。

第七部分

展望智慧物流区块链应用趋势

区块链在智慧物流领域的应用尚未达到成熟阶段，在关键技术优化、应用范围选择、实施方法规范、产业生态构建等方面仍存在较大提升空间，智慧物流区块链应用瓶颈有待突破。随着区块链逐步实现纵向核心技术突破、横向数字技术融合、跨链功能交互及跨云部署落地，区块链在智慧物流领域的应用将日臻成熟，促进智慧物流产业进一步升级，实现高效能连接、高品质生态、高自主运作、高可信交易，打造智慧物流新基础设施、新发展空间、新管理机制、新商业模式。

第 15 章 智慧物流区块链应用瓶颈有待突破

区块链技术在多个行业中进行了应用探索，在物流领域的融合应用已经取得了一定成果，但仍存在不少应用瓶颈。在关键技术层面，需要由单一分散的发展向多元集成的融合实现突破；在应用范围层面，需要由片面局部的探索向系统全面的推广实现突破；在实施方法层面，需要由尚未统一的标准向规范成熟的模式实现突破；在产业生态层面，智慧物流产业生态需要由分散孤立的组织向价值互联的网络实现突破。

15.1 区块链技术应用成熟度分析

Gartner 公司依据专业分析预测，参考各种新科技的成熟演变速度及其达到成熟所需的时间，将区块链技术的发展分成 5 个阶段：技术萌芽期、期望膨胀期、泡沫破裂低谷期、稳步爬升期和生产成熟期。Gartner 区块链业务技术成熟度曲线从业务角度概括了区块链能力的发展情况，并展现了区块链在不同行业领域的应用成熟度。2019 年区块链业务技术成熟度曲线如图 15-1 所示。

区块链整体上正处于泡沫破裂低谷期，区块链应用进入关键时期。随着技术发展及由区块链支持的实践方案不断落地，区块链技术将逐渐进入稳步爬升期，预计在未来 2～5 年，区块链技术将进入应用成熟阶段。然而区块链在物流领域的应用，目前仍处于期望膨胀期，技术探索应用热度较高，但是应用瓶颈还有待突破，到达生产成熟期预计还需要 5～10 年的时间。

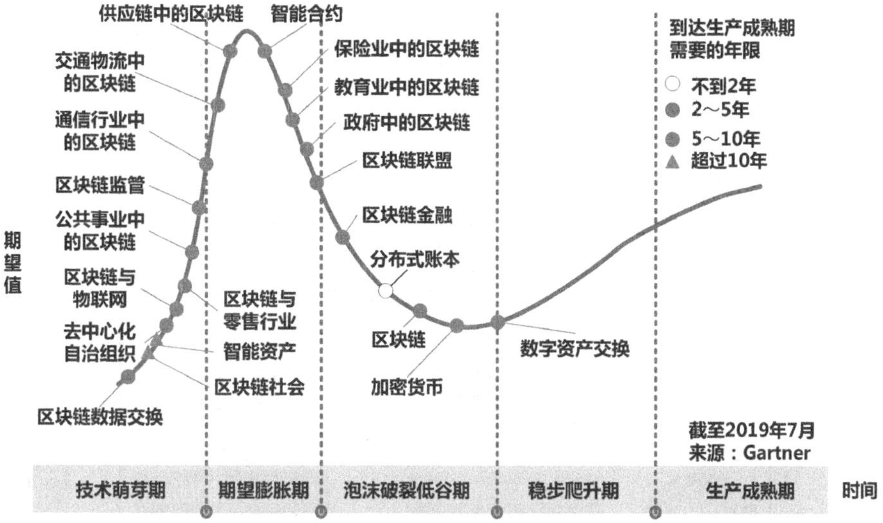

图 15-1　Gartner 2019 年区块链业务技术成熟度曲线

根据 Gartner 公司对区块链技术行业应用的最新研究，区块链将在未来 5～10 年内将极大地改变大多数行业的业务。目前，区块链技术已在多个关键领域进行应用，技术性能结合不同领域的需求进行不断完善，共识机制和加密算法等技术不断创新，但是在标准统一、监管框架、组织架构、运作机制等非技术活动层面仍有大量工作有待完成。只有突破行业领域应用所面临的瓶颈，区块链技术才能开始进入生产成熟期，迅速成为行业应用的主流技术，促进行业创新升级。

15.2　智慧物流区块链应用瓶颈

随着区块链技术的不断发展、与物流行业应用场景的不断融合，IBM、京东、阿里巴巴等科技和物流企业顺势推出区块链服务，在物流金融和物流追溯等领域积极探索，但是智慧物流区块链应用仍存在不少瓶颈亟待突破。智慧物流区块链应用瓶颈如图 15-2 所示。

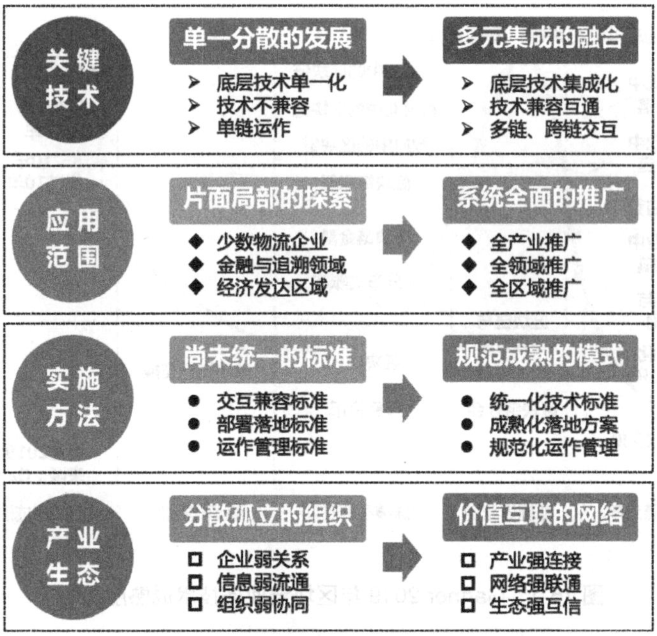

图 15-2 智慧物流区块链应用瓶颈

区块链与智慧物流的深度融合应用仍存在不少瓶颈，关键技术尚未实现多元集成的融合，应用范围尚未实现系统全面的推广，实施方法尚未形成规范成熟的模式，产业生态尚未构成价值互联的网络。

15.2.1 关键技术瓶颈：单一分散的发展与多元集成的融合

智慧物流应用场景复杂，功能需求多样，单一分散的技术难以合力支撑物流业务的发展，需要各项技术多元集成的融合，促进技术服务功能的集成，以实现区块链技术对物流全域的赋能。关键技术的多元集成主要包括区块链底层技术的提升，以及区块链技术与其他技术的融合。区块链底层技术需要向集成化方向发展，共识机制需要从单一共识算法向可拔插混合共识算法演进，提高物流联盟链中企业交易传递的效率；物流联盟链底层区块链需要从单链向多链交互演进，实现多链并行、跨链互通，支持多样化物流业务的一体化服务。区块链技术作为一项底层通用技术，需要与物联网、云计算、大数据分析、人工智能、5G 等技术进一步创新融合，才能形成完整的产业技术体系，赋能物流业务链、供应链和产业链。

15.2.2　应用范围瓶颈：片面局部的探索与系统全面的推广

区块链在物流领域的应用还处于初级阶段，企业探索相对片面，需要向全场景、全产业进行系统全面推广。当前区块链在物流领域的部署范围还不够全面，只有少数企业进行了区块链技术的应用部署，且主要局限于物流金融和物流追溯两大业务场景，区块链的应用潜力还有待开发。区块链在物流领域的探索效果还未形成强烈的社会反响，不少物流企业的区块链应用还停留在设计构想阶段，已落地运行的区块链应用，大多还在物流企业内部或者几个小范围物流企业之间进行试点运行，覆盖的物流企业和市场有限。区块链需要在业务链集成、供应链透明、产业链协同等方面实现突破，促进业务场景全覆盖、产业主体全覆盖。

15.2.3　实施方法瓶颈：尚未统一的标准与规范成熟的模式

区块链在物流领域落地实践的标准化程度有待加强，在区块链系统架构、区块链网络部署落地、联盟链运作管理等多方面的标准尚未统一，亟待探索提出更加规范成熟的应用模式，推进物流区块链技术的标准化和落地实施的规范化。第一，由于物流区块链平台之间可信和互操作标准不统一，不同区块链在可移植性、兼容性和互操作性等方面存在问题，需要统一通用的物流区块链技术架构标准。第二，在物流联盟链的搭建和物流业务场景的选择方面，即如何在物流产业链上下游企业之间的业务场景进行部署应用，目前尚未总结出成熟的物流区块链部署落地标准。第三，物流联盟链中的节点权限、共识机制、账本管理、数据共享机制、隐私保护机制等运作管理标准，仍需进一步规范化。

15.2.4　产业生态瓶颈：分散孤立的组织与价值互联的网络

物流产业组织相对分散孤立，企业之间仍存在“信息孤岛”，企业协同联动有待加强，尚未形成价值互联的生态网络。区块链的应用存在网络效应，网络规模越大，即参与的企业越多，越能激发区块链潜在的优势，但同时网络构建的阻力也会加大。区块链技术的应用会对原有的物流业务流程进行全面改造，智慧物流设备也需要升级更新，这些在区块链技术应用初期可能导致较大的企业成本投入，同时也会给企业组织结构和运作管理机制带来冲击。物流产业链的企业主体多元复杂，因此将区块链技术由单个企业推广到物流全产业链，存在很大阻力。区块链只有在完整的物流产业链中进行部署，才能将相对分散的组织有机协同起来，才能在物流业务链和供应链的管理中发挥出最大的应用效果，最终让物流产业生态由弱关系向强连接转变，形成价值互联的物流产业生态。

本章小结

本章对区块链技术应用成熟度进行了分析，并基于关键技术、应用范围、实施方法和产业生态四个维度，重点阐述了区块链在智慧物流领域中的应用瓶颈。区块链发展尚未到达成熟阶段，在物流领域的应用还处于初级探索时期，不少应用瓶颈有待突破。根据智慧物流多样化的功能需求，区块链技术需要实现多元融合突破；区块链在物流领域的应用范围需要进行更加系统、全面的推广，促进业务场景全覆盖、产业主体全覆盖；在区块链具体实施落地的过程中，需要制定统一互联的技术标准，摸索出成熟规范的部署方案；物流产业组织相对分散孤立，企业协同联动有待加强，需要通过区块链技术促进物流产业生态由弱关系向强连接转变，形成价值互联的物流产业生态。

第 16 章

智慧物流区块链应用前景未来可期

区块链技术在智慧物流领域中的应用，按照技术发展情况和行业应用成熟度可分为四个阶段，即萌芽阶段、探索阶段、发展阶段和成熟阶段，智慧物流区块链技术应用趋势如图 16-1 所示。

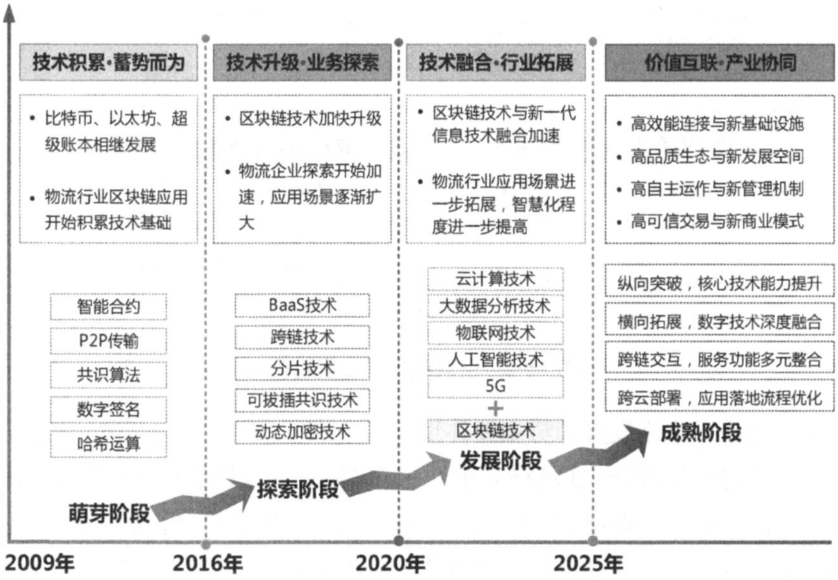

图 16-1　智慧物流区块链技术应用趋势

智慧物流区块链技术应用趋势可归纳为 4 个阶段，在应用萌芽阶段，比特币、以太坊、超级账本等基于区块链技术的系统平台相继推出，促进区块链技术积累和发展，为物流行业应用奠定了技术基础；在应用探索阶段，区块链技术根据应用需求进行升级，技术商开始布局区块链即服务，供应链金融和物流追溯等区块链业务探索开始加速，应用场景逐渐增多；在应用发展阶段，区块链技术与新一代信息技术将加速融合发展，物流行业应用场景进一步拓展，物流智慧化程度进一步提高；在应用成熟阶段，区块链实现纵向突破、横向拓展、跨链交互、跨云部署，促进智慧物流价值互联，产业协同。

16.1 区块链技术发展趋势

随着行业应用的融合深入，区块链技术瓶颈将逐渐消除，技术发展将进一步加快，结合不同业务场景需求，实现核心技术的提升、数字技术的深度融合、多链功能的集成整合、应用落地的流程优化。区块链技术发展趋势如图 16-2 所示。

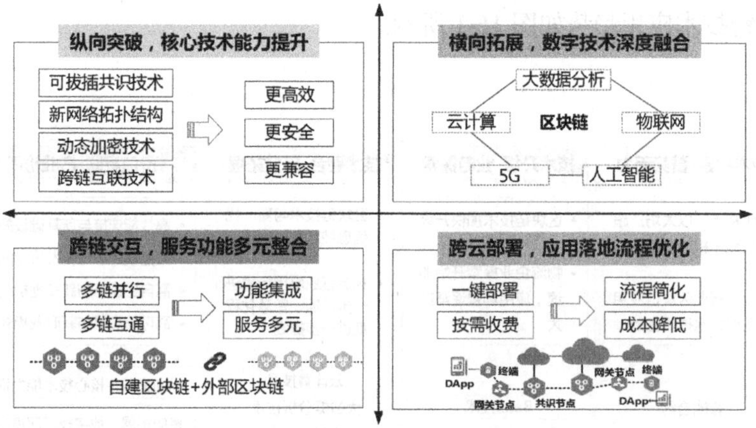

图 16-2　区块链技术发展趋势

区块链技术未来发展趋势主要体现在四个维度，实现纵向突破，区块链核心技术能力进一步提升；实现横向拓展，区块链技术与其他数字化技术深度融合；实现跨链交互，即通过多链互联完成功能多元集成整合；实现跨云部署，即通过云端部署及云端共享，促进区块链技术应用落地流程优化。

16.1.1 纵向突破，核心技术能力提升

区块链核心关键技术不断取得新的进展，尤其是数据存储结构、共识机制、智能合约、安全隐私、跨链互联等技术性能提升较快。未来一段时期，可

拔插混合共识技术、动态加密技术、新型网络拓扑结构等区块链核心技术将不断地实现突破，区块链性能将进一步提升，满足业务升级的功能需求，提高区块链应用过程中的安全性、高效性、透明性。

16.1.2　横向拓展，数字技术深度融合

随着区块链技术的革新升级，与云计算、大数据分析、人工智能、5G、物联网等前沿信息技术的深度融合与集成创新，区块链应用的技术体系架构将逐步拓展并走向成熟。区块链与新技术的结合，形成完整的业务技术支撑，让产业数据采集、传输、存储、分析、共享、执行等过程形成安全、高效、透明的智能操作闭环，催生新的产品和服务，塑造新的产业生态。

16.1.3　跨链交互，服务功能多元整合

独立的区块链系统可以服务于一条完整的业务链条，但是，多条区块链之间的互联、互通、互补，更有利于完善产业生态价值网络。尤其是随着区块链底层平台的多样化发展，区块链项目数量的快速增长，多链并行、多链互通逐渐成为未来发展趋势。跨链交互可以保障在业务协同的情况下，区块链系统的整体性能进一步提升，服务功能更加多元化、集成化，更加适用于场景复杂的行业，实现多个区块链之间的数字资产转移。公有链与联盟链融合持续演进，逐步形成公有链在底层面向大众、联盟链在上层面向企业的混合架构模式，兼顾了公有链的公平和联盟链的效率，形成新的技术生态，进而促进产业生态协同。

16.1.4　跨云部署，应用落地流程优化

在区块链部署过程中，联盟链组建和部署成本是关键问题，跨云部署，可以使流程简化，加速应用落地。一方面，组建联盟链的各用户基于传统业务的使用习惯或合作关系，可能对区块链节点所在的云平台具有各自的偏好，区块链服务能够支持跨云部署，将有利于促成这些用户更方便地组建联盟链。另一方面，区块链平台通过适配层来屏蔽底层公有云的差异性，提供一致的云上区块链管理体验，向外支撑起不同客户的上层应用。同时，按使用量收费的模式，可实现应用开发流程加速，部署成本降低，满足未来区块链生态系统中初创企业、学术机构、开源组织、联盟和金融机构等对区块链应用的服务需求。

16.2 智慧物流区块链应用趋势

区块链技术深度赋能智慧物流业务链、供应链和产业链三大体系，促进业务链集成智能高效、供应链透明协调共享、产业链共生连接重构，实现智慧物流价值链提升，促进智慧物流区块链应用形成“四高四新”的发展趋势。智慧物流区块链应用趋势如图 16-3 所示。

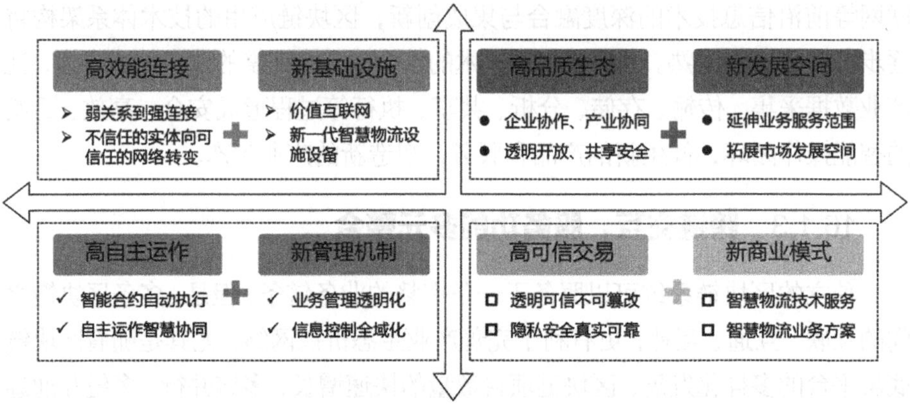

图 16-3　智慧物流区块链应用趋势

智慧物流区块链应用将形成“四高四新”的发展趋势，即高效能连接与新基础设施、高品质生态与新发展空间、高自主运作与新管理机制、高可信交易与新商业模式。

16.2.1 高效能连接与新基础设施

区块链在智慧物流领域中的应用，将会促进企业之间由弱关系到强连接的转变，由不信任的实体向可信任的网络转变，实现物流产业链的高效能连接。在互联网的下一个时代中，人们通过互联网传递的不仅仅是信息，更重要的是价值，而价值的核心是信任。基于区块链的价值互联网，信任通过共同参与、公平可见、安全有效的机制和技术进行高效连接。

区块链在物流产业中构建价值互联网、信任互联网，将成为承担价值交换传递任务的全新网络基础。同时，区块链与物联网、人工智能等新技术的融合，还将会催生出新一代智慧物流设施设备。

16.2.2　高品质生态与新发展空间

区块链有助于建立一个透明、开放、共享、安全的网络空间环境，赋能物流业务、加强企业协作、促进产业协同，推动物流企业联盟向物流产业区块链联盟演变，形成高品质物流产业生态。

通过区块链与云计算、大数据分析、物联网、人工智能和 5G 等数字技术的深度融合，延伸物流业务服务范围，提升物流产业服务能力，进一步挖掘物流产业新的发展空间。

16.2.3　高自主运作与新管理机制

区块链的智能合约及共享开放的特性，推动物流业务由人工操作向计算机程序自动执行的转变，简化物流作业流程，促进各部门信息互联、业务协同，促进物流运作的无人化、协同化，实现智慧物流业务高自主运作。

区块链也将深刻改变物流企业组织形式和管理模式，物流企业将从扁平化、柔性化、开放化向网络化、智能化和虚拟化的方向演进，实现物流业务管理透明化、物流信息控制全域化，形成新的物流企业管理机制。

16.2.4　高可信交易与新商业模式

区块链技术的信任机制、安全机制、可信机制等应用，将会促进物流企业之间实现高可信交易，进而实现新商业模式。在物流产业联盟链中，上下游企业多个节点参与交易账本的共同维护，避免了中心节点对于信息的过多控制，消除信息黑盒，实现物流交易信息的公开透明。区块链中数据不可篡改的特性，保障了物流信息在多主体流通过程中的真实性。同时，区块链中非对称加密等安全机制保障了物流企业的信息隐私安全。

随着区块链与其他数字技术在物流业务中的深度融合，技术支撑体系将进一步升级创新，新技术将催生新模式，智慧物流区块链平台服务将会催生出新的物流商业模式。物流区块链系统和平台将会通过 BaaS 模式部署到物流上下游企业中，服务于物流业务链、供应链和产业链三大体系，实现物流数据自动采集、安全共享、智慧决策、自主执行的一体化集成，提供全生命周期的智慧物流数据服务。通过智慧物流区块链平台赋能，最终实现智慧物流业务链集成智能高效、供应链透明协调共享、产业链共生连接重构。

本章小结

本章回顾并展望了区块链在智慧物流领域的应用过程，并基于纵向突破、横向拓展、跨链交互、跨云部署四个角度对区块链技术的发展趋势进行了分析，最后着重分析在区块链深度融合背景下，智慧物流形成的“四高四新”发展趋势。区块链核心技术不断突破，同时与其他数字技术深度融合，通过跨链交互实现功能集成，通过跨云部署优化落地实施，将极大地促进区块链技术在各行业中的推广应用。随着区块链技术在智慧物流业务链、供应链和产业链中的融合应用，物流企业将形成高效能连接，物流产业将形成高品质生态，物流业务将实现高自主运作，物流商贸将实现高可信交易；同时，物流生产将迎来新基础设施，物流市场将挖掘新发展空间，物流组织将推动新管理机制的形成，物流服务将变革新商业模式。

参 考 文 献

[1] 王继祥. 智慧物流概念、技术架构与发展演进方向[R/OL].（2018-5-27）[2020-04-03]. http://www. sohu. com/a/233514415_757817.

[2] 中国智慧物流研究院与京东物流联合发布新一代物流发展趋势研究，揭开无界物流序幕[R/OL].（2017-12-8）[2020-04-03]. http://www. sohu. com/a/209287668_99967243.

[3] MBA 智库百科. 智慧物流[R/OL]. [2020-04-03]. http://wiki. mbalib. com/wiki/智慧物流.

[4] 王喜富. 大数据与智慧物流[M]. 北京：北京交通大学出版社，2015.

[5] 刘存绪，熊宗辉，霍丽娅，等. 现代物流网络结构类型的研究[J]. 成都工业学院学报，2013，16（4）：89-91，97.

[6] 任木荣，余博. 基于网络组织视角的物流产业组织模式研究[J]. 湖南工程学院学报（社会科学版），2018，28（4）：1-7.

[7] 相峰. 区块链技术重塑未来物流商业模式[J]. 中国物流与采购，2018（2）：26-28.

[8] 苏汉. 工信部发布《2018 年中国区块链产业发展白皮书》[J]. 中国汽配市场，2018（2）：15.

[9] 梁春丽，叶纯青. “区块链+供应链金融”的探索之路——访布比壹诺金融CEO 张明裕[J]. 金融科技时代，2020（2）：49-51.

[10] 唐文，剑吕雯. 区块链将如何重新定义世界[M]. 北京：机械工业出版社，2016.

[11] 徐明星，刘勇，段新星. 区块链重塑经济与世界[M]. 北京：中信出版社，2016.

[12] 华为技术区块链开发团队. 区块链技术及应用[M]. 北京：清华大学出版社，2019.

[13] 邹均，张海宁，唐屹，等. 区块链技术指南[M]. 北京：机械工业出版社，2016.

[14] 宇宙永恒. 区块链 100 讲：区块链的 3 个阶段和 4 种分类[EB/OL]. [2020-02-15]. http://www. jianshu. com/p/81dbdfc24e3d.

[15] 许子敬，程剑波，魏久胜，等. 链接未来：迎接区块链与数字资产的新时代[M]. 北京：机械工业出版社，2018.

[16] 余伟，姜晓红，薛亮. 区块链行业应用现状综述和发展前景分析[J]. 电子商务，2018（9）：49-50.

[17] 张钰雯. 区块链能否打破数据交互的困境？[N]. 人民邮电，2019-12-05（005）.

[18] 尚超，王振康，刘飞. 区块链对传统企业组织结构的影响研究[J]. 决策咨询，2019（1）：60-64.

[19] 杨杨，于水，胡卫卫. 区块链赋能重塑社会治理结构：场景、风险与治理之道[J]. 电子政务，2020（3）：54-61.

[20] 王微，闫国东. 区块链在供应链物流中的应用分析[J]. 物流科技，2018，41（12）：122-124，128.

[21] 张妍，王龙泽，吴靖，等. 区块链与综合能源系统：应用及展望[J]. 中国科学基金，2020，34（1）：32-37.

[22] 郭全中. "区块链+"：重构传媒生态与未来格局[J]. 现代传播（中国传媒大学学报），2020，42（2）：2-6.

[23] 付豪，赵翠萍，程传兴. 区块链嵌入、约束打破与农业产业链治理[J]. 农业经济问题，2019（12）：108-117.

[24] 区块链：价值互联网的到来[J]. 高科技与产业化，2017（7）：24-25.

[25] 周平，唐晓丹，宋文鹏，等. 区块链参考架构[S]. 北京：中国电子技术标准研究院.

[26] 井底望天，武源文，赵国栋，等. 区块链与大数据：打造智能经济[M]. 北京：人民邮电出版社，2017.

[27] 佚名. 区块链与物联网如何擦除火花[EB/OL]. [2020-02-18]. http://blog. csdn. net/lizhaodong199126/article/details/86631357.

[28] 王志龙. 物联网与区块链的融合技术研究[J]. 通讯世界，2019，26（3）：61-62.

[29] 徐珊. 云计算技术与应用综述[J]. 科技经济市场，2015（11）：9.

[30] 方巍，文学志，潘吴斌，等. 云计算：概念、技术及应用研究综述[J]. 南京信息工程大学学报（自然科学版），2012，4（4）：351-361.

[31] 落日归雁. 云计算存在的三大问题和两个瓶颈[EB/OL]. [2020-04-04]. http://www. 360doc. com/content/18/0106/15/48394845_719567391. shtml.

[32] 杨永强，蔡宗辉，刘雅卓. 区块链+大数据[M]. 北京：机械工业出版社，2019.

[33] 小计算大世界. 区块链与云计算的未来发展趋势[EB/OL]. [2020-04-04]. http://mp. ofweek. com/cloud/a345673829156.

[34] 腾讯研究院. 区块链服务的产业链生态建设 | 产业区块链的破局之路[EB/OL]. [2020-04-07]. http://baijiahao. baidu. com/s?id=1648668301500080477&wfr= spider&for=pc.

[35] 肖博达，周国富. 人工智能技术发展及应用综述[J]. 福建电脑，2018，34（1）：98-99，103.

[36] ZIB_智伴科技. 人工智能的三个层次：运算智能，感知智能，认知智能[EB/OL]. [2020-04-09]. http://www. jianshu. com/p/e12fbbf3abe9.

[37] 经年不往. 人工智能之计算智能[EB/OL]. [2020-04-15]. http://blog. csdn. net/ mago2015/article/details/82818999.

[38] Mehrdokht Pournader，Yangyan Shi，Stefan Seuring & S. C. Lenny Koh. Blockchain applications in supply chains, transport and logistics: a systematic review of the literature[J]. International Journal of Production Research, 2020，58(7)：2063-2081.

[39] Yanling Chang，Eleftherios Iakovou & Weidong Shi. Blockchain in global supply chains and cross border trade：a critical synthesis of the state-of-the-art， challenges and opportunities[J]. International Journal of Production Research，2020,58(7)：2082-2099.

[40] Cole R，Stevenson M，Aitken J. Blockchain technology：implications for operations and supply chain management[J]. Supply Chain Management，2019，24（4）：469-483.

[41] Baidyanath Biswasa，Rohit Gupta. Analysis of barriers to implement blockchain in industry and service sectors[J]. Computers & Industrial Engineering，2019，136：225-241.

[42] Chung-ShanYang. Maritime shipping digitalization：Blockchain-based technology applications，future improvements，and intention to use[J]. Transportation Research Part E：Logistics and Transportation Review，2019，131：108-117.

[43] Nir Kshetri. 1 Blockchain’s roles in meeting key supply chain management objectives[J]. International Journal of Information Management，2018，39：80-89.

[44] IBM 中国官方网站. 食品行业的区块链技术[EB/OL]. [2020-01-12]. http://www. ibm. com/cn-zh/blockchain/solutions/food-trust/food-industry-technology.

[45] 活动家咨询. TEAMZ 日本区块链产业现状分析[EB/OL].（2020-01-08）[2020-01-12]. http://news. huodongjia. com/75181. html.

[46] 火星财经. 科技巨头 IBM 豪赌区块链：专利数量遥遥领先，招聘区块链人数全球第一[EB/OL].（2019-08-09）[2019-12-12]. http://www. chinaz. com/ blockchain/2019/0809/1038177. shtml.

[47] Guillaume Bariol. 欧盟国家 2018-2021 年区块链展望[EB/OL].（2018-10-01）[2019-12-13]. http://zhuanlan. zhihu. com/p/45807200.

[48] 品味天下. 中美区块链落地差异[EB/OL].（2020-01-30）[2020-02-03]. http://zhuanlan. zhihu. com/p/104358465.

[49] 人民创投区块链研究院. 中国区块链政策现状及趋势分析报告（2019）[R/OL].（2019-08）[2020-02-17]. http://www. 199it. com/archives/963253. html.

[50] 中国物流与采购联合会. 中国物流与区块链融合创新应用蓝皮书[R/OL].（2019-01） [2020-02-10]. http://www. 199it. com/archives/925962. html.

[51] 工业和信息化部信息化和软件服务业司. 中国区块链技术和应用发展白皮书[R/OL].（2016-10-18） [2020-02-14]. http://www. sohu. com/a/224324631_711789.

[52] 中国区块链生态联盟，青岛市崂山区人民政府，赛迪（青岛）区块链研究院. 2019 年上半年中国区块链发展现状与展望[R/OL].（2019-08） [2020-02-20]. http://www. chainnews. com/articles/073900479015. htm.

[53] 中国区块链技术和产业发展论坛. 区块链参考架构：CBD-Forum-001-2017. [R/OL].（2017-05） [2020-02-20]. http://www. jianshu. com/p/be4db6f918ed.

[54] 中国区块链技术和产业发展论坛. 中国区块链技术和应用发展研究报告（2018）[R/OL].（2018-12） [2020-02-14]. http://www. 199it. com/archives/811342. html.

[55] 京东集团. 京东区块链技术实践白皮书（2019）[R/OL].（2019-04） [2020-02-14]. http://www. 199it. com/archives/875768. html.

[56] 中欧-普洛斯供应链与服务创新中心，京东集团. 2020 区块链溯源服务创新及应用报告[R/OL].（2020-03）[2020-04-02]. http://www. logclub. com/articleInfo/MTk3OTQtYzc3OTg2ZjA=.

[57] 腾讯研究院.2019 腾讯区块链白皮书[R/OL].[2019-10]. http://www.199it.com/ archives/954077.html.

[58] 百度搜索公司,百度区块链实验室,百度营销研究院.百度区块链白皮书v1.0[R/OL].[2018-09]. https://www.sohu.com/a/257283167_353595.

[59] 华为技术有限公司.华为区块链白皮书 2018[R/OL].[2018-04]. https://www.sohu.com/a/228948608_654086.

[60] 中国通信研究院,可信区块链推进计划,可信区块链推进计划.区块链白皮书（2019 年）[R/OL].[2019-10]. http://www.docin.com/p-2296018918.html.

[61] 中国物流与采购联合会区块链应用分会.中国区块链+产业供应链应用发展报告（2018-2019）[R/OL].[2019-04]. http://www.199it.com/archives/878660.html.

[62] 可信区块链推进计划区块链即服务平台 BaaS 项目组.区块链即服务平台 BaaS 白皮书（1.0 版）[R/OL].[2019-01]. https://www.useit.com.cn/thread-21907-1-1.html.

[63] 中国经济时报. 生态系统是智慧物流的核心[EB/OL]. [18-05-08]. http://baijiahao. baidu. com/s?id=1599821894526622560&wfr=spider&for=pc.

[64] 北京日报. 数字化拥有五全基因[EB/OL]. [2019-11-04]. http://bjrb. bjd. com. cn/html/2019-11/04/content_12426877. htm.

[65] 苏宁技术研究院，苏宁金融研究院，苏宁云. 苏宁区块链白皮书[R/OL].（2018-07）[2020-04-03]. http://www. useit. com. cn/forum. php?mod=viewthread&tid= 20241&page=.

[66] 李嘉韩，杨易倩，翟悦，吴林智，刘畅. 区块链技术引领石油化工企业仓储私链的变革[J]. 化工管理，2019（16）：91-92.

[67] 刘昱刚，王添碧，王海玥，莫文. 基于区块链技术的多式联运电子提单研究[J]. 交通运输系统工程与信息，2018，18（S1）：74-79.

[68] 周叮波，邓松. 传统物流向智慧物流转型方略[J]. 开放导报，2017（6）：105-109.

[69] 王天琪. 供应链视角下智慧物流模式发展策略选择研究[J]. 商讯，2020（5）：163-164.

[70] 胡芳，蔡松林. 智慧物流与传统物流的比较分析[J]. 商场现代化，2019（23）：55-56.

[71] 311 供应链研究院. 人工智能重塑物流车货匹配平台[EB/OL]. [2020-04-05]. http://cloud. tencent. com/developer/news/241445.

[72] 物流指闻. 三剖仓配一体化，怎么搞才能做到高效协同？[EB/OL]. [2020-04-05]. http://www. sohu. com/a/190329501_343156.

[73] 谢雨蓉，陆成云，汪鸣. 构建国家物流枢纽网络重构高质量运输大格局[J]. 大陆桥视野，2019（10）：22-24.

[74] 昝金淼. 国际货代物流企业转型整合创新发展研究[J]. 现代营销（下旬刊），2019（7）：103-104.

[75] 李佳，靳向宇. 智慧物流在我国对外贸易中的应用模式构建与展望[J]. 中国流通经济，2019，33（8）：11-21.

[76] 沈庆琼，欧伟强. 区块链技术在物流快递行业中的应用场景探讨[J]. 物流科技，2019，42（4）：36-38，43.

[77] 刘昱刚，王添碧，王海玥，莫文. 基于区块链技术的多式联运电子提单研究[J]. 交通运输系统工程与信息，2018，18（S1）：74-79.

[78] 黄敏珍，李国华，林晓蕾，李一丹. 铁路物流与区块链融合应用研究[J]. 铁路计算机应用，2020，29（3）：11-14.

[79] 张彤. 大数据背景下智慧物流业务体系构建与运营[J]. 商业经济研究，2019（21）：814-89.

[80] 黄柯，祝建军. 多类型“互联网+”物流创新平台的商业模式比较研究[J]. 中国流通经济，2019，33（8）：22-33.

[81] 微众银行，万向区块链，矩阵元. BCOS 平台白皮书：面向分布式商业的区块链基础设施[R/OL].（2017-07） [2020-04-03]. http://doc. mbalib. com/view/ 8d16e0b1dba453e4fc2ed4d3859fc8ff. html.

[82] 中国联通研究院. “5G+区块链”融合发展与应用白皮书[R/OL].（2019-11） [2020-04-03]. http://www. sohu. com/a/352982155_331838.

[83] 中国通信标准化协会. “物联网+区块链”应用与发展白皮书[R/OL].（2019-11）[2020-04-03]. http://vr. sina. com. cn/news/hot/2019-11-21/doc-iihnzahi23563514. shtml.

[84] 相峰. 人工智能将引领新一代物流技术的发展方向[J]. 中国物流与采购，2019（21）：214-27.

[85] 范铜川，司鲲鹏. 人工智能在计算机网络技术中的应用探究[J]. 信息与电脑（理论版），2019，31（23）：93-94.

[86] 霍跃华，刘银龙. 物流大数据分析平台架构及关键技术研究[J]. 信息技术与信息化，2016（9）：614-618.

[87] 姚烨. DHL 看好人工智能在物流领域的发展潜力[J]. 空运商务，2019（9）：48-49.

[88] 陈曦，宫政，刘垚. 人工智能在物流领域的发展研究[J]. 信息通信技术与政策，2019（6）：40-45.

[89] 吕帅，刘磊，石莲，李莹. 基于自动推理技术的智能规划方法[J]. 软件学报，2009，20（5）：1226-1240.

[90] 周璐菡. 人工智能技术助跑智慧物流[J]. 新经济导刊，2017（11）：66-70.

[91] 王晓敏. 互联网背景下物流平台商业模式浅析[J]. 企业技术开发，2017，36（4）：110-112.

[92] 聂规划，张思敏，刘平峰. 全程物流一体化平台架构分析[J]. 物流技术，2009，28（3）：137-138，141.

[93] 蚂蚁区块链. 蚂蚁区块链货运物流平台实现三流合一，首月上链订单量超 30 万[EB/OL].（2019-11-16）[2020-04-03]. http://www. hnsgtd. com/news/ bkbbbabkfldalcc. html.

[94] 马红梅. 加快建设智慧物流产业链（有的放矢）[EB/OL].（2019-07-10）[2020-04-03]. http://paper. people. com. cn/rmrb/html/2019-07/10/nw. D110000renmrb_ 20190710_4-09. htm.

[95] MBA 智库百科. 模式识别[EB/OL]. [2020-04-03]. http://wiki. mbalib. com/wiki/%E6%A8%A1%E5%BC%8F%E8%AF%86% E5%88%AB.

[96] 华为区块链技术开发团队. 区块链技术及应用[M]. 北京：清华大学出版社，2018.

[97] 唐塔普斯科特. 区块链革命：比特币底层技术如何改变货币、商业和世界[M]. 北京：中信出版社，2016.

[98] 高航. 区块链与新经济：数字货币 2. 0 时代[M]. 北京：电子工业出版社，2018.

[99] 赵刚. 区块链：价值互联网的基石[M]. 北京：电子工业出版社，2016.

[100] 梅兰妮斯万. 区块链：新经济蓝图及导读[M]. 江苏：新星出版社，2016.

[101] 申丹. 区块链+智能社会进阶与场景应用[M]. 北京：清华大学出版社，2019.